KB155529

일다운 일을 하게 하라

일다운 일을 하게 하라

초판 1쇄 인쇄일 _ 2011년 10월 14일
초판 1쇄 발행일 _ 2011년 10월 20일

지은이 _ 이동근 · 조윤재
펴낸이 _ 최길주

펴낸곳 _ 도서출판 BG북갤러리
등록일자 _ 2003년 11월 5일(제318-2003-00130호)
주소 _ 서울시 영등포구 여의도동 14-5 아크로폴리스 406호
전화 _ 02)761-7005(代) | 팩스 _ 02)761-7995
홈페이지 _ http://www.bookgallery.co.kr
E-mail _ cgjpower@yahoo.co.kr

값 13,000원

ISBN 978-89-6495-025-8 03320

이 도서의 국립중앙도서관 출판시도서목록(CIP)은 e-CIP홈페이지
(http://www.nl.go.kr/ecip)와 국가자료공동목록시스템(http://www.nl.go.kr/kolis-
net)에서 이용하실 수 있습니다.(CIP제어번호 : CIP2011004273)

일다운 일을 찾는 **목표설정의 기술**

일다운
일을
하게 하라

The Art of Goal Setting

일 잘하는 **직원**으로 만드는 **성과관리**의 **핵심**

이동근·조윤재 지음

BIG 북갤러리

일다운 일이란 무엇인가?

직원들이 매일 출근과 동시에 수행하는 수만 가지 일 중에서 어떤 일이 '일다운 일'이고 어떤 일이 '일답지 않은 일'인가? 왜 직원들은 일다운 일을 하지 않고 일답지 않은 일 - 늘 하던 일 - 에만 매달려 있는가?

이 책은, 직원들이 맡은 바 임무를 손발이 닳도록 열심히 하는 데도 불구하고 '왜 기업은 마음먹은 대로 성장하지 못하고 답보상태에 있는가? 왜 늘, 올해의 사업계획을 달성하지 못하는가? 나아가 중소기업과 대기업의 일하는 방식은 어떻게 다른가? 그리고 일 잘하는 사람, 일 못 하는 직원의 차이'에 대한 나름대로의 해답을 제시하고 있다.

잘하는 기업과 못하는 기업의 차이를 전략과 실행력이라는 두 축으로 압축해서 설명할 수 있다면, 이 책은 실행력에 관한 '잘하는 기업의 조건과 방법'을 설명하고 있다. CEO가 올바른 방향(전략)을 제시하고 직원들이 그 전략을 제대로 실행할 수 있다면 그 기업은 당연히 성장할 것이다.

(직원들의) 실행력을 제고하는 일은 인사관리 본연의 사명에 다름 아니다. 전통적이면서도 인사관리의 역할을 가장 잘 표현한 공식 (성과 = 능력×노력)에서 보듯이, 인사관리는 회사의 성과향상을 위해 직원들의 능

력을 키우고 정확한 평가와 공정한 보상을 통해 직원들의 동기를 부여하는 일, 즉 실행을 위한 능력을 갖추고 실행의 의지를 높이는 일인 것이다. 나의 첫 번째 책 《연봉제의 원리》는 직원들의 실행의지를 높이기 위해, 정확한 평가와 보상에 관한 합리적인 제도를 설계하는 방법에 관한 책이었다.

하지만 인사 컨설턴트로서 초기 시절에 이 책을 썼고, 인사제도 설계에 관한 컨설팅에 집중하면서, 위에 든 성과함수에 뭔가가 결여되어 있는 듯한 느낌을 지울 수 없었다.

"과연 직원들이 능력이 있고 열심히 하면 회사가 기대하는 성과가 있을 것인가? 그리고 과연 직원들이 자나 깨나 매달리는 일이 과연 CEO가 바라는 일이고 나아가 회사의 성장에 기여하는 일일까?"

이러한 의문을 가지게 된 계기는 내가 컨설팅했던 기업의 직원들과의 인터뷰에서 그 출발이 된다. 본인들도 "열심히 한다."고 하고, CEO도 "참 우리 직원들 열심히 한다. 고맙다."고 하는 데 왜 회사의 성과는 답보상태이거나 CEO가 기대한 만큼 성과가 없는가?

바로 여기서 '일다운 일(Right Thing)'의 개념이 부가되어야 한다. 일다운 일의 반대는 일답지 않은 일이 아니다. 그 반대는 '늘 하던 일', '그냥 하면 되는 일'이다. 직원들이 자기에게 맡겨진 일, 늘 하던 일을 아무리 열심히 한들 그것은 결코 회사의 성장에 기여하지 못하며, 잘 해야 사고치지 않고 회사의 현재 상태를 유지하는 데 필요할 따름이다. 직원들이 일다운 일, 회사의 성장에 기여하는 일을 열심히 할 때야말로 회사는 성장하고 발전한다(이것은 거의 동어반복에 가깝다).

일다운 일을 찾고(목표를 설정하고), 그것을 관리하고, 연말에 평가하는 일련의 과정은 '성과관리'라는 용어로 일찍이 국내에 소개되어 있고, 성과관리를 주제로 한 책도 여러 권 나와 있다. 하지만 모든 책들이 성과관리의 개념과 중요성에 대해서만 서술되어 - 이 책의 1부에 해당 - 있고, 성과관리에서 가장 중요한 '일다운 일을 찾는 요령(목표설정)'에 대해서는 단 한 권의 책에도 설명되어 있지 않다. 회사의 CEO나 직원들이, "그래 성과관리요? 좋아요. 그거 꼭 필요하겠네요. 하지만 목표설정은 어떻게 하죠?" 이 대목에서 성과관리는 막히고, 중간점검이니 평가니 하는 것들은 공염불이 되고 마는 것이 많은 기업의 현실이다. 더군다나 BSC(균형성과지표)라는 이름으로 2000년대 중반 유행한 성과관리의 훌륭한 도구는, 기업 - 이상하게도 주로 공기업 - 의 도입단계에서 회사 전체의 전략에 집중하고 도출된 전략과제만을 무리하게 하부 전개함으로써, 실제 직원들의 업무와는 동떨어진 실행과제와 지표를 양산하는 등, 목표로서의 기능을 전혀 발휘하지 못하게 만들었다.

일다운 일, 성과관리 그리고 연봉제가 떼려야 뗄 수 없는 관계에 있다는 사실도, 컨설팅 경험에서 얻은 또 다른 깨달음이다. 일다운 일을 찾는 것, 즉 제대로 된 목표설정이야 말로 성과관리의 출발이자 거의 성과관리의 전부이며, 또한 목표에서 성과의 평가에 이르는 제대로 된 성과관리야 말로 연봉제를 제대로 작동하게 하며, 당연히 직원들은 회사 발전에 실제로 기여하는 성과를 창출하는 것이다.

연봉제를 도입하고도 말 그대로 무늬만 연봉제인 회사가 얼마나 많은가? 성과관리, MBO(목표관리)를 하면서도 형식만으로 시행하는 회사는 또 좀 많은가? 이 모든 것이 일다운 일을 찾지 못하는 데서 비롯된다. 일다운 일은 회사의 성장에 기여하는 일이며, 따라서 CEO가 직원들에게 가장 기대하는 일이다. 그러므로 일다운 일은 기필코 CEO가 관심을 가지고 챙기게 되는 일이 될 것이며, CEO가 원하는 일을 해낸 사람을 찾아서 더 나은 보상을 하고 싶은 것은 CEO의 인지상정이다. 드디어 회사의 성과관리가, 회사의 연봉제가 선순환의 길로 접어들게 되고, 회사의 성과는 향상한다.

다양한 비즈니스 모델을 가진 다양한 회사에 존재하는, 모든 부서(팀)의 업무에 관해 일다운 일을 찾아내도록 지도하는 일은, 결코 인사관리 분야도 아니며, 마케팅 분야도 아니며, 생산이나 연구개발 업무 등 어느 특정한 부서의 경험으로만 되는 것은 아니다. 올바른 목표를 설정하는 일은, 회사의 업무 전반에 대한 포괄적인 이해와 더불어, 문제를 인식하고 핵심을 파악하며, 문제해결을 위한 최선의 솔루션을 찾는, 잘 훈련된 문제해결 능력이 결합한 '예술(Art)'이다. 목표설정을 지도하는 동안, 지난세월 동안의 직장생활, 말하자면 주 전공인 인사관리 외에, 자재관리와 경영혁신활동, 해외 마케팅 프로젝트 수행, MBA과정에서 배운 마케팅 지식, 세계적인 컨설팅 회사인 매킨지의 지도하에 수행했던 수많은 프로젝트경험을 통해 듣고, 보고, 배운 모든 지식을 쏟아 부었으며, 이제 그 내용을 책으로 발간하려 한다.

이 책이 회사의 직원들께는, 내 업무에 관한 '일다운 일'을 찾고 실행력을 높이는 데 실질적인 도움이 되고, CEO에게는 직원들의 업무관리와 회사의 경영관리에 영감을 제공함으로써, 더 좋은 회사, 발전하는 회사라는 CEO와 직원 모두의 염원을 달성하는 데 일조할 것을 믿어 의심치 않는다.

 마지막으로 이 책을 쓰는데 처음부터 끝까지 많은 의견과 아이디어를 주시고 내용 하나하나에 대해 한국 최고의 경영컨설턴트로서 깊은 통찰과 지도를 아끼지 않으신 맥스경영컨설팅(주)의 조윤재 대표에게 깊은 감사를 드린다.

2011년 9월
이동근

들어가면서 … 4

제1부 성과관리란 무엇인가?

제1장 일 잘하는 직원, 일 못하는 직원 / 17
1. 회사 내 직원의 구분 … 17
2. 품질(Quality), 비용(Cost), 납기(Delivery) … 19
3. 효율적인 것, 효과적인 것 … 23
4. 직원들이 일을 하는 두 가지 방식 … 28
5. 일다운 일을 하게 하는 방법, 성과관리 … 33

제2장 성과관리 꼭 해야 하나? / 36
1. 실행력, 잘하는 기업의 조건 … 36
2. 끊임없는 개선 추구 – 성공하는 기업의 8가지 습관 … 38
3. 선현들의 말씀 … 39
4. 성과관리를 하면 무엇이 좋아지나? … 46
5. 유사한 개념들 … 54
6. 성과관리는 경영의 실현 자체이다 … 55

제2부 성과관리의 실행

제1장 성과관리의 단계 / 59
1. PDCA 사이클과 성과관리 … 59
2. 제1단계 : 목표설정 … 60
3. 제2단계 : 실행과 중간점검 … 60
4. 제3단계 : 성과평가와 보상 … 61

제2장 성과관리의 대상 / 62

1. 개인 성과관리와 조직성과 관리 … 62
2. 성과관리의 대상 … 63

제3장 성과관리를 성공하는 방법 / 67

1. 성과관리 잘하는 기업과 못하는 기업의 차이 … 67
2. 성과관리를 성공하는 방법 … 70

제3부 목표설정의 기술

제1장 목표란 무엇인가? / 77

1. 목표의 속성 … 77
2. 조직의 속성 … 82
3. 목표의 정의 … 83
4. 목표와 성과 … 85
5. 일상 업무, 성과 그리고 보상 … 86

제2장 목표의 구조 / 90

1. 목표답지 않은 목표 … 90
2. 목표의 구성요소 … 91
3. 목표설정의 원칙 … 98
4. 목표설정의 절차 … 100

제3장 목표설정의 제1단계 – 업무 요구사항의 취합/분석 / 103

1. 내 업무의 근원(根源) … 103
2. 외부적인 요구의 취합 … 105

3. 내부적인 요구의 취합 ⋯ 107

제4장 목표설정의 제2단계 – 중점과제의 선정 / 110
1. 중점과제의 선정 ⋯ 110
2. 중점과제 설정상의 문제 유형 ⋯ 112
3. 문제 유형별 해결 요령 ⋯ 113
4. 중점과제의 표현 ⋯ 128

제5장 목표설정의 제3단계 – KPI의 설정 / 130
1. KPI의 요건 ⋯ 130
2. KPI 도출을 위한 QCD 접근 ⋯ 134
3. 외부적 공헌의 문제와 해결요령 ⋯ 140
4. KPI로서 완료시기(납기)에 대한 논란 ⋯ 148
5. 업무단계에 따른 KPI의 유형 ⋯ 150
6. 나의 KPI 만들기 ⋯ 152
7. 목표설정의 마지막 문제 ⋯ 157

제6장 목표설정의 제5단계 – 중요도의 설정과 목표의 합의 / 162
1. 중요도의 설정 ⋯ 162
2. 목표의 합의 ⋯ 163
3. 목표설정서의 작성 ⋯ 164
4. 실행계획의 수립 ⋯ 164

제7장 BSC방식의 목표설정과 문제점 / 167
1. BSC 개요 ⋯ 167
2. BSC 체계 구축 사례 ⋯ 170
3. BSC 접근 방식의 공과(功過) ⋯ 173
4. QCD 접근법 ⋯ 180

5. 결론 … 183

제4부 목표설정의 실제

1. 영업 부문의 목표설정하기 … 187
2. 연구개발 부문의 목표설정하기 … 220
3. 생산 부문의 목표설정하기 … 228
4. 지원 부문의 목표설정하기 … 235

제5부 실행과 중간점검

1. 과제의 실행과 문제 해결 … 253
2. 중간점검 요령 … 259
3. 리더의 역할 … 263

제6부 성과의 평가와 보상

1. 성과평가의 의의 … 275
2. 객관적인 평가의 조건 … 277
3. 정량적인 평가의 한계 … 280
4. 성과의 입증(立證) 책임 … 287
5. 하위직급자의 목표설정과 성과평가 … 288
6. 성과평가의 마지막 문제와 해결방안 … 289

제1부
성과관리란 무엇인가?

일다운 일, 일답지 않은 일

다음은 패션 상품을 제조, 판매하는 중견기업의 팀장들의 업무계획이다. 다음 내용에서 무엇이 일다운 일이고 무엇이 일답지 않은 일인지, 문제가 있다면 무엇이 문제인지 살펴보기 바란다.

〈영업팀장〉

추진 과제	일정 등
1. 매출 목표 150억 원 달성	연간
2. 매장 정기 방문/점검	주 1회
3. 백화점 신규 매장 2개 개점	10월 말까지

〈생산팀장〉

중요 업무 과제	일정 등
1. 생상계획 달성	50,000개/연간
2. 품질 불량률 5% 개선	연간
3. 월 1회 설비 점검	매월 4주차

〈자재관리 팀장〉

중요 업무 과제	일정 등
1. 정확한 원재료 입출고	연중
2. 원재료 재고 축소	45억 원/월 평균
3. 연말 재물조사 실시	12/28~12/30

〈총무/인사팀장〉

중요 업무 과제	일정 등
1. 인원 채용 25명	연간
2. 인사고과 실시	1월 중순
3. 사무환경 개선활동	월 1회 정리정돈

〈평가 착안점〉
1. 회사의 성과향상에 도움이 되는 과제인가, 아닌가?
2. 이 과제를 수행하면 상사로부터 '일 잘했다'는 평가를 받을 수 있는가?
3. 계획을 세워서 수행할 만한 과제인가, 아닌가?

제1장
일 잘하는 직원, 일 못하는 직원

1. 회사 내 직원의 구분

회사 내 직원들을 분류하는 방법은 여러 가지가 있을 수 있으나, 회사에서 부여된 업무의 담당자라는 측면에서 CEO를 비롯한 관리자에게는 딱 두 종류의 직원이 있다. '일을 잘하는 직원' 과 '일을 못하는 직원' 이 그것이다.

회사 내에서, 이 세상의 모든 조직책임자라면 자기의 부하 직원들이 일을 잘하는 사람이기를 바랄 것이고 반대로 자기 부하들이 일을 못하기를 바라는 상사는 없을 것이다. 물론 모든 회사의 인사관리가 100% 공정하고 객관적이지 않다는 전제 하에, 부하보다 자질이 부족한 상사도 있을 수 있다는 사실을 감안하더라도, 그러한 상사조차도 자기 부하가 자신보다는 아니지만 적어도 다른 조직의 구성원보다는 더 일을 잘하기를 기대할 것이다.

그렇다면 회사에서 일을 잘한다는 것은 어떤 것인가? 또는 상사가 보기에 일을 잘하는 직원은 어떤 사람인가?

회사를 포함한 모든 조직(Organization)은 사전적 정의로 보더라도 '특정한 목적을 달성하기 위한 2인 이상의 사람들의 집단'으로, 특정한 목적을 달성하기 위해 존재한다. 조직의 구성원은 이러한 특정한 성과를 달성하기 위해 각자 맡은 바 특정 임무를 수행함으로써 조직 전체의 목적 달성에 기여한다.

그러므로 조직 내에서 일을 잘 한다는 것은 '자기의 맡은 바, 임무의 범위 내에서 조직의 목적 달성에 기여를 더 많이 하는 것'으로 정의할 수 있다. 반대로 일을 못한다는 것은 '조직의 목적 달성에 기여를 덜 하는 것'으로 정의될 것이다. 이제부터 자기의 맡은 바 임무를 개인의 책임과 권한(R&R, Roll and Responsibility), 조직의 목적 달성에 기여하는 바를 '성과(Performance)'라는 인사관리 용어로 대체해 서술하고자 한다.

'일을 잘하는 것'과 '일을 잘한다'고 평가하는 문제

'일을 잘한다는 것'에 대한 정의는 본문에서와 같이 간단한 논리에 따라 쉽게 정의할 수 있지만, 조직 내에 흩어진 수많은 임무(직무)와 임무 수행자(직원) 중에서 누가 또는 어떤 직무가 더 많은 기여를 하고 있는가를 판단하는 것은 결코 간단한 일이 아니다. 여기서 '더 많은 기여를 하는 직무'를 평가하는 것이 직무평가이고, '더 많은 기여를 하는 사람'을 평가하는 것이 인사평가(인사고과)이다. 직무평가든 인사평가든 간에 개인이 맡은 바 직무수행을 통해 조직 전체의 성과에 기여하는 바를 정확히 평가하는 것은 결코 쉬운 일이 아니다. 조직 내의 수많은 개별 직무와 직원 개개인의 성과가 조직의 최종 성과(예를 들어 매출액, 손익, Market Share 등)에 기여한 바를 정확히 측정하는 것은, 그 최종 성과에 영향을 미치는 엄청나게 많은 변수로 인하여 불가능하거나 또는 엄청난 비용을 수반하게 된다. 따라서 기업의 실무적인 측면에서, '평가'라는 업무는 이러한 '비용'이라는 자원의 한계로 인해 적절한 수준의 비용과 적절한 수준의 객관성과 정확성을 확보하는 선에서 타협을 통하여 이루어지게 된다. 그것이 바로 정성적 평가이다. 그래서 엄청난 비용을 들여서 수행하는 직무평가 작업에서도, 사람이 '심리적으로 평가'하는 정성적 평가에 기초하고 있으며, 인사평가 또한 역량평가는 물론 업적평가조차도 곳곳에 정성적 판단이 개입하고 있는 것이다. 여기에 대해서는 마지막 장에서 상세히 설명할 것이다.

2. 품질(Quality), 비용(Cost), 납기(Delivery)

그렇다면 앞의 박스 안에 있는 내용처럼 각 개인의 기여도, 즉 개인이 본인의 역할과 책임을 다하여 이룩한 결과가 조직 전체의 성과에 기여하는 바를 측정하는 것이 현실적으로 어렵거나 불가능한 상황에서, 특정 개인이 어떻게 일을 잘 한다(더 많은 기여를 한다)고 판단할 수 있을까?

여기서 다시 한 번 조직 전체의 성과와 개인의 역할과 책임(R&R, Roll & Responsibility) 간의 관계를 살펴볼 필요가 있다.

전체 조직성과는 조직의 존재 목적에 따라 다양한 형태로 정의될 수 있다. 예를 들어 기업의 경우 일반적으로 매출이나 손익 등으로 표현되는 재무적 결과를 성과라 할 것이고, 공무원들로 구성된 정부조직의 경우 전체 국민의 복지, 편의, 행복이 증진된 정도를, 학교 조직의 경우 학생들의 학업 성취도 등을 성과라 할 것이다. 조직은 이러한 성과를 달성하기 위해 모든 구성원에게 일정한 역할과 책임(R&R)을 부여하여 특정한 과제를 수행하게 한다. 이른 바 조직 및 개인의 업무분장이 바로 그것이다. 개인이나 단위 조직은 부여된 과제를 제대로 수행함으로써 특정한 성과를 창출해 내고, 그러한 개개의 특정 성과들은 직·간접적으로 당해 연도 또는 중장기적으로 전체 조직의 성과에 기여하게 되는 것이다.

그러므로 정상적인 조직에서 구성원 개개인이 맡은 바 또는 조직에서 부여한 역할과 책임을 다한다면 전체 조직의 성과가 올라갈 것은 자명한 사실이다. 따라서 여기서 다시 한 번 '일을 잘하는 것'의 정의를 내릴 수 있다. 즉, '자신에게 부여된 역할과 책임의 범위 내에서 최대한의 성과를 내는 사람'이 바로 일을 잘하는 사람이다.

그렇다면 개인의 성과, 나아가 단위 조직의 성과는 무엇으로 측정할 수 있는가? 그 측정 도구로서 여기서는, 개인이나 조직이 수행한 결과물의 품질(Quality), 비용(Cost), 납기(Delivery)의 세 항목을 활용하고자 한다. 전체 조직의 성과가 아닌 조직의 구성단위(개인이나 조직)의 개별성과에 대한 측정 도구로서 QCD의 접근 방식은 원래 생산관리 기법의 하나로 생산 라인의 생산성(성과)을 측정, 관리하는 도구로 활용되어 왔다. 이 책에서 우리는, QCD의 적용 대상을 확장하여, 회사의 전 부문, 영업, 구매, 연구개발, 인사·재무 등 조직 내 모든 업무 담당자의 성과를 측정·평가하는 도구로 설명하고 활용할 것이다. 따지고 보면 직접 생산라인에 종사하는 직원과 같이, 간접지원 업무 수행자(White Colors)들의 성과를 지식 생산성(사무, 간접직 종사자의 생산성)이라고 할 수 있다면, 지식 생산성의 측정 도구로써 QCD 기준을 적용하더라도 크게 무리가 없어 보인다. 실제 회사 팀장들의 목표를 지도하는 과정에서 제일 먼저 머릿속에 그리는 것이, '개별 팀장의 역할과 책임에서 비롯되는 특정과제에 관한 QCD를 어떻게 적용할 것인가?' 이다.

납기(Delivery)

먼저 이해하기가 쉬운 납기의 항목을 보자. 조직에서 일을 하는 모든 직원들이 특정 과제에 대해 납기라고 하는 시한을 가지는 것은 너무나 당연하여 더 이상 설명이 불필요하다. 같은 일(과제)을 더 빨리 하는 사람과 더 늦게 하는 사람 중 누가 더 일을 잘하는 것으로 평가되는가?

비용(Cost)

다음으로 비용 항목 또한 '일을 잘하고 못하는 측정·평가 항목으로 긴 설명이 필요 없을 듯하다. 동일한 결과를 내는 데 있어 비용을 더 많이 쓰는 사람과 비용을 덜 쓰는 사람 중 누가 더 일을 잘하는 사람인가? 똑같은 원재료를 살 때, 더 비싼 가격으로 사는 사람과 더 싼 가격으로 사는 사람 중 누가 일을 잘하는 사람인가?

품질(Quality)

마지막 항목인 품질에 대해서는 약간의 설명이 필요할 것 같다. 특정한 결과물(Output)에 대한 품질은 결과물의 성격에 따라 또는 그러한 결과물을 생성하는 직무의 성격에 따라 다양하게 정의되고 또한 그러한 품질을 측정하는 세부 지표 또한 결과물의 성격에 따라 다양하게 전개될 것이다. 생산 현장의 경우에 '품질'은 말 그대로 생산라인에서 생산한 제품의 품질로 이해될 수 있고 그러한 품질을 측정하는 지표는 다양하게 설정되는 '불량률'일 것이다. 제품개발담당자의 경우 또한 개발된 제품의 초도 품질로서 연구 개발자의 성과를 측정(잘잘못을 판단)할 수 있다.

재무·회계 담당자의 성과 중 일부는 이들이 작성하는 각종 보고서의 품질, 즉 보고서의 정확도, 유용성, 논리성 등으로 평가할 수 있으며, 인사 담당자의 경우도 비슷하게 각종 기획안의 품질로 성과를 평가할 수 있다. 이 경우 기획안의 품질은 내용의 적절성, 합목적성, 논리성 등의 세부지표로 평가될 수 있을 것이다.

일의 양(Quantity)의 문제

일을 잘하는 것(을 판단하는 것)과 관련해서 이상의 QCD 평가 방법에서 얼핏 누락된 항목이 있는 것처럼 보인다. 조직 책임자라면 금방 떠올릴 수 있듯이 그것은 담당자가 수행한 '일의 양'에 관한 사항이다. 영업 사원이 다른 사람에 비해 더 많은 매출을 올린다거나 인사 담당자가 같은 기간 동안 이전 담당자보다 더 많은 과제를 해치울 경우에도 상사는 '그 친구 일을 잘한다' 또는 '일을 열심히 한다'라고 평가한다. 그래서 전통적인 방식의 업적평가에서는 피평가자가 1년 동안 수행한 '업무의 양'과 '업무의 질'의 두 측면에서 업적을 평가하고 있는 것이다. 하지만 QCD 접근방식에는 '업무의 양'이 빠져 있는 바, 그것은 다음과 같이 설명이 가능할 것 같다.

직원들이 수행하는 업무의 양이라고 하는 것은 QCD, 즉 기간이 늘어나고 비용을 더 많이 투입하고, 품질에 별로 구애받지 않는다면 얼마든지 증가될 수 있다. 반대 경우의 QCD를 적용할 경우 일의 양은 제한 될 것이다. 그래서 QCD의 방식에서는 결과물의 양, 즉 생산라인의 생산량, 급여담당자의 급여지급 인원, 개발담당자의 개발제품 1개 등과 같이 업무의(결과물의) 양을 고정시킨 상태에서 QCD로 평가하는 것이다.

이상에서 살펴본 바와 같이, 조직에서 일을 잘 한다는 것은 조직의 성과에 기여하는 특정한 과제(일다운 일)를 1) 최소한의 기간 내에 2) 최소한의 비용으로 3) 최대한의 품질로 산출해 내는 것을 말한다.

반면에 특정한 과제를 수행할 때, 1) 남들보다 또는 상사의 기대보다 더 시간이 많이 걸리거나 2) 비용을 많이 쓰거나 3) 그렇게 해서 해온 결과물의 품질조차 낮을 때, 우리는 이런 사람을 '일 못하는 직원'이라고 한다. 또 다른 일을 못하는 사람은, 일답지 않은 일만 열심히 수행하는 사람이다.

3. 효율적인 것, 효과적인 것

성과함수와 연봉제

우리는 첫 번째 책 《연봉제의 원리》에서, 연봉제의 이론적 기반으로 제일 먼저 성과함수를 소개하였다. 그 내용을 소개하면 다음과 같다.

성과 = 능력(Ability) × 노력(Motivation) × 기회요인(Opportunity)

〈그림 1-1〉 성과함수

위의 공식이 설명하는 내용은, '개인의 성과(일을 잘하고 못하는 것)는 개인의 능력과 노력의 수준에 달려있다'라는 것이다. 연봉제라고 하는 것은 개인의 성과에 대한 정확한 평가를 통해 그에 상응하는 보상을 부여함으로써, 성과항목의 두 번째 변수인 노력(Motivation)을 자극하여 더 나은 성과를 내도록 하는 것이다. 나아가 첫 번째 변수인 능력과 관련하여, 우선적으로 능력 있는 사람을 채용하고, 채용된 직원들에 대하여 자기의 직무수행에 필요한 능력개발을 체계적으로 시행하는 것이다.

연봉제의 동기부여 효과

심리학자들이 성과와 관련하여 항상 인용하는 이 성과함수는 사람들의 경험과 정확히 일치한다. 흔히 사람의 성과에 대해 이야기 할 때, "김 대리 그 친구는 왜 이렇게 실적이 좋아?" 라고 묻는다면, "능력이 있잖아요?" 또는 "그 친구 정말 열심히 하는 친구입니다." 라는 대답과 함께 또 빠지지 않는 것은 "올해 그 친구 하는 일마다 짱입니다." 라는 대답이 돌아올 것이다. 이것 말고 김 대리의 실적을 설명할 말이 뭐가 더 있겠는가?

이 공식에서 연봉제와 관련하여 우리가 주목해야 할 것은 바로 노력(Motivation) 항목이다.

동기부여이론은 바로 이 인간의 노력을 끌어내는 요인이나 동기가 부여되는 과정을 연구하는 심리학의 한 분야이다. 연봉제와 직접 관련된 이론으로 빅터 브룸(Victor Vroom)의 기대이론과 아담스(J.Stacy. Adams)의 공정성이론을 들 수 있다.

기대이론을 간단히 설명하면 '개인은 자신의 여러 가지 가능한 행동전략을 평가하여 자기 자신이 가장 중요시하는 결과를 가져오리라고 믿어지는 행동전략을 선택한다.' 는 것이다. 즉, 열심히 해서 내가 바라는 보상을 더 받게 되는 것이 확실하다면, 사람은 열심히 노력한다는 것이다. 여기서 연봉제의 보상수단인 '더 많은 돈' 이 대부분의 직장인들이 바라는 것이라면 연봉제는 개인의 동기부여에 기여한다고 보는 것이 타당할 것이다.

또한 공정성이론에서도, 자신의 투입-결과 비율이 타인의 투입-결과 비율과 동일할 때 공정성이 발생하고, 공정성을 느낀 사람은 만족감을 경험한다. 즉, 더 노력한 사람에 대해 더 많은 보상을 주는 것이 개인의 공정성에 대한 만족감을 느끼고, 따라서 더 열심히 노력한다는 것이다.

그래서 연봉제는 차등적인 성과에 대해 차등적으로 보상함으로써, 성과에 대한 개인의 노력을 자극하는 효과가 있다. 거꾸로 차등적인 성과에 대해서 차등적으로 보상하지 않는다면 개인의 동기는 하락하고, 따라서 성과는 낮아진다고 보는 것도 무리는 아닐 것이다.

앞에 적은 성과함수와 박스 안의 설명에는 올바른 성과에 대한 한 가지 요소가 결여되어 있으며, 그것은 바로 노력과 능력개발의 방향성이다 (이 사실은 우리가 《연봉제의 원리》를 쓸 때까지 간과한 사실이었다!). 즉, 무엇을 하기 위한 노력인지, 어떤 성과를 내기 위한 구체적인 노력인지가 결여되어 있는 것이다. 위의 성과함수에서의 성과라고 하는 것은 능력과 노력의 결과로서 그것이 조직 전체의 성과에 기여하는 것인지 아닌지는 사후적으로 평가되는 결과 변수이며, 노력의 투입단계에서 그 방향을 결정하는 것은 아니다.

하지만 앞에서 언급하였듯이, 단위조직이나 개인의 역할과 책임에는 이미 능력개발이나 노력의 방향성이 어느 정도 결정되어 있다. 아무리 엉뚱한 직원이라도 자기의 일과 관계없는 교육(자기개발교육은 제외하고)을 받으려 하거나 자기의 일이 아닌 과제에 노력을 쏟지는 않을 것이기 때문이다. 하지만 여기서 말하는 노력과 능력개발의 방향성이라는 것은 개인의 '역할과 책임'이라는 다소 포괄적인 '담당업무의 범위' 내에서 본인이 해야 할 일을, 보다 구체적이고 명확하게 설정된 과제, 즉 '목표'라고 하는 구체적인 방향, 집중화된 방향을 의미하는 것이다.

효율성(Efficiency)

만약 위에 적은 성과함수에서와 같이 능력 있는 직원이 열심히 노력했다면 그 결과는 상당한 성과를 이룰 것이다. 반대로 만약 그 성과를 이루는 직원이 상당히 능력이 있는 사람이었다면, 그 성과의 품질은 높을 것이고 비용은 최소화하였을 것이며, 그 성과를 이루는 기간 또한 다른 사람에 비해서 짧았을 것이다. 하지만 그 성과가 아무리 높다 하더라도, 그것이 조직 전체의 성과 향상에 어느 정도 기여하는가? 아니면 전혀 기여하지 못하는가?는 별개의 문제이며, 앞서 말한 성과함수는 그러한 실제 기여도까지는 표현하지 못하는 것이다. 극단적으로 능력 있는 제품개발자(여기서는 제품기획/개발까지 1인이 담당하는 것으로 가정하자!)가 아주 성능 좋은 제품을 저가로 개발하여 남보다 일찍 출시하였으나, 그것이 시장에서 팔리지 않은 경우, 바로 이런 경우를 아주 효율적인(Efficient)인 제품개발이라 할 것이다. 이와 같이 효율성은 같은 결과를 창출하는 데 있어 투입(기간·비용 등)의 관점에서 그 결과를 측정하는 것이다.

효과성(Effectiveness)

효과성은 성과함수의 '노력' 변수에 방향성을 더한 개념이다. 노력의 방향성이라고 하는 것은, 노력을 하되 어떤 구체적 성과(목표)를 위해 노력을 할 것인가를 말하는 것이다. 즉, 개인이 조직에서 기대하는 '조직의 최종 성과'에 더 큰 기여를 할 수 있는 과제에 노력을 집중했을 경우, 그 결과는 조직의 성과로 당연히 이어질 것이며, 이 경우에 비로소 '일을 잘 했다'고 평가받을 수 있는 것이다. 이와 같이 효과성은 일의 결과와 그것이 조직의 전체 성과에 기여한 정도에 초점을 맞추는 방식이며, 지금까지 설명해온 '일다운 일' 그 자체를 말하는 것이다.

다시 한 번 정리해 보면, '일다운 일을 하는 것(Do the right thing)'이 효과성이고, '일을 올바르게 하는 것(Do things right)'은 효율성이다.

피터 드러커(Peter Ferdinand Drucker)의 효과성과 효율성

지식근로자는 '효과성'을 배워야 합니다.

효과성은 지식근로자의 일 자체입니다. 그 사람이 기업, 병원, 정부기관, 대학이나 군대 등 어디에서 근무하던지 간에 제일 먼저 '올바른 일을 해내기(to get the right things done)'를 조직은 기대합니다. '효과적(effective)'과 '효율적(efficient)'은 다릅니다.

꼭 해야 할 일을 해내는 것이 효과성(effectiveness)입니다. 주어진 일을 적은 자원으로 어떻게 빨리 해 내느냐가 효율성(efficiency)이라면, 실제 성과에 직접 영향을 미치는 핵심적인 부분을 잘 해 내는 것이 효과성입니다. 불필요한 일을 효율적으로 해 내는 것은 어리석은 것입니다.

'올바른 일을 하는 것(Do the right thing)'이 효과성이고, '일을 올바르게 하는 것(Do things right)'은 효율성입니다.

하지만 지식업무에는 종사하는 사람 중에 효과적인 사람은 적습니다. 지식근로자들 사이에서 지성이나 상상력, 지식은 흔합니다. 우리 주변에 '똑똑하고', '아이디어 많고', '많이 아는' 사람들이 얼마나 흔한지 생각해 보세요. 그런데 지적 능력은 실제 '효과'를 만들어 내는 능력과 직접적으로 연관되어 있지 않습니다. 그리고 효과적으로 일을 해 내는 사람은 많지 않습니다.

또 하나, '똑똑한' 사람일수록 놀랄 정도로 비효과적(ineffectual)입니다. 똑똑한 사람들 중 상당수는 '그것이 뭔지 안다.' 가 곧 '그 일을 실제로 해 낼 수 있다.' 는 것과 같다고 착각합니다. 심지어 '그건 그냥 하면 되잖아?' 라는 무지한 얘기까지 합니다. 하지만 반짝하는 통찰력이 정말 의미 있는 업적과 성과로 이어지기 위해서는 반드시 지루하고 힘든 조직적인 작업이 있어야 하는 법입니다.

우리는 영리한 아이디어를 내는 사람은 눈여겨보지만 조직적인 작업을 실제로 해 내면서 성과를 만들어 내는 사람은 별로 주목하지 않는 경향이 있습니다. 실제 성과를 내고 일을 해 내는 사람들은 '나는 다 안다.' 는 식의 말만 번드르르한 헛똑똑이들이 아닙니다. 묵묵히 남들보다 한 발 앞서서 실제 일을 하는 사람입니다. 그리고 그런 사람을 효과적인 사람이라고 할 수 있습니다.

지성도, 상상력도 그리고 지식도 필수적인 요소입니다만, 오직 효과성만이 그들을 실제 성과로 바꿔 낼 수 있으며 나머지는 단지 얼마나 성취할 수 있는지를 제한할 뿐입니다.

- 《Essential Drucker - 피터 드러커 글 모음》, '01. 효과성에 대하여'

4. 직원들이 일을 하는 두 가지 방식

다시 한 번, 일을 하는 방법적인 측면에서 직원들을 분류하면 딱 두 부류로 나누어진다. (자기가 하는 일의 많은 부분을) 스스로 계획을 세워서 하는 직원과 별다른 계획 없이 늘 같은 일을 반복하거나 상사의 세부적인 지시에 따라 일을 하는 직원이다.

〈표 1-1〉 계획이 필요한 경우와 필요 없는 경우

구분	독자적인 계획수립이 필요한 경우	하던 대로만 하면 되는 경우
고객·기술의 변화	급변하는 상황	비교적 안정적인 상황
참여 시장	세계시장	국내 시장
경쟁	치열함	비교적 낮은 경쟁(독과점)

이 두 종류의 직원 중 누가 더 일을 잘하는 사람인가? 간단히 정답을 말할 수 있는 질문 같지만, 이것에 대한 정답은 해당 조직이 처해 있는 외부적인 경영환경에 따라 달라질 수 있다.

〈표 1-1〉의 기업 상황에서는 경영환경이 대단히 안정적이기 때문에 실제로 개인이나 조직 전체가 발휘한 결과에 대한 효과성(Effectiveness)을 측정하는 기준이 대단히 안정적이다. 5년 전이나 3년 전이나 그 조직이 성과를 표현하는 지표가 변화가 없다면 직원들은 동일한 기준의 성과를 내기 위해 결과에 대한 검토보다는 정해진 결과를 도출하는 데 오로지 효율적(Efficiency)으로만 일을 하면 된다.

하지만 〈표 1-1〉의 왼쪽의 상황에서는 외부환경의 급변으로 말미암아 기업의 전략과제나 성과 목표는 수시로 변화하며, 아울러 개인의 성과목표 또한 수시로 변해야 한다. 이에 따라 성과의 측정 기준도 변화할 것이며, 이런 상황에서는 회사가 일괄적으로 전 조직구성원의 효과성의 지표를 제시하는 것은 불가능하다. 따라서 개인의 업무결과에 대한 효과성에 대한 지표를 스스로 설정하고 이의 수행방법도 수립해야 하는 '개인업무'에 대한 '계획'이 크게 요구된다.

일반적인 업무계획의 모습

여기서 노력의 방향성과 관련하여 '계획'이라는 단어를 좀 더 살펴보자.

대부분의 조직에서 적어도 1년에 한번 정도는 연간 업무계획이라는 것을 수립하고, 어느 정도 경영관리에 대한 개념이 있는 조직이라면 월간, 나아가 주간으로 업무계획을 직원들로 하여금 수립하게 한다(컨설턴트로서 경험에 의하면 적어도 업무계획 및 추진 결과의 관리에 관한한 가장 철저한 곳이 공기업이나 공무원들이 아닐까 생각한다. 이들의 업무계획서는 - 대부분이 대기업 규모이기 때문에 - 전 직원의 업무계획서를 모으면 거의 책자 수준으로 수백 페이지에 이른다).

대부분의 조직에서도 비슷하겠지만 업무계획수립에 가장 애로를 느끼는 직원들은 주로 하위직급에 있는 직원들로서 대부분 단순 반복적인 업무를 수행하는 사람들이다. 예를 들어 인사부서의 급여 담당자나 영업부서의 실적집계 담당자들의 경우, 이들의 업무는 거의 일일 주기, 나아가 주간, 월간 주기로 일이 진행되고 있고, 또한 대부분 전산 시스템에 의해 일이 이루어지기 때문에 별도의 계획을 세울 필요가 없어 보인다. 그래서 이들의 연간 업무계획서에는 '매월 급여 지급', '일일 실적 마감, 주간 마감, 월 마감' 등의 업무 외에는 적을 것이 없고 그래서 적어도 A4지 한 장으로 제출해야 하는 업무계획서에는 대부분이 빈 칸으로 되어 있다. 이런 직원들이 계획서에 적는 '월 마감', '월 급여 지급'과 월 마감을 하기 위해 수행하는 단위 업무들, 즉 전표를 1일 취합하고, 5시까지 입력하고, 익일 9시까지 보고서를 출력하여 보고하는 등을 우리는 결코 업무계획이라고 하지 않는다. 이러한 업무의 내용을 적은 것을 우리는 업무절차나 업무표준 또는 직무기술서라고 부른다.

직급이 좀 더 올라가면 직원들은 제법 많은 분량의 업무계획을 수립한다. 인사운영 담당자라면, 1월 인사고과 실시, 2월 급여인상 품의, 3월 개인별 연봉조정 등등이 될 것이고, 구매담당자라면 1월 거래처 심사 ·

변경, 2월 구매단가 협상, 3월 거래처 협의회 개최 등등을 적을 것이다. 영업담당자의 업무계획에는 고객정보 수집, 거래처 방문, 제안서 작성, 단가 협상 및 납품, 납기 관리라는 계획을 세울 수 있다. 만약 이들이 올해의 연간업무계획에 기재하는 업무계획들이 전년도와 동일하다면, 나아가 2년 전의 업무와 동일하다면 이것은 업무계획인가 아니면 업무표준이나 직무기술서인가? 우리의 생각으로는 두 번째 사례의 업무계획 또한 첫 번째 사례와 별로 다르지 않다. 그것은 업무계획이 아니라 업무표준이나 직무기술서에 지나지 않는다. 단지 차이가 있다면 대리급 사원은 자기가 작성한 업무계획이 업무표준인 줄 모르고 그것이 업무계획으로 착각하고 있다는 점과, 급여 담당자 등 사원급 직원들은 자기의 업무가 단순 반복적이고 그래서 본인도 알고 상사도 잘 알고 있기 때문에 ─ 즉, 업무 표준으로 확정되어 있다는 사실을 알기 때문에 ─ 그러한 상세한 업무를 계획서에 적지 않는 점이 차이일 뿐이다. 만약 직원들이 업무계획을 매년 동일하게 수립하거나 아주 일부만 바꾸어 수립하는 조직이라면 매년 책자만큼 두꺼운 업무계획 모음만큼 낭비적인 것도 없다. 이상하게도 이렇게 업무계획이 바뀌지 않은 조직일수록 업무계획 모음은 더 두껍다.

앞에 열거한 계획 아닌 계획(무늬만 계획)은 직원들의 노력에 아무런 (새로운) 방향을 제시하지 않을 뿐 아니라 이러한 업무수행의 결과는 작년과 동일한 성과, 전 전년도와 동일한 성과를 낳게 될 것이다. 따라서 우리는 이러한 일답지 않은 일이 나열된 계획을 세워서 일하는 직원을 일 잘하는 직원이라고 결코 평가하지 않으며, 이런 직원들로 구성된 조직, 이런 계획을 관리하는 조직의 전체 성과는 올해, 작년, 전전년도보다 결코 좋아질 리가 없다.

올바른 업무계획

비단 기업 조직뿐 아니라 어떤 조직이든지 조직은 성장을 꿈꾸고 있다. 만약 어떤 조직이 성장이 아닌 생존을 목표로 한다면 그것은 대단히 특수한 상황으로 조직의 생존을 위협하는 엄청난 내외부적 충격이 발생한 경우일 것이며, 이 경우 조직의 생존을 위해서는 새로운 충격에 대처할 수 있는, 이전과는 다른 과제가 도출된다. 성장을 목표로 하는 경우도 마찬가지로 성장을 위해서는 이전과는 다른 과제를 수행하거나 이전보다는 높은 수준의 QCD를 달성하여야 한다.

개인의 업무계획이라고 하는 것은 그 개인이 속한 조직의 성장, 아니면 새로운 환경에서 생존하기 위한 기업 전체의 각별한 노력이 반영되어야만 비로소 계획으로서 기능을 할 수 있는 것이다. 그러므로 직원들의 업무계획에는 항상 조직 전체의 성장과 (특별한 상황에서의) 생존을 위해, 이전과는 다른 새로운 업무 또는 기존 업무의 QCD 측면에서 이전보다 높은 수준의 달성 계획이 있어야 한다.

대체로 서면으로 작성된 계획을 세우지 않고 일을 하는 경우는 두 종류가 있다.

첫 번째는 위에 예로 든 직원들과 같이 늘 하던 일, 반복되는 일을 수행하는 경우에는 머릿속에 이미 무엇을 어떻게 해야 할 지가, 즉 업무표준이 명확히 그려져 있기 때문에 굳이 계획서를 작성할 필요가 없는 경우이다.

두 번째 경우는 실제로 무엇을 해야 할지를 몰라서 계획을 수립할 수 없고 따라서 이런 직원은 일을 하는 것이 아니라 단지 뭔가를 하는 척하고 있을 따름이다.

이러한 두 종류의 일 못하는 직원들에 대해 그 책임이 누구에게 있는

가를 판단하기는 쉽지 않다. 직원들이 일을 못하는 것(일다운 일을 계획하지 못하는 것)이 개인의 책임인지 CEO나 관리자의 책임인지는 그 조직을 깊이 살펴본 후에나 판단할 일이기 때문이다.

5. 일다운 일을 하게 하는 방법, 성과관리

앞에서 설명한 QCD에 근거한 일을 잘하는 것에 대한 정의와 피터 드러커의 주장을 합하여 다시 한 번 '일 잘하는 사람'을 정의하면 다음과 같다.

조직에서 일을 잘하는 사람은, ① 조직 전체의 성과에 더 많은 기여를 할 수 있는 특정한 과제, 즉 일다운 일을 ② 최소한의 기간 내에 ③ 최소한의 비용으로 ④ 최대한의 품질로 산출해 내는 사람이다.

또한 〈그림 1-1〉의 성과함수는 다음과 같이 변형되어 표현하는 것이 더 정확할 것이다.

성과 = 능력(Ability) × 노력(Motivation) × 기회요인(Opportunity)

〈그림 1-2〉

〈그림 1-2〉에서 능력과 노력의 위쪽에 화살표를 표시한 것은 노력이나 능력개발을 '단순히 열심히 하는 것'이 아니라, '특정한 목표를 향한 노력'이라는 측면에서 물리학에서 말하는 벡터의 표시방법을 차용하였다.

1절에서 표시한 화살표가 없는 노력을 단순한 양(量)을 표현하는 스칼라라고 본다면, 일정한 방향이 있는 노력은 벡터라고 보고 그렇게 표현해도 무방할 것이다. 직원들의 노력의 방향과 능력개발의 방향, 즉 화살표가 바로 이 책의 핵심 내용인 바로 그 '목표'이다.

우리가 《연봉제의 원리》에서 기술한 대부분의 내용은 성과함수의 두 번째 변수인 '노력', 즉 직원들의 동기부여에 집중되어 있다. 이 책에서는 직원들의 노력과 능력개발에 '방향(→)'을 부여하는 방법을 제시하고자 한다. 앞으로 깊이 서술을 하겠지만, 노력의 방향성을 부여하는 작업, 즉 개인의 목표를 설정하는 작업은 개인과 조직, 부하와 상사간의 긴밀한 협동이 있을 때에만 가능하며, 어느 일방의 능력 함양이나 노력만으로는 결코 이루어질 수 있는 일이 아니다.

성과관리는 직원들로 하여금 일다운 일을 찾고 그것을 실행하게 만드는 방법이다. 즉, 직원들이 올바른 목표를 설정하고 그 목표를 향해 노력을 경주하고 능력을 개발하여 목표의 달성이라는 성과를 내게 하는 것이다. 그러므로 현대 기업에서 성과관리는 특정한 시스템이나 제도라기보

능력

노력

다는 일을 잘하는 방법, 일을 잘하게 만드는 방법 또는 일다운 일을 제대로 수행하는 과정 그 자체이기 때문에, 만약 성과관리만 제대로 된다면 전체 조직의 성과가 올라가는 것은 지극히 당연할 것이다.

인사관리의 기능

역량과 동기를 변수로 하는 성과함수의 측면에서 인사관리 기능을 보면, 역량 있는 직원들을 채용하고, 이들의 능력향상을 담당하는 역량관리체계와 직원들에게 일정한 직무를 부여하고 목표를 설정하고, 목표 달성을 위해 직원들의 동기, 노력을 관리해 나가는 성과관리체계로 분류할 수 있다. 아래 그림에서 보는 바와 같이 평가와 보상은 성과관리의 일부이며, 이의 설계와 운영기술은 《연봉제의 원리》에서 충분히 설명이 되어 있다. 연봉제로 통칭되는 올바른 평가와 보상은 올바른 목표의 설정과 관리가 전제될 때 비로소 제대로 작동되는 것이며, 이것이 바로 성과관리의 완성이다.

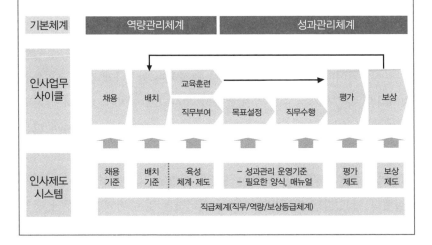

제2장
성과관리 꼭 해야 하나?

1. 실행력, 잘하는 기업의 조건

대기업 인사담당자로서 그리고 인사 컨설턴트로서 20년 이상을 인사 업무에 종사하다 보니 인사 컨설팅 일을 할 때, 항상 '사람의 측면'에서 많은 부분을 판단하는 버릇이 있다. 사람의 측면에서, 내가 근무한 대기업과 컨설팅을 하면서 접촉하는 많은 중견·중소기업들 그리고 공기업들을 나름대로 잘하는 기업 또는 잘 할 수 있는 가능성이 있는 기업과 그렇지 못한 기업으로 판단하는 '인사쟁이'로서 나름대로의 기준은, 다름 아닌 실행력이다. 물론 기업 경쟁력을 결정하는 엄청나게 많은 요인들과 경쟁력을 향상시키는 수많은 방법들이 제시되고 있지만 요약하면 전략과 실행력, 두 가지로 설명할 수 있을 것이다. 실행력을 강조하는 많은 경영서적들을 보면 이러한 생각이 틀리지 않았다는 느낌을 받지만, 어떤 기업이, '좋은 전략'이라고 하는 실행의 방향과 그 전략목표를 달성하는 '실행력'이 있다면 그 기업이 잘 될 것이라는 것은 어쩌면 너무나 당연한 이야기일 것이다. 실행력이 없다는 것은 실제 기업 현실에서 다음과 같은 형태로 문제점을 드러낸다.

'일년 내내 계획 수립하다가 시간 다 보낸다.'
'우리 회사는 회의만 많고 되는 건 아무것도 없다.'
'회의에서 수많은 논의와 결정이 이루어지지만 그것을 관리하는 사람이 없다.'
'문제가 있어도 책임질 사람이 없거나 책임을 묻지 않는다.'
'열심히 하건 안 하건 돌아오는 건 아무것도 없다.'
'직원들도 하다가 어려우면 안 해 버린다. 그래도 아무도 뭐라는 사람이 없다.'

실제 우리가 직간접적으로 겪어본 수많은 기업들에서 CEO를 포함해 모든 직원들이 적어도 하나 이상의 회사 내 문제점을 이야기한다. 또한 이러한 문제점들은 거창한 회사의 전략에 관한 문제가 아니라 (실제 대부분의 직원들은 전략에 대해서는 별로 구체적인 내용을 잘 모른다) 본인의 업무에 관한 불편함에 관한 것이 대부분이다. 컨설턴트로서 피부로 느끼는 실행력이라고 하는 것은, 이러한 불편이나 문제가 있을 경우 또는 CEO가 문제를 인지했을 때 실제 그 문제를 해결하는 것, 즉 그 문제에 대해 해결할 사람을 정하고 그 문제를 해결할 때까지 실행을 재촉함으로써 그 문제를 없애는 일에 다름 아니다. 잘하는 조직이라면 당면한 문제를 해결하는 것은 물론, 남보다 더 잘하기 위해서 남들보다 높은 전략목표를 설정하고 그 목표를 달성하는 실행력을 갖추어야 할 것이다. 조직의 실행력, 개인의 실행력을 높이는 것, 이것이 바로 성과관리이다.

실행력과 관련하여 하나 더 부가하고 싶은 내용으로, 무엇이 실행력인
가?이다. 앞에서 잠깐 언급했지만 우리가 어떤 사람을 '실행력이 있다.'
라고 할 때 그 뉘앙스에는 실행의 대상(과제)을 실행함에 있어 어느 정도
이상의 '난관'을 뚫고 기대하는 결과를 내었을 때, 우리는 그 사람을 실
행력이 있다고 한다. 앞 장에서 계획다운 계획에서도 비슷하게 언급하였
지만, 정기적이고 반복적인 일을 변함없이 제 시간 내에 일을 했다고 해
서 우리는 실행력이 있다고 평가하지 않는다. 그저 정해진 일을 제때 해
내는 '성실한' 직원 정도로 생각할 것이다. 기업 전체의 실행력도 같은
관점에서 평가될 수 있을 것이다. 요약하면, 실행력이라고 하는 것은 반
복적이지 않고, 그래서 전례가 거의 없는 특정과제, 그것도 과제의 추진
에 어느 수준 이상의 '난관'을 헤치고 그 과제를 달성하는 것을 말한다.
성과관리는 직원들로 하여금 전례가 없는 특정한 과제(목표)를 설정하
고, 난관을 헤치고, 실행함으로써 의도한 목표를 달성하게 한다.

2. 끊임없는 개선 추구 - 성공하는 기업의 8가지 습관

다음은 제임스 콜린스와 제리 포라스(James Collins & Jerry Porras)
가 지은 《성공하는 기업의 8가지 습관(원제 Built to Last)》 중 마지막
습관 '끊임없는 개선 추구'에 나오는 글이다.

"비전 기업에게 중요한 사안은 '우리가 얼마나 잘하고 있는가?', '어
떻게 하면 잘할 수 있을까?' '경쟁기업에 대처하기 위해 어느 정도 잘하
면 될까?' 하는 것들이 아니다. 비전 기업이 생각하는 중요한 과제는
'어떻게 하면 오늘 우리가 했던 것보다 내일 더 잘할 수 있을까?' 하는

것이며, 이것이 직원들의 일상 업무의 규범처럼 되어 사고와 행동의 습관이 되는 것이다. … (중략) … 우리의 조사 연구를 통해서도 개선이라는 개념이 기업 성공에 중요하다는 것은 명백히 밝혀졌지만, 단순히 유행성이거나 계획에만 거쳐서는 안 된다. 비전 기업들은 개선을 제도화시키고 습관화시킴으로써…. (후략)"

성과관리시스템은 직원들로 하여금 자기 업무에 관한 높은 목표를 설정하게 하고, 목표 달성과정을 체계적으로 관리함으로써 실행력을 강화한다. 목표란 뒤에서 상세히 설명하겠지만, '현재보다 더 나은, 더 성장하고 발전된 상태'이며 성과관리는 바로 이러한 '개선'을 습관화시키는, 성공하는 기업을 만드는 조건이다.

3. 선현들의 말씀

상사의 고민 대 부하들의 고충

인사컨설팅을 수행하는 과정에서 제일 먼저 수행하는 작업은 조직 진단이다. 이 작업은 회사의 인사관리를 포함한 경영 전반에 걸친 직원들의 의견이나 만족도를 조사하여, 수행하여야 할 컨설팅의 세부 과제를 명확히 하고, 최종적으로 인사 시스템에 반영할 목적으로 이 작업을 수행하고 있다. 이때 발견되는 많은 문제점 중, 일을 수행하는 방식 또는 태도에 관해 상사와 직원들 간에는 다음과 같은 시각 차이가 존재한다. 대략적으로 직원 50명 이하의 회사에서는 거의 대부분의 업무가 CEO로부터 비롯되기 때문에 상사를 CEO로, 부하를 직원으로 바꾸어 표현하는 것이 더 정확하다.

- **상사의 고민** : "상사는 직원들이 자기의 일을 스스로 알아서 수행해 주기를 기대하는 데 반해, 직원들은 시키지 않으면 일을 하지 않는다. 직원들이 일을 알아서 안 하기 때문에 내가 직접 관여해서 일일이 지시를 해야만 일을 한다."
- **부하의 고충** : "본인이 일정 부분 스스로 알아서 하려고 하나, 모든 일을 상사가 직접 관여하기 때문에 도대체 일을 내 스스로 할 수도 없고 시키지 않는 일을 먼저 할 필요가 없다."

맥그리거의 X-Y이론

위에 적은 바와 같이 상하간의 인식 차이에 대해서는 이미 1960년에 맥그리거(Douglas McGregor)가 실증적 연구를 통해 규명한 바 있다. 이른 바 X · Y이론이 그것이다. 이 이론으로 위의 상황을 정리하면, 상사들은 부하들을 X이론에 입각하여 직원들을 바라보는 반면, 직원들은 Y이론에 가까운 인간형으로 스스로를 보고 있다.

Y이론에 근거하여 부하들을 관리하는 것이 더 많은 생산성을 보인다는 맥그리거의 연구결과에도 불구하고 여전히 이 이론은 현대 리더십이론, 동기부여이론의 한복판에 서 있는 미완의 과제로 남아 있다. 수많은 학자들이, 산업 강사들이 저서와 강의를 통해 조직의 경영자, 중간관리자를 대상으로 Y이론을 신봉하라는 가르침에도 불구하고 여전히 조직 곳곳에서 X이론의 신봉자들이 많다는 것이 부하들의 인식이다.

> **맥그리거의 X이론과 Y이론**
> 맥그리거는 인간성에 대한 근본적인 시각을 긍정적으로 보는 시각과

부정적으로 보는 시각의 두 부분으로 나누어, 부정적인 시각을 X이론, 긍정적인 시각을 Y이론이라고 명명하였다.

X이론의 시각에서는 사람을 다음과 같이 보고 있다.

- 직원들은 원래 일을 하기 싫어한다. 항상 게으름을 피울 기회만 찾는다.
- 그러므로 목표 달성을 위해서는 계속 감시하고, 통제해야 한다.
- 직원들은 책임을 맡는 것을 꺼리며 지침을 받아 일을 하는 것을 선호한다.
- 대부분의 직원들은 야심찬 계획보다는 안전에 우선순위를 둔다.

반면 Y이론에서는 이와는 반대의 시각으로 사람을 본다.

- 직원들은 우호적인 환경 하에서 일을 휴식처럼 자연스러운 것으로 받아들인다.

- 직원들은 자기들이 '몰입'하는 조직의 목표와 일에 대해 창의적이고 스스로 방향을 잡을 수 있다.
- 직원들은 창의적 문제 해결 능력을 가지고 있으나, 많은 조직에서 이들 재능을 발휘하지 못하고 있다. 따라서 지적이고 동기부여된 직원들의 타고난 성향을 끄집어내는 것은 관리자의 몫이다.
- 적당한 조건이 주어진다면, 직원들은 스스로 몰입하는 목표에 있어 책임을 받아들이고, 스스로 통제하며, 스스로 방향을 설정하는 것이 가능하다.

> • 조직의 목표에 대한 몰입은 성취와 결부된 보상에서 나오며, 그러한
>   보상 가운데 가장 중요한 것은 성취에 대한 자아실현 욕구이다.
>
> 맥그리거의 조사에 의하면, 조직 내 대부분의 관리자들은 X이론, 아니
> 면 Y이론 중 어느 한편을 채택하여 부하들을 관리한다고 한다.

피터 드러커의 목표에 의한 관리(MBO, Management By Objectives)

1954년 피터 드러커는 명저 《경영의 실제(The Practice of Management)》에서 수많은 기업의 사례와 통찰력으로 '목표에 의한 관리'를 주창하였다. 50년대에 미국의 거대 기업을 대상으로 주장한 MBO가 한국의 대기업에 소개되어 경영의 도구로서 전사적으로 실행하게 된 것은 대략 90년대 후반쯤이다. 이 시기는 IMF 외환위기가 시작되고 대기업을 비롯한 국내 기업들이 치열한 글로벌 경쟁에 노출되어 '생존'이 당면 목표였던 시기로서 한국의 기업들이 인사관리에 관한 기존의 철학과 방식을 대대적으로 수정한 소위 'HR Big Bang'과 그 맥을 같이 한다. HR Big Bang의 대표적 사례로서 종신고용의 철회, 연공주의에서 성과주의로의 전환, 호봉제에서 연봉제로의 전환을 들 수 있다.

피트 드러커의 '목표에 의한 관리'는 다음의 박스 안에 고스란히 설명되어 있다. 워낙 유명한 주장이고 또 알아둘 가치가 있는 명언이라 좀 길지만 원문을 그대로 인용하였다. 피트 드러커가 MBO를 주장할 때 주로 기업 경영의 관점에서 서술하였기 때문에 목표관리의 주체를 경영자로 설정하였으나, 이후 MBO가 기업에 도입, 확장되면서 경영자의 의미는 직원 개개인 단위까지 확장되어 있다. 따라서 아래의 글 중 경영자를 직원, 특히 지식근로자로 바꾸어 이해하면 된다.

목표에 의한 경영(Management By Objectives)

어떤 기업이든 성과를 올리기 위해서는 기업의 각 구성원들이 서로 다른 분야에서 일하면서도 공동의 목표를 달성하기 위해 공헌해야만 한다. 그들의 노력은 같은 방향으로 모아져야 하고, 또한 그들의 공헌은 공동의 목표를 달성하는 데 도움이 되어야 한다. 구성원들 사이에 견해차이나 마찰이 없어야 하고, 불필요한 노력이 중복되는 일도 없어야 한다. 그러므로 기업이 성과를 올리기 위해서는 각각의 직무가 기업 전체의 목표와 부합되어야 한다. 특히 경영자의 직무는 기업 전체의 성공에 초점이 맞추어져 있어야 한다. 따라서 각 사업 부문의 경영자들에게 부과되는 목표는 기업이 달성해야 할 전체 목표로부터 도출되어야 하며, 그들 각자의 성과는 그것이 기업 전체의 목표 달성에 공헌한 정도에 따라 평가되어야 한다. 경영자들은 기업 목표 달성을 위해 자신에게 기대되는 성과가 무엇인지 알고 또 이해해야 한다. 기업 전체의 목표에 필요한 이러한 요구들이 제대로 충족되지 않으면 경영자들이 그릇된 방향으로 나아갈 수도 있다. 그렇게 되면 경영자의 노력이 헛수고가 될 수 있다. (드러커의 입장에서 경영자란 자신과 자신이 맡은 사업 부문이 상위 부문의 목표 달성, 나아가서는 회사 전체의 목표 달성에 공헌하는 데 있어 책임을 지는 사람을 의미한다. 필자주)

따라서 경영자의 성과 목표는 아래로가 아니라 위로 향해야 한다. 그것은 각각의 경영자가 수행하는 직무의 목표는 그들이 속한 상위 부문의 성공을 위해 해야 할 공헌에 의해 규정된다는 것을 의미한다. 지역 담당 판매 부장이 수행하는 직무의 목표는 판매 부문 전체의 성과를 위해 그가 해야 할 공헌이 무엇인가에 의해 규정되어야만 한다. 마찬가지로 기술 프로젝트 담당 책임자가 수행하는 직무의 목표는 그와 그의 부하직원인 엔지니어들이 기술 부문 전체를 위해 해야 할 공헌이 무엇인가에 의해 규정될 것이다.

각각의 경영자는 자신이 책임지고 있는 부문의 목표를 스스로 개발하고 설정해야 한다. 물론 상위 부문에서 하위 부문의 목표를 승인하거나 거부할 권한을 가지고 있다. 하지만 목표의 개발 자체는 각 부문의 경영자가 책임져야 할 부분이다. 이것이 경영자의 첫 번째 책임이다.

또한 모든 경영자는 자신이 속해 있는 상위 부문의 목표를 개발하는 일에도 참여하고 책임을 져야 한다.

단순히 참여 의식을 갖는 것만으로는 충분치 않다. 경영자가 된다는 것은 철저하게 책임을 진다는 것을 전제로 한다. 경영자의 목표가 단순히 경영자 개인이 원하는 바가 아닌 기업의 객관적인 필요를 반영해야 한다는 바로 그 사실 때문에 경영자는 상위 부문의 목표 개발에 적극적으로 동참해야 한다. 경영자는 기업의 궁극적인 목표를 이해해야 하고 또한 그 내용을 알고 있어야 한다. 상위 부문에 공헌해야 하는 경영자들은 모두 그 상위 부문의 목표가 무엇인지 철저히 고민해야 한다. 그들은 상위 부문의 목표를 설정하는 일에 적극적으로 참여해야 하고 또한 책임을 져야 한다. 하위 부문의 경영자가 상위 부문의 목표설정에 참여를 해야만 그의 상사도 부하 경영자에게 무엇을 기대할 수 있을지, 어떤 엄격한 요구를 할 수 있을지에 대해 알 수 있게 된다. 부하 경영자가 상사의 목표설정에 참여하고 책임을 진다는 것은 매우 중요하다. 경영자가 자신의 성과를 스스로 관리하는 데 있어 자신의 목표가 무엇인지 아는 것만으로는 충분하지 않다.

그는 자신이 창출한 성과와 결과를 스스로의 목표와 비교하여 측정할 수 있어야만 한다. 그러기 위해서는 기업의 주요 영역을 평가하기 위한 공동의 명확한 기준이 있어야만 한다. 그러한 평가 기준은 반드시 숫자로 표시되거나 정밀할 필요는 없다. 그러나 평가 기준들은 분명하고, 단순하고 또한 합리적이어야 한다. 평가 기준은 경영자가 주의와 노력을 기울여야 하는 대상들과 관련이 있어야 하고 또한 그것들을 지향하고 있어야 한다. 평가 기준은 신뢰할 수 있는 것이어야 한다. 그리고 평가 기준은 복잡한 해석이나 철학적인 논의가 필요 없을 만큼 분명하면서도 쉽게 이해할 수 있는 것이어야 한다.

– 피트 드러커 저 《경영의 실제》, 경영자의 역할 편(編)

로크의 목표설정이론

목표설정이론(Goal Setting Theory)은 1968년 심리학자 로크(E. A Locke)에 의해 최초로 제기되었고, 후속 연구자들에 의해 그 타당성이 검증되었다. 이 이론은 이전에 드러커가 주장한 MBO에 대한 이론적 기반을 제공함으로써 경영기법으로서의 MBO가 미국의 많은 기업에 확산된 계기를 제공하였다. 로크의 목표설정이론의 핵심은, '명확하고 달성하기 어려운 목표일수록, 만약 구성원들에게 받아들여지기만 한다면, 더 높은 성과를 가져온다.' 는 것이다.

로크를 비롯한 후속학자들은 목표가 높은 성과를 가져오는 이유로서 명확하고 도전적인 목표 자체가 동기를 유발하여 개인의 목표 달성에 대한 몰입을 가져온다고 설명하였다. 아울러 목표 자체가 동기를 유발하는 과정을 다음과 같이 설명하고 있다.

- 목표는 주의와 행동을 이끄는 효과를 가지고 있으며, 의도적인 행동의 방향을 설정해주고, 만약 구체적으로 기술된다면 어디에 어떤 노력을 기울여야 할지를 알려준다.

• 목표설정은 실행과정과 관련된 전략의 개발을 필요로 하며, 사람들이 목표를 가지고 있을 때에 목표 달성을 위한 방법을 스스로 숙고하며, 특히 목표가 어려운 것처럼 보일 때는 더욱 더 많은 전략과 계획을 검토하고 수립한다.

4. 성과관리를 하면 무엇이 좋아지나?

일다운 일(Right Thing)에 대해 심사숙고하게 한다

성과관리의 출발은 목표설정에서 비롯되며, 직원들이 목표를 설정하는 일은 바로 이 '일다운 일'을 찾는 작업이다. 일다운 일이란 회사의 전략적 목표 달성에 직접 기여하는 일을 말한다. 성과관리는 '일다운 일'을 도출하기 위해 상사와 부하 간에 진지하고 자발적인 토론을 독려하고 조장한다. 성과관리는 그 자체로서 '일다운 일'을 직원들 앞에 제시하는 것은 아니다. 그래서 성과관리(목표관리 또는 MBO)를 추진하고 있는 많은 기업들에서 성과관리가 실패하는 가장 큰 이유는 일다운 일을 찾아내지 못하기 때문이다. 하지만 회사가 전사적으로 성과관리를 강력하고 지속적으로 추진한다면 오래지 않은 기간 내에 직원들은 거듭된 숙고를 통하여 '일다운 일'을 찾아내게 된다.

목표는 그 자체로서 직원들의 달성 의지를 강화한다

목표에 관한 로크의 이론을 빌리지 않더라도 목표설정을 지도하면서 가장 보람을 느끼는 것이 바로 동기부여이다. 대부분 직원들에게 목표설정을 해 오라고 하면, 제대로 된 목표, 즉 무엇을 할 것인지가 명확한,

도전적인 목표를 수립하지 못한다. 다만 막연히 열심히 하겠다는 말뿐인 의지만 가지고 있지만 막상 '무엇'을 하겠다는 것은 불분명하다. 이런 직원을 상대로 1:1 지도를 통해 막연한 '그 무엇'에 대해 구체적이고 그리고 도전적인 과제와 목표 수준이 도출되었을 때, 그 직원들의 반응은 대체로 이러하다.

"정말 이거 제가 다 해야 할 일인가요?"

"다 하려면 거의 죽음인데요…. 이제 무엇을 해야 할지 알겠습니다."

"이 정도는 해야지 우리 사업부 목표 달성합니다."

성과관리는 연봉제를 구동시키는 엔진이다

평가와 보상을 기본 축으로 하여 직원들의 동기를 자극하는 인사관리 시스템은 성과관리를 통해서야 비로소 제대로 작동하게 된다. 연봉제를 통한 차등 보상, 승진 등의 차별적인 보상을 통한 동기부여는 필연적으로 정확한 평가를 전제로 하고 있지만, 성과관리가 빠진 성과평가는 상사의 그다지 객관적이지도 정확하지도 않은 정성적 평가에 의존할 수밖에 없다. 2000년대 들어 본격적으로 도입되어 거의 모든 기업에서 시행하고 있는 연봉제가, 또한 많은 기업에서 '무늬만 연봉제'로 운영되고 버리지도 계속할 수도 없는 애물단지로 전락한 이유가 바로 성과관리가 부재하기 때문이다.

성과관리는 관리자의 리더십 실현의 구체적인 장(場)이다

직원들이 항상 일상적이고 반복적인 일만 수행한다면 관리자가 할 일은 무엇일까? 말 그대로 관리하고 통제하는 일만 하면 될 것이다. 직원들이 제때 출근하는지, 정해진 일을 하는지, 정해진 일을 정확하게 해 오느지의 여부만 감시하고 독려하면 될 것이다. 이것이 바로 전통적인 경영방식이며 전통적인 리더십이다. 하지만 현대기업에서는 이러한 경영방식과 리더의 역할이 크게 달라질 것을 요구한다.

드러커의 주장에 의하면 경영자를 포함한 관리자의 가장 큰 역할은 자기의 조직과 그 조직이 속한 상위조직이 성공을 위해 올바른 목표를 수립하고, 나아가 부하직원들이 조직의 목표 달성에 공헌할 수 있도록 기대되는 공헌이 무엇인지를 알려 주는 것이다. 한마디로 관리자의 목표설정 능력이다. 나아가 현대 리더십에서 주장하는 '권한을 위임하는 것'은 부하의 목표 달성의 노력을 강화하는 것이며, 코칭과 피드백은 부하의 목표 달성을 촉진하는 성공요소로 작용하는 것이다. 성과관리에서 강조하는 상하간의 커뮤니케이션 과정은 바로 이러한 리더십의 주요 요소들에 대한 필요성을 관리자 스스로 느끼고 발휘하게 한다.

성과관리는 직원들의 자발적인 학습을 촉진한다

인사관리 컨설팅의 초기단계에 수행하는 조직 진단 또는 직원만족도 조사의 결과를 분석해 보면, 직원들은 회사의 교육투자에 많은 기대를 하면서도 정작 본인들은 능력개발에 대한 노력이나 의지는 대단히 약하다. 또한 조사에 의하면 스스로 자기의 업무를 수행하는 데 별로 능력의 부족을 느끼지 않는다고 대답한다. 그 이유는 간단하다. 대부분의 직원들이 기업성과의 '향상'에 별로 기여하는 업무를 하지 않기 때문이다. 작년에 하던 일, 전전년도에 하는 일, 단순 반복적인 일, 상사의 지시에 따라 수행하는 일을 하는 데 무슨 새로운 지식이 필요할까? 드러커의 MBO에서 주장하는 '목표'는 기업의 성과 향상에 공헌할 수 있는 목표이며, 그러한 목표를 달성하기 위해서는 새로운 접근법과 새로운 방법이 필요한 것이다. 이는 설정된 목표의 달성을 위해 노력하는 동안 스스로 느끼게 되며, 그래서 학습에 대한 구체적인 필요성을 느끼게 된다.

실제 우리가 컨설팅 한 회사의 영업팀장의 목표를, 이전에 하지 않았던 '고객만족도 조사'로 설정한 적이 있다. 이 팀장은 스스로 설문서를 만들고 데이터 분석을 하는 동안 설문서 작성 요령, 분석 기법 등에 대해 (주로) 인터넷을 통해 스스로 학습하고, 주변에 자랑까지 하면서 훌륭히 만족도 조사를 완수하였다. 고객만족도 조사의 결과를 영업정책수립이나 영업활동 자체에 충분히 활용을 한 것은 물론이다.

성과관리는 개인이나 조직간의 업무책임을 명확하게 해 준다

기업 규모의 대소를 막론하고 어떤 조직이던지 조직과 개인의 업무분장은 대체로 이루어져 있다. 하지만 업무분장의 수준은 일반적인 고유업무에 관해 개략적으로 서술되어 있어 실제 조직에서 처음 발생하는 업무나 개인 또는 조직간에 발생하는 문제 또는 문제 해결의 책임소재에 관해서는 업무분장이 명확한 답을 제시하지 못하는 경우가 종종 발생한다. 그래서 과제 수행 책임이나 문제발생과 해결에 관해서 관련부서간의 책임회피로 말미암아 과제 수행이 안되거나 문제를 해결하지 못하는 경우가 많다. 이런 사례는 기업의 규모를 불문하고 경영관리가 부족한 기업에서 자주 발견된다.

예를 들면 생산팀과 생산지원(관리)팀의 업무분장이 불분명한 경우 다음과 같은 문제가 발생한다. 성과관리를 하지 않는 상황에서 생산납기 준수는 두 팀장이 공동 책임을 지고 상호 협조하여 납기 준수라는 과제를 수행한다. 만약 납기에 문제가 생겼을 경우 상사는 두 책임자를 불러 '두 사람 잘 협조해서 이런 일이 없도록 하시요.' 라는 질책으로 넘어갈

수 있다. 성과관리 이전에는 이런 방식으로 일을 해 왔던 것이다. 하지만 이런 식으로는 절대 문제가 해결되지 않는다(즉, 실행력이 없다!). 상사의 질책을 받고 나온 두 사람은, 각자 상대방이나 제3자(지킬 수 없는 생산오더를 수주하는 영업팀, 아니면 생산 원자재 조달에 책임이 있는 구매부서)에 책임을 떠넘길 것이다. 하지만 이 회사가 성과관리를 도입하고 개인별 목표를 설정한다면, 지금까지 명확한 구분 없이 수행하던 공동의 목표, 즉 생산납기 준수는 생산지원팀과 생산팀에 분해되어 할당되어야 한다. 즉, 납기 준수를 위해서 생산지원팀은 원자재의 적기조달과 적절한 생산 계획(복잡한 영업 오더를 생산팀의 생산능력을 감안한 적정한 수준으로 생산계획을 수립하는 것)에 대한 책임을 지고, 생산팀은 계획된 대로 생산에만 전념하여 납기 준수라는 목표를 달성하여야 한다. 이러한 납기 준수라는 상위 조직의 목표를 놓고 두 팀장 간에 업무책임을 명확히 하는 것, 이것이 성과관리이다.

성과관리는 조직의 경영관리 수준을 단기간에 향상시킨다

중견·중소기업을 컨설팅하면서 가장 많이 듣는 이야기가 있다. '우리는 중소기업이기 때문에 대기업의 방식은 안 된다.' 얼핏 이 말에 동의를 하면서도 한편으로 과연 중소기업과 대기업의 근본적인 차이가 무엇일까에 대해 다시 한 번 생각하게 된다. 물론 중소기업과 대기업은 경영방식, 관리방식에 있어 차이가 있고 각각의 장단점이 있다. 관료주의, 느린 의사결정, 수많은 계획과 검토, 이에 따른 엄청난 분량의 문서들이 대기업의 단점인 반면, 중소기업의 빠른 의사결정, 인간적 유대를 통한 팀워크와 긴밀한 커뮤니케이션이 장점이다. 그래서 대기업에서도 중소기업형, 특히 벤처기업형 문화를 지향하려고 많은 노력을 하고 있는 것이다.

 하지만 이러한 장단점에도 불구하고 대기업과 중소기업의 차이를 한마디로 말하면, 대기업에서는 직원들이 일을 잘하고 중소기업에서는 일을 못한다는 것이다. 다시 말해 대기업은 업무를 수행하는 방법이나 절차가 대체로 최적화되어 있으며, 그로 인해 성과는 향상되고 비용은 적게 투입된다. 하지만 중소기업 직원들의 업무 방식이나 절차는 대체로 엉성하고 효율적이지 못하며, 이렇게 치밀하지 않은 방법이나 절차에 따라 수행한 업무의 성과는 낮을 수밖에 없다.

 이렇게 대기업과 중소기업 직원들의 업무수행 수준의 차이를 야기하는 근본 요인은 무엇인가? 그것은 바로 경영관리이다. 품질관리의 대가인 데밍 박사(Dr. W. Edward Deming)는 품질향상을 위해 PDCA 싸이클을 제안하였다. PDCA는 Plan(계획), Do(실행), Check(측정 · 확인), Action(개선을 위한 조치)이며, 제품의 품질개선이나 업무 프로세스의 개선을 위해서는 이 4단계의 사이클을 끊임없이 돌리고 돌려야 한다는 것이다. 대기업의 업무 방법이나 절차는 바로 이러한 PDCA 사이클의 끊임없는 순환의 산물이다. 여기서 가장 중요한 것은 일의 결과에 대한 측정(Check)이며, 이것이 바로 앞에서 말한 경영관리이다. 특정 공정에서 발생하는 불량을

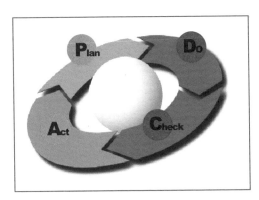

〈그림 1-3〉

측정하기 위해서는 불량의 기준을 만들고, 불량 데이터를 수집하고 분석하여 불량률을 산출하는 기준, 이른바 품질관리체계가 있어야 하는 것과 같이 경영관리란 다양한 업무에 종사하는 직원들이 수행한(Do) 일의 결과를 측정하고 평가하는 일이다.

많은 중견·중소기업의 경우, 직원들은 대체로 주어진 업무를 완수하는 데 급급하다. 제조공장의 담당자들은 생산지시에 따라 생산하고, 검사하고, 불량이 발생하면 이를 수리하고, 납기에 맞추어 출하하는 데 급급하다. PDCA 사이클에서 C와 A가 빠져 있는 것이다. 성과관리는 바로이 결과의 측정 단계를 수행하는 것이며, 측정을 위해서는 그 결과를 측정할 수 있는 관리체계를 갖추어야 한다.

성과관리와 경영관리

본문에서 예로 든 제조공장의 품질 문제를 보자. 품질에 관한 이 공장의 현재 수준은 제품을 검사해서 불량을 걸러내는 'Do' 수준에 머물러있다. 불량의 수량을 파악하고 불량의 유형을 구분하여 원인을 파악하는, 일명 품질관리가 없는 것이다. 하지만 생산팀장은 불량으로 인한 수리, 재생산 비용, 생산차질이 발생하는 것을 경험적으로 알고 있다. 성과관리는 생산팀장 또는 공장장의 성과를 생산제품의 '품질'로써 측정하게 만든다. 성과관리를 통해 생산팀장이나 공장장의 성과목표를 '품질'또는 불량률로 설정하게 되면 필연적으로 품질을 측정하게 된다. 품질을측정하기 위해서는 품질데이터의 수집, 분석, 불량판정 기준에 관한 이른바 품질관리체계가 수립되어야 하는 것이다. 성과관리를 시행하기 전에 막연히 알고 있는 품질문제를 성과관리를 통해 정량적으로 품질지표를 설정하여 품질문제를 계량적으로 측정하게 되는 것이다.

성과관리를 통해 일의 결과를 측정할 수 있는 관리체계가 수립되는 것은 품질관리뿐 아니라 조직 내 모든 업무에 적용될 수 있다. 중견기업의 홍보담당자의 홍보업무를 예로 들어 보자. 홍보담당자의 업무는 일정한 예산으로 회사 홍보를 위해 광고를 검토하고 광고업체와 접촉하여 광고 계획을 수립하고 적절한 매체를 찾아 광고를 게재하는 것이 업무이다. 실제 광고의 목표가 고객에 대한 홍보 효과, 즉 고객인지도, 선호도를 올리는 것이지만 대부분의 경우, 담당자들은 이러한 '목표'에는 관심이 없다. 성과관리를 도입하여 홍보담당자의 업무 목표를 '고객선호도 증대'로 설정을 한다면, 고객선호도를 측정하기 위한 별도의 도구를 개발해야 한다. 이와 같이 경영관리 수준이 낮은, 즉 관리체계가 미흡한 기업에서 성과관리를 도입하는 초기에는, 성과측정을 위한 다양한 측정 도구의 개발이 첫 번째 과제로 대두될 수밖에 없으며, 따라서 측정지표를 만드는 일 자체가 개인의 목표로 설정된다. 경영관리체계라고 하는 것은 조직이 성장하고 발전하는 데 필수적인 요소이기도 하지만 조직의 성장 과정에서 자연스럽게 관리 수준이 올라가는 것도 사실이다. 기업 경영에서 맞닥뜨리는 수많은 문제와 이를 해결하는 과정에서 문제를 측정하고 관리함으로써 업무절차나 방법은 서서히 개선될 수 있다. 하지만 성과관리는 KPI(Key Performance Indicator, 핵심성과 지표)로 표현되는 관리지표를 계획적이고 의도적으로 설정함으로써 전반적인 경영관리 수준을 단기간에 향상시킬 수 있는 것이다.

5. 유사한 개념들

MBO 대 성과관리

MBO와 성과관리는 개인이나 조직의 목표설정과 관리를 핵심으로 한다는 의미에서 같다. 다만, MBO가 목표의 설정과 관리(측정 · 평가)에 국한된 의미를 가지는 반면, 일반적으로 성과관리라는 용어는 목표설정과 평가와 더불어 보상까지 확장된 개념으로 통용되고 있다. 한편으로 성과관리를 성과(업적)뿐만 아니라 역량도출이나 역량평가까지 포함하여 더욱 확장된 개념으로 사용하는 사례도 자주 발견되긴 하지만, 직원들의 목표설정과 관리가 핵심인 성과관리의 의미를 모호하게 만든다는 점에서 지나친 의미의 확장은 바람직하지 않다.

BSC 대 성과관리

BSC(Balanced Score Card, 균형성과 지표)는 드러커가 주장한 MBO를 한 단계 진전시킨 개념이다. 드러커가 기업경영에 있어 경영목표를 설정하고 관리하는 것이 중요하다고 역설한 이후, 1992년에 하버드 대학교수인 카플란(Robert Kaplan)과 노톤(David Norton)은 기업이 경영목표를 수립하되, 전통적인 재무적 성과 지표 외에 고객, 프로세스, 역량개발 관점에서 균형된 성과 목표를 지향해야 한다고 주장하였다. 그러므로 BSC와 MBO는 서로 다른 또는 상충되는 개념이 아니라 MBO에서 강조하는 '목표를 설정하는 관점'을 BSC가 제공하고 있는 것이다. BSC에 대해서는 다음 장에서 상세히 설명할 것이다.

6. 성과관리는 경영의 실현 자체이다

지금까지 기술한 내용을 종합하여, 조직 내에서 일을 잘하는 사람을 다시 한 번 정의하면 다음과 같다.

일을 잘하는 사람은 조직에서 부과한 업무(R&R)에 관해 필요한 지식을 가지고, 일다운 일(Right Thing)을 사전에 계획하여, 열정적인 노력(실행력)으로 그 올바른 일을 해 내는 사람이다. 나아가 개인적 차원의 '일을 잘하는 조건'을 조직 차원에서 실현할 수 있다면 그것은 곧 경쟁력 있는 기업, 잘하는 기업이 될 수 있을 것이다. 드러커에 의하면, 직원들은 조직의 성과달성에 기여하는 높은 목표를 추구하여야 하며, 맥그리거, 로크의 이론은 기업이 직원들에게 '적절한 조건'을 부여할 때 직원들은 자발적이고 창의적으로 올바른 일을 해 낸다는 것이다. 올바른 목표의 설정과 적절한 지원, 성과의 평가와 보상으로 이어지는 '성과관리'는 바로 그러한 적절한 조건에 해당하는 것이다.

최고 경영자는 항상 직원들이 일을 열심히 하고 높은 성과를 창출하는 것을 기대하고 이를 위해 많은 고민과 시책을 시행해 나가고 있을 것이다. 연봉 인상을 비롯한 근무 환경개선, 교육, 복리후생의 증진, 인사시스템의 정비, 나아가 인정과 칭찬, 의사소통, 리더십 개발, 권한위임, 비전 설정 등 수많은 시책들이 그것이다. 이러한 여러 시책 중에서 성과관리야말로 직원들의 성과를 향상시키는 가장 효율적이고 효과적인 방법이다.

2000년대 이후 한국 기업은 대기업을 필두로 인사관리의 큰 축을 전원 인재경영에서 핵심인재의 집중 관리로 전환하고 있다. 조직 내에 없으면 안 될, 하지만 언제든지 대체 가능한 범용인재가 아닌, 조직의 성과에 현저한 기여를 하는 핵심인재에 조직의 자원을 집중하겠다는 것이다.

마찬가지로 성과관리는 개인이 수행하는 수많은 일들 중에서 하지 않으면 안 될, 하지만 누구나 할 수 있고 또 그렇게 해 왔던 일이 아닌, 조직의 성과에 기여하는 소수의 핵심과제를 추진하는 데 담당자 본인의 노력은 물론 상사, 회사의 경영자원을 집중시키자는 것이다. 한 달 전에 했던 것과 같은 업무, 작년과 동일한 업무, 전 전년도와 같은 과제는 숙련된 개인은 물론 관리자나 CEO가 큰 신경을 쓰지 않아도 그냥 '되어지는' 일이며, 이런 일만 수행하는 직원으로는 결코 회사가 발전할 수 없다.

제2부
성과관리의 실행

제1장
성과관리의 단계

1. PDCA 사이클과 성과관리

성과관리의 과정은 기본적으로 앞에서 잠깐 설명한 데밍 박사의 PDCA 사이클과 동일하다. 다만 PDCA과정은 개별 과제 또는 단위 업무의 관점에서 수행과정을 나타낸 것이라면 성과관리 과정은 개인에게 일정과제를 부여하는 조직의 관점에서 개개인이 더 높은 성과를 창출하도록 하는 과정을 표현하고 있다. 또한 PDCA 사이클은 단위 업무에 따라 그 기간이 달라지므로 특별히 기간을 정할 필요가 없는 반면, 성과관리

Plan(계획)	Do(실행)	See(평가)	Action(조치)
▶ 목표설정	▶ 실행 및 중간점검	▶ 성과평가	▶ 인사반영
− 목표 제시/제안 − 상하협의/합의 − 목표설정서 작성 − 실행계획 수립	− 일정관리 − 중간성과평가 − 지도·코칭 − 목표수정	− 성과자료 취합 − 목표달성도 집계 − 본인/상사 평가	− 연봉 등급 결정 − 인센티브 차등 − 평가결과 피드백
매년 1, 7월	월 1회 또는 수시	7월, 익년 1월	매년 1~3월

〈그림 2-1〉 성과관리의 사이클

는 회사 차원의 관리라는 측면에서 대개 1년 또는 6개월의 주기로 운영된다.

2. 제1단계 : 목표설정

직원 개개인이 반기 또는 1년 동안에 수행할 업무를 계획하는 단계로서, 이 단계에서 개인들은 자기가 수행할 개별 업무의 목표와 목표 달성을 위한 실행계획을 수립한다. 성과관리는 개별 업무(과제)가 지향하는 목표를 명확히 할 것을 요구하며 또한 더 개선된 목표, 새로운 목표를 지향한다. 설정된 목표는 가급적 측정 가능하여야 하며, 아울러 목표를 달성한 정도, 즉 성과를 측정할 수 있는 기준도 명확히 하여야 한다. 개인의 목표는 본인의 R&R에 관한 회사의 전략적 필요사항과 개인 업무의 고객, 업무의 프로세스의 측면에서 개선 필요사항을 반영하여 수립한다. 목표는 집중과 선택의 관점에서 경영성과 향상에 핵심적이며, 상사와 본인이 관리 가능한 5~7개 정도가 적절하다. 목표는 상사와 개인의 어느 일방이 정하는 것이 아니며, 오직 상하간에 활발하고 진지한 커뮤니케이션을 통해서 설정되어야 한다. 이 과정을 거쳐 확정된 목표는 문서로서 목표설정서라는 양식에 기재되어 관리된다.

3. 제2단계 : 실행과 중간점검

설정된 목표 달성을 위해 실행계획에 따라 다수의 과업(Task)을 실제 행동으로 옮기는 단계이다. 개별 과업 또한 소규모의 PDCA 과정을 통하여 하나하나 완료되면서 하나의 목표가 달성된다. 조직책임자는 과업의 수행 과정을 면밀히 관찰, 점검하여야 하며, 목표설정 단계에서 예상하지 못한 상황이 발생한 경우, 새로운 상황을 적절히 반영하여 목표를 수정한다. 이 단계에서 조직책임자는 개별 과업 수행에 관한 권한의 위임, 부하들이 실행과정에서 겪는 문제의 해결을 위한 코칭, 지원과 수시로 발생하는 (작은) 성과에 대한 칭찬과 격려 등 리더십의 대부분이 발휘되는 단계이다.

4. 제3단계 : 성과평가와 보상

성과관리에서는 당연히 연초에 설정한 목표(또는 수정된 목표)의 달성도를 기준으로 성과를 평가하게 된다. 성과의 평가는 목표설정 단계에서 상하간에 합의한 측정 기준에 근거하여 평가하는 것이 평가의 정확성과 공정성의 측면에서 가장 합당하다. 하지만 현실적으로 개인의 모든 목표(5~7개)에 대해 측정기준을 모두 만드는 것은 엄청난 시간과 노력을 필요로 하기 때문에, 가능한 수준에서 적절히 설정될 수밖에 없다.

성과평가가 이루어지면, 그 결과에 상응하는 연봉이나 승진으로 개인에게 보상함으로써 더 나은 성과를 위한 동기를 강화한다. 회사 차원의 성과평가와 그 결과를 반영한 보상의 방법은 《연봉제의 원리》를 참조하기 바란다.

제2장
성과관리의 대상

1. 개인 성과관리와 조직성과 관리

성과관리는 성과의 주체를 대상으로 한다. 조직에서 성과의 주체는 구성원 개개인과 그 개개인이 묶여진 단위조직이라 할 수 있다. 그러므로 성과관리의 대상은 개인과 단위조직 모두가 대상이 될 수 있다. 이런 맥락에서 성과관리를 개인의 성과관리와 조직의 성과관리로 구분할 수도 있으며, 실제 이 두 개를 구분하여 설명하는 사례도 많이 발견된다. 하지만 조직의 성과관리가 곧 조직책임자로서의 개인의 성과관리를 의미하는 것이기 때문에 굳이 구분하지 않는 것이 합리적이다. 조직책임자 개인의 목표와 성과는 곧 조직의 목표이며 성과이다. 마찬가지로 조직의 성과평가는 조직책임자 개인의 성과평가와 동일하다. 한편으로 대부분의 중소기업의 경우 최하위 조직책임자(팀장)들은 담당조직의 업무 외에 별도로 업무를 수행하는 경우가 많다. 이 경우에는 팀의 성과와 팀장의 성과는 다를 수 있고 성과평가의 결과도 팀의 평가와 팀장 평가가 다를 수 있지만, 이것은 평가 결과의 반영, 즉 보상기준에 관한 문제이지 목표설정에서 성과평가에 이르는 성과관리의 문제는 아니다. 그러므로 성과관리는 본질적으로 일을 수행하는 개인의 성과관리를 의미하며, 이를 두 개로 나누어 설명할 이유도 실익도 없다.

한 가지 예외로서 몇 가지 조건에서 개인의 성과관리가 불가능하거나 굳이 목표나 성과를 개인에게 귀속할 필요가 없는 경우에는 여러 사람을 묶어서 공동으로 성과관리를 할 수 있다. 이른바 집단 성과관리로서, 2인 이상이 특정한 목표의 달성을 위해 업무의 내용을 구분할 수 없는 또는 굳이 구분할 필요가 없는 비슷한 업무를 상호 긴밀히 협조하여 수행하는 경우에는 개인보다는 집단으로 성과관리를 하는 것이 더 조직의 성과 향상에 더 기여할 수 있다. 이 경우 집단과 회사의 공식 조직이 일치할 수도 있고 또는 집단이 흔히 파트(Part)로 불리는 회사의 공식 조직 내의 비공식 조직일 수도 있지만, 이 경우에도 회사의 전 공식 조직에 해당되는 것처럼 오해될 수 있는 조직성과관리라는 용어보다는 위의 조건에 해당하는 특정 조직이나 집단에 대해 집단 성과관리라는 용어가 더 적절하다.

2. 성과관리의 대상

성과관리는 개인의 목표설정을 전제로 한다. 뒤에 상세히 설명하겠지만 목표는 자기의 업무에 관해 현재보다 나은 상태, 개선된 상태를 의미하기 때문에 성과관리의 대상은 그러한 목표를 수립하고, 그 성과에 대해 책임을 질 수 있는 직원에게 한정된다. 다시 말하면, 성과관리의 대상은 기본적으로 '회사가 포괄적으로 부여한 특정의 사명(Mission)을 수행함에 있어, 사명 달성을 위한 구체적인 과제의 선정, 과제 수행의 방법이나 절차에 대해 일정 수준 이상의 권한과 책임, 자율을 가지고 수행하는 사람'에 국한되는 것이다. 개인의 일에 대한 권한과 책임의 정도는 조직 내 직급이나 직위, 업무성격에 따라 광범위하게 달라지며, 일반적으로 직급이 올라갈수록 일에 대한 권한과 책임의 정도는 높아진다.

성과관리의 대상에서 제외되는 가장 쉬운 예로서, 자동화된 생산라인에서 제품을 조립하는 현장 작업자의 경우를 들 수 있다. 컨베이어벨트가 돌아가는 생산 현장의 작업자의 성과는 오직 작업장의 가동시간, 라인 전체의 생산효율에 따라 결정되며, 따라서 작업자 개인이 스스로 개선 목표를 세우고 실천할 수 있는 여지는 거의 없다. 만약 더 나은 성과를 낼 수 있는 아이디어가 있다면, 본인이 실행하기보다는 상사에게 건의하고, 생산라인의 작업표준이 바뀐 이후에 실행이 가능할 것이다(물론 개선 아이디어를 제시한 작업자는 그에 상응하는 보상을 받을 것이다). 그래서 생산라인의 작업자에게는 개인의 성과관리가 필요하지 않으며, 따라서 연봉제도 적용될 수가 없는 것이다.

비슷하지만 약간 다른 예로서 매장에서 제품을 판매하는 판매원의 경우를 보자. 논의를 정확히 하기 위해 좀 더 조건을 제한해 보겠다. 그 매장은 일반 길거리 매장이 아니라 대형 유통점(백화점이나 할인점)에 입점하여 제품을 파는 매장이다. 이런 경우 그 매장의 판매원이 할 수 있는 판매활동은 대단히 제한된다(손님 유인을 위해 전단지를 배포하거나 큰 소리로 호객행위도 할 수 없고, 매장의 진열대 등도 유통점의 방침에 따라야 한다). 이런 매장의 판매원이 할 수 있는 일은, 매장에 고객이 들어오면 친절히 맞이하고, 손님의 문의에 공손히, 정확하게 응대하여 고객이 제품을 사도록 설득하고 유도하는 일이 전부이다. 이러한 판매원의 경우는 생산라인 작업자와는 달리 판매원 개개인의 역량에 따라 성과는 달라질 수 있다. 이런 경우 과연 판매원 개개인의 성과관리를 하는 것이 맞을까?

여기에 대해 확답을 하기에는 논란의 여지가 있다. 해당 매장의 매출 목표는 당연히 연초에 회사 차원에서 설정되어 각 매장 별로 배분될 것이므로, 당연히 매출 목표는 설정된다. 하지만 그것은 매장의 목표이지 판매원 개개인의 목표는 아니다. 1명이 아닌, 적어도 2명 이상이 근무하는 매장이라면, 그 매장의 매출은 두 사람의 협조와 공조에 의해 달성될 것이기 때문에 개인으로 목표를 할당하는 것이 오히려 이들의 협조와 공조를 저해하는 요인이 될 수 있을 것이다. 그래서 이런 경우에는 개인의 성과관리는 별로 효과적인 방법이 아니며, 두 사람이 매장 전체의 공동 목표를 설정하는 집단 성과관리가 더 바람직할 수 있다. 만약 매장의 규모가 커서 매장에 근무하는 인원 간에 일정한 정도의 업무분장이 생겨난다면, 예를 들어 손님을 맞이하는 직원, 상품설명을 하는 직원이 따로 정해지는 경우에는 개인의 목표를 세우고 아울러 개인별로 성과관리의 대상이 될 수 있다.

앞에서 예로 든 두 가지 업무와 유사한 업무 담당자를 제외하고는 모두가 성과관리의 대상이 될 수 있다. 성과관리 컨설팅을 하면서 실제로 많은 직원들이 일상적이고 단순 반복적인 업무수행을 한다는 이유로 성과관리에 대해 애로를 표현하고 있다. 하지만 사무실 업무 담당자(White Color)의 업무는, 대개의 경우 특정한 업무를 단독으로 수행하며, 업무표준 또한 담당자 개인에게 적용된다. 즉, 생산라인과 같이 특정 공정의 작업자 전원에게 적용되는 업무표준에 따라 일을 하거나 판매원과 같이 공동으로 협동하여 업무를 수행하는 경우와는 다르다. 그러므로 본인의 업무에 관한 더 높은 목표를 설정하고 업무표준 또한 스스로 개선시킬 권한과 책임이 있다.

일상적이고 단순 반복적인 업무의 측면에서 보면, 회사의 CEO를 포함한 전 구성원들은 지위고하를 막론하고 일상적이고 반복적인 업무를 수행하고 있다. CEO라 하더라도 정기적으로 경영목표의 달성 수준을 점검해야 하고, 정기적으로 필요한 자금결제를 하여야 하며, 인사담당자는 1년에 한 번 인사고과를 시행하고, 연봉을 조정해야 한다. 직급이 낮아질수록 일상적이고 반복적인 일의 비중이 늘어나며, 일의 과정에 대한 권한(자율권)과 결과에 대한 책임은 줄어든다. 반대로 직급이 높아질수록 단순, 반복적인 일보다는 새롭고 일회적인 과제를 기획하고 수행한다. 수행해야 할 과제 자체가 새롭고 전례가 없는 일회적이기 때문에 그 일에 관한한 담당자가 가장 전문가이고, 따라서 그 과제 수행에 대한 방법을 선택하는 권한과 일의 결과에 대한 책임은 본인에게 돌아가게 된다.

요약하면 사무실 업무 담당자는 모두 성과관리의 대상이 되지만, 직급에 따른 업무나 책임의 배분 그리고 직급별 (목표설정)역량을 고려하여, 직급이나 직책에 따라 성과관리의 정도를 달리하여 시행하여야 할 것이다.

제3장
성과관리를 성공하는 방법

1. 성과관리를 잘하는 기업과 못하는 기업의 차이

MBO 또는 성과관리는 2000년대 들어 국내 기업들이 연봉제와 더불어 본격 도입, 확산되어, 이제는 대기업을 비롯하여 어느 정도 규모가 있는 기업에서는 거의 대부분 시행하고 있다. 하지만 실제 운영 수준이나 현황은 연봉제와 거의 비슷한 상황 – 소수의 제대로 하는 회사와 다수의 흉내만 내는 회사 – 에 있는 것도 사실이다. 그렇다면 성과관리나 연봉제를 제대로 하는 회사와 그렇지 않은 회사의 차이는 무엇인가?

인사제도 또는 경영관리제도로서 성과관리 기준을 만들고 운영하는 것은 대단히 쉬운 일임에 틀림이 없다. 제도로서 성과관리는 다음 내용 이상도 이하도 아니다.

- 성과관리 주기 : 연 1회 또는 반기 1회
- 성과관리 대상 : 전 직원(생산직 제외)
- 성과관리 단계별 수행과제

- 목표설정 : 목표설정서를 작성, 1월 말까지 인사부서에 제출
  (별첨 : 목표설정서 양식 및 목표설정 요령 참조)
- 중간점검 : 월 1회 이상 팀장은 팀원의 목표 달성 정도를 점검하여
  중간점검 일지를 작성, 보관
  (별첨 : 중간점검 일지 양식, 중간점검 요령 참조)
- 성과평가 : 팀장은 팀원들의 목표 달성도를 평가하여 인사부서에 제
  출함
  (별첨 : 성과평가표 양식, 성과평가 요령 참조)

이상과 같이 성과관리를 도입하는 것은 다른 연봉제와 같은 인사시스템을 설계하고 운영하는 일과는 달리 시간과 노력, 지식이 투입되는 일은 아니다. 그래서 성과관리는 제도나 시스템이라기보다는 직원들이 수행하는 일 자체인 동시에 일하는 방식이며, 과제를 추진하는 과정인 것이다. 일전에 성과관리과정의 강사로서 인사담당자를 대상으로 강의할 때, 공기업의 인사담당자인 한 참석자는 교육의 참석 목적에 대해 이렇게 말하였다.

"대기업에서는 성과관리제도가 잘 되어 있다는데, 그것을 배우러 왔습니다."

인사평가제도가 있고 연봉제도와 같이 여러 페이지에 달하는 실체가 있다면 대기업의 사례를 소개해 줄 수 있으나, 성과관리는 그러한 제도로서 실체가 없기 때문에 그 참석자에게 딱히 손에 쥐어줄 게 없다는 것이 강사로서의 아쉬움이었다.

바로 여기에 성과관리의 어려움이 있다.

직원들의 일을 관리하고, 직원들의 일하는 방식을 관리하고, 개인의 과

제를 추진하는 과정에 누가 참여하는가? 바로 그 과제의 담당자와 상사 그리고 그 상사의 상사, 최종적으로 CEO가 바로 그들이다.

성과관리를 목표설정과 관리(평가 포함)의 두 단계로 본다면, 이 중 목표설정 단계는 상사와 부하를 포함하는 전체 직원들의 목표설정 경험과 역량에 관한 문제이기 때문에 결코 쉽지 않다. 하지만 관리의 단계는 실제 CEO가 의지만 가진다면 충분히 실행이 가능한 일이다. 또한 만약 직원들이 목표를 제대로 세우기만 한다면, CEO가 관리를 안 할 이유가 없다. 직원들이 설정한 제대로 된 목표, 목표다운 목표는 CEO의 눈에 '정말로 경영 성과를 올릴 수 있는, 회사가 안고 있는 많은 문제를 해결하겠다는 직원들의 의지'로 비치기 때문에 이를 마다할 CEO는 없을 것이다. 이 부분이 바로 우리가 성과관리에 대해 더 많은 보람을 느끼고, 컨설턴트로서 기업에 줄 수 있는 구체적인 가치로 느끼는 이유이다. 교육, 실습, 지도를 통해 팀장들이 올바른 목표를 설정하고, 이것을 CEO 앞에 발표할 때 많은 CEO들이 진정으로 심정을 토로한다.

"여러분, 정말로 여러분이 발표한 그 목표를 해 낸다면 내가 충분히 보상할 것입니다. 다른 건 몰라도 이것만은 올해 해 냅시다."

성과관리를 잘하는 기업이 못하는 기업에 비해 잘하는 것 딱 하나, 그것은 올바른 목표의 설정이다.

2. 성과관리를 성공하는 방법

성과관리의 현 주소

성과관리가 형식적으로 운영되는 회사의 모습을 보면 대략 다음과 같다.

- 연초에 인사담당자가 전 부서에 목표설정 양식을 포함한 목표설정에 대한 안내문을 회람한다. '언제까지 별첨의 요령에 따라 별첨의 목표설정서를 작성해서 제출하시오….'
- 현업에서는 나름대로 팀 회의도 하면서 상하간 토론을 통해 팀장을 포함한 개인별로 목표설정서를 작성하여 제출한다.
- 인사담당자는 전체의 목표설정서를 취합하여 (작은 기업의 경우) CEO에게 보고한다.

  (취합된 목표설정서를 보는 인사담당자나 CEO 모두 "이게 무슨 목표야, 그냥 자기들 하는 일 적은 것이지…."라고 느낀다. 때로는 CEO가 인사담당자를 불러 '목표 좀 제대로 세우게 할 수 없어?'라고 호통 치지만 인사담당자가 무슨 수로 직원들의 목표를 똑바로 세워줄 수 있겠나…?)

- 성과관리 기준에는 월 1회 이상 목표 진척도를 점검하고 목표 변경도 하라고 하지만 더 이상 누구도 챙기지 않는다.
- 연말이 되면 다시 인사부서에서 연초에 세운 목표를 기준으로 목표 달성도를 평가해서 제출하라고 현업에 통보한다.
- 현업의 관리자는 인사평가 요령에 따라 이전과 다름없이 정성적으로 내키는 대로 평가한다.

이러한 실태의 모든 원인은 결국 목표설정의 문제로 돌아간다. 목표답지 않은 목표를, 본인은 물론 상사나 CEO 누구도 애착을 가지고 챙길 이유도 없고(중간점검 안 함), 그러한 목표를 목표랍시고 달성도를 평가하는 것도 말도 안 되는 일이다(전 직원들이 그렇게 생각한다).

그렇다면 어떻게 하면 목표설정을 제대로 할 것인가?

위에 적은 잘못된 운영 모습, "인사담당자나 CEO 모두 '이게 무슨 목표야, 그냥 자기들 하는 일 적은 것이지…' 라고 느낀다."는 데 그 해답이 있다.

대단히 다행스럽게도 스스로 제대로 된 목표를 설정하는 일은 대단히 어렵지만, 부하나 다른 사람이 설정한 목표에 대한 평가는 대단히 쉽다. 성과관리 강의시간에 참석자들께 목표설정서를 작성하게 하고 돌아가면서 다른 참석자의 목표설정서의 문제점을 이야기하라고 하면, 한 사람도 빠지지 않고 문제들을 이야기한다.

"무슨 얘기인지 모르겠다. 내용이 불명확하다."

"이거는 늘 하던 업무 적은 것 같다."

"목표 수준(KPI)이 없다. 너무 낮게 잡은 것 같다."

"이건 목표라 할 수 없다" 등등.

그 일에 대해 전혀 모르는 사람도 이 정도의 평가는 내릴 수 있다는 데 해결의 실마리가 있는 것이다.

CEO가 직접, 목표다운 목표를 세워올 때까지 반복해서 재작업을 시켜라

직원들로 하여금 올바른 목표를 설정하게 하는 방법은 좀 무식하기는 하지만, CEO가 보기에 목표다운 목표를 수립해 올 때까지 반복해서 재작업을 지시하는 일이다. 그래서 굳이 외부 전문가의 도움을 받지 않더라도, CEO의 마음에 들 때까지, 즉 직원들이 설정한 목표가 '목표다운 목표'라고 인정될 때까지 치열하게 토론하고 아이디어를 모으는 노력을 장려하고 지원할 수 있다면, 그 회사의 성과관리는 절대적으로 성공할 수 있다. 성과관리라고 하는 것이 본질적으로 직원들의 성과(목표설정이나 중간점검, 평가)를 놓고 상하간에 치열한 토론의 장을 제공하는 것이기 때문이다.

실제 우리가 경험한 기업에서 혁신팀의 주관으로 이 일(반복된 목표설정)을 연초부터 6개월간 진행되는 것을 본 적이 있다. 이런 반복된 과정을 거쳐 수립된 팀장들의 목표는 우리가 보기에도 제대로 된 목표였다. 하지만 이런 반복된 작업에 대한 현업 팀장의 불만은 엄청나게 쌓여있는 것은 말할 필요도 없을 것이다. "일은 안하고 일 년 내내 목표만 세우냐?"고….

하지만 이런 과정을 거쳐 습득된 팀장들의 목표설정 능력이야말로 어떤 강의나 교육을 통해서도 얻을 수 없는 몸으로 체득한 지식이 될 것이며, 적어도 다음 연도에는 그 기간의 반도 걸리지 않을 것이며, 그 다음 연도에는 적어도 1월 이내에 연간 목표를 제대로 세울 수 있을 것이다.

만약 위의 방식이 너무 시간이 많이 걸린다고 생각한다면, 외부 전문가를 활용하라

우리의 경험에 의하면 개인별 목표설정을 지도할 때 필요한 역량은 문제 해결 역량이다. 직원 개개인의 복잡한 업무 상황에서 문제를 명확히 끄집어내고, 그것을 해결하는 대안을 찾고, 그것이 해결되었을 때 나타나는 성과(KPI)를 명확히 하는 작업은 그 자체로서 문제 해결 역량의 핵심이다. 개인별 목표설정에 있어 외부 컨설턴트의 역할에 대해 다음 장부터 사례를 통해 설명을 하겠지만, 여기서 요약해서 설명하면 다음과 같다.

일단 이 책의 내용을 바탕으로 목표설정 대상자(시행 초기에는 팀장들)에게 강의와 실습을 통한 교육을 실시한다. 이후 본인들에게 정식으로 올해의 목표를 수립하는 숙제를 부여한다. 다음 단계에서 1:1 목표설정 지도가 실시되는 바, 1:1 지도는 팀장이 적어온 목표설정서에서부터 출발한다. 대개의 경우 팀장이 적어온 목표설정서에는 적어도 자기 업무에 관해 중요하다고 생각하는 과제만큼은 포함되어 있다. 하지만 그 과제가 애매모호하거나 너무 폭넓게 설정되어 추상적으로 되어 있거나 KPI가 없거나 명확하지 않은 경우가 대부분이다. 컨설턴트와 팀장은 대화와 토론을 통해 과제를 쪼개고 재정열하고 통합하여 명료한 중점과제를 도출하며, 각각에 대한 도전적이고 실행 가능한 수준의 KPI를 설정한다.

1:1 지도 상황에서, 해당업무에 대한 전문가는 팀장 자신이기 때문에 모든 과제와 해결방법과 적정한 KPI는 실제 그 전문가인 팀장의 머릿속에 다 있기 마련이다. 컨설턴트는 문제 해결 전문가로서 그러한 팀장의 머릿속에 복잡하게 얽혀 있는 문제와 해결방안을 분해하고, 재조합하고, 논리적인 귀결에 따라 그것들을 명료하게 하는 것을 도와 줄 뿐이다.

이렇게 정리된 목표들을 팀장들은 다시 정리해서 팀장들이 모인 자리에서 발표하고, 팀장들은 각자의 입장에서 다른 팀장의 목표에 대해 토론을 거친다.

최종적으로 정리된 목표를 각 팀장들이 CEO와 임원들이 참석한 경영회의에서 보고하고 확정한다. 이 단계에서 사장의 시각에서 다시 목표는 조정되고 확정된다.

 다음 그림은 우리가 운영하는 컨설팅 회사에서 기업들을 대상으로 목
표설정을 지도하는 절차와 방법이다.

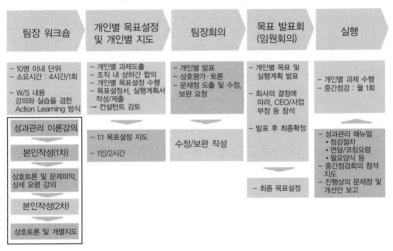

〈그림 2-2〉 목표설정 지도 프로그램

제3부
목표설정의 기술

제1장
목표란 무엇인가?

1. 목표의 속성

(1) 단체급식업체 조리책임자의 목표

목표가 무엇인지를 이해하기 위해 다음 사례를 보자.

요즘은 일정 규모 이상의 회사에서 직원들의 점심식사를 직접 조리원을 고용하여 제공하는 회사는 거의 없고, 대부분이 외부 단체급식 전문업체를 활용하고 있다. 연초가 되어, 급식업체의 사장은 조리책임자에게 올해 업무 목표를 수립하라는 지시를 내렸다(이 사례를 드는 이유는 우

〈표 3-1〉 조리책임자의 20XX년 업무 목표

중점과제(CSF)	KPI			비고
	성과항목	실적	목표	
1. 직원들 복장 청결	복장점검	주 2회	주 3회	
2. 정시 배식	배식시간 준수	12시 정각	12시 정각	
3. 잔반 줄이기	월 잔반량	1톤	0.5톤	

리 모두가 식당의 고객으로서 식당의 직원들이 무엇을 하는 지 쉽게 이해할 수 있기 때문이다).

〈표 3-1〉에 적은 조리책임자의 목표를 보는 여러분은 아마도 즉시 무엇이 잘된 목표인지, 잘못된 목표인지를 파악할 수 있을 것이고, 나아가 가장 중요한 무엇이 빠져 있다는 것도 알 수 있을 것이다.

1번은 목표 같기도 하고 아닌 것 같기도 하고, 2번 과제인 정시 배식은 늘 하는 일을 그대로 적은 것같이 보이고, 3번 목표는 그나마 목표다운 목표로 보일 것이다. 이어서 빠진 것 하나가 '음식의 맛'에 관한 목표가 없다는 것도 금방 떠올릴 것이다. 왜냐하면 우리 모두는 매일 음식을 먹는 고객으로서 식당의 조리원에게 기대하는 가장 중요한 것이 바로 '음식의 맛'이기 때문이다.

조리책임자의 목표와 관련하여 음식을 서비스받는 고객의 입장 또는 그의 상사의 입장에서 이를 간략히 평가해 보자.

먼저 2번 '정시 배식' 항목은 조리책임자를 비롯한 조리원들이 당연히 해야 할 일상적인 일이기 때문에 이 일을 목표로 삼기에는 적절하지 않아 보인다. 이런 일은 목표가 아니라 그냥 늘 해 오던 대로 그냥 하면 되는 일이다(물론 새로운 회사에서 단체식당을 개설한 초기에 설비나 조리사의 문제로 정시 배식하기에도 급급한 경우라면 정시 배식도 목표가 될 수 있다. 여기에 대해서는 뒤에 상세히 설명하겠다).

3번의 잔반 줄이기 항목은 조리원의 일상적인 업무라기보다는 비용절감을 위해 일상 업무 외적인 특별한 활동을 통해 이루어지는 과제처럼 보인다.

그리고 위의 업무 목표에는 기재되지 않았으나 고객인 우리의 입장에서 보면, 조리책임자라면 반드시 지향하여야 할 고객에게 맛있는 식사를 제공하는 것과 관련된 일을 목표로 설정해야 할 것으로 보인다.

　마지막으로 1번 목표는 실제 어느 정도 성과관리를 해온 회사에서 직원들의 목표에서 가장 많이 나타나는 유형으로 외관상 목표같이 보이기는 하나, 실제 올바른 목표에 부합하는 것은 아니다. 그 이유에 대해서도 뒤에 상세히 설명할 것이다.

(2) 목표는 외부적인 공헌이다

　피터 드러커는 저서《프로페셔널의 조건》에서 지식근로자의 책임에 대해 이렇게 말하고 있다.

　"성과를 올리는 사람은 (외부적) 공헌에 초점을 맞춘다. 그들은 지금 자신이 하고 있는 일보다 더 높은 곳에 있는 것을 지향하고, 또한 목표를 향해 외부 세계로 눈을 돌린다. 그는 '내가 속해있는 조직의 성과와 결과에 큰 영향을 미치는 것으로서 내가 공헌할 수 있는 것은 무엇인가?' 라는 질문을 스스로에게 던져야 한다. 그는 자신이 책임에 중점을 두고 일하지 않으면 안 된다.

　대다수 사람들이 자신의 능력에 비해 낮은 수준에 초점을 맞추는 경향이 있다. 그들은 결과가 아니라 노력(행동) 자체에 몰두하고 있다. 그들은 조직과 상사가 그들에게 해주기를 바라는 것 그리고 당연히 해주어야 할 일에 신경을 쓴다. 그들은 무엇보다도 자신들이 '가져야 할 권한'을 의식한다. 그 결과 그들은 목표를 달성하지 못한다. 그 사람의 지위가 아무리 높다 해도 공헌과 책임보다는 노력과 권한에 초점을 맞추는 사람은 경영자가 아닌, 부하임을 인정하는 것이다. 그러나 공헌에 초점을 맞추

는 사람은 비록 사원이라 하더라도 최고경영자이다. 그는 조직 전체의
성과에 대해 스스로 책임을 지고 있는 것이다."

(3) '일'을 설명하는 방식

심리학자인 케네스 토마스는 그의 저서 《열정과 몰입》에서 목표에 관
해 다음과 같이 설명하고 있다.

"일에 대한 내적 동기와 새로운 근로환경에서의 일을 이해하려면 일의
성격 자체를 다시 한 번 살펴볼 필요가 있다.

일(work), 즉 업무는 여러 개의 과제(task)로 이루어진다. 여기서 과제
란 독립된 목적으로 수행되는 일련의 활동으로 정의하자. 회사 내에서
우리는 일반적으로 한 가지 과제만 수행하는 것이 아니라 여러 개의 과
제를 수행하고 있다. 관리부장의 일은 인사, 총무, 구매의 업무로 이루어
져 있으며 또한 그 각각 여러 개의 과제로 나타낼 수 있다. 과제는 그 과
제를 수행하는 목적, 즉 과제 목표(task purpose)와 그 목표를 달성하기
위해 수행하는 행동, 즉 과제 행동(task behavior)이 있다. 과제를 설명
하는 방식은 행동 중심으로 설명하는 방법과 목표 중심으로 하는 두 가
지가 있다.

가. 행동 중심적 방식

행동 중심으로 일을 설명하는 방식은 전통적으로 우리에게 익숙한 방
식이다. 즉, 과제란 근로자가 수행해야 하는 '행동'으로 구성된다. 예를
들어 비행기 승무원의 업무를 설명할 때에는 승객에게 안전지침을 알리

고, 식사와 음료를 제공하고, 베개를 나누어 주는 일 등을 언급할 것이다. 이것이 우리들 대부분이 산업화 시대 이후, 순종의 시대에 훈련받아 온 일에 대한 이해 방식이다. 왜냐하면 순종이란 말 그 대로 '행동지침'을 잘 따르는 것이기 때문이다.

나. 목표 중심적 방식

과제를 목표 중심으로 설명한다는 것은, 과제가 행동이 아닌, 목표에 의해서 근본적으로 정의하고 설명하는 것이다. 비행기 승무원의 업무를 목표 중심적으로 설명한다면 승객들을 안전하고, 편안하고, 만족스럽게 모시기 위해 일한다고 이야기할 것이다. 또는 각 과제에 대해 구체적인 활동을 설명하는 방식으로 목표를 언급할 것이다. 즉, 승객의 안전을 증진시키기 위해 안전지침을 실연해 보이고, 승객들이 편안하게 느끼도록 음식과 잠자리를 제공하고, 승객들이 만족하도록 일반적인 노력을 기울인다고 설명하는 것이다.

이상에서 보는 바와 같이 과제는 사람들이 수행하는 행동으로만 구성되는 것이 아니다. 결국 그 과제 행동들은 어떤 목표를 달성하기 위한 수단으로 선택되었기 때문에 존재하는 것이다. 그렇다면 과제는 목표를 달성하기 위한 행동으로 언제나 목표와 행동의 두 가지로 이해되고 설명되어야 한다.

다. 목표의 속성

① 과제 목표는 업무 안에 한정되지 않는다.
② 과제 목표는 필연적으로 불확실성을 포함한다.

일반적으로 과제 목표는 근로자의 업무 안에만 한정되지 않는다. 즉,

대부분의 과제 목표는 근로자 자신이 아닌, 고객들에게 일어나는 결과와 관련된 것들이다. 과제의 중요한 목표는 과제를 수행하는 나 자신이 아닌, 다른 사람, 즉 고객의 요구를 만족시키는 것이다. 조직에서 업무를 창출하는 것은 바로 이러한 외부 고객과 환경적 요구에 의해서 이루어진다. 과제 수행의 결과가 고객에게 성공을 가져다주고 만족을 주는 긍정적인 영향을 미친다는 사실이, 그 과제에 대해 중요성과 의미를 부여한다.

과제 목표의 두 번째 속성은 '목표는 반드시 불확실성을 포함한다.'는 것이다. 과제 목표의 달성은 근로자가 전적으로 통제할 수 있는 것이 아니다. 여기에는 불확실성이 필연적으로 포함되어 있다. 과제 목표가 근로자의 업무 외적인 것이기 때문에, 업무 목표의 달성은 근로자의 활동 뿐 아니라 외적인 사건에 의해서도 좌우된다. 예를 들어, '승객 만족'이라는 비행기 승무원의 목표는 승객의 기분, 비행의 지연, 난기류, 다른 승객들의 행동과 같은 외적 요인에 의해 좌우된다. 마찬가지로 산림 경비원이 야생 동물 보호라는 목표를 성공적으로 달성할 수 있는지의 여부는 자연적으로 발생하는 질병, 번개로 인한 산불 그리고 캠핑하는 사람과 사냥꾼들의 행동에 의해 결정된다. 이러한 '과제 목표의 불확실한 속성' 때문에, 그것을 달성하는 데 있어서 주변으로부터 장애와 의혹을 자아내기도 하고, 성취하였을 때 커다란 만족감을 얻게 되는 것이다."

2. 조직의 속성

앞에서 잠깐 기술한 바와 같이 기업을 비롯한 모든 조직은 항상 성장과 발전을 추구한다. 기업의 경우라면, 매년 매출과 M/S는 늘어나야 하고, 원가는 절감되어야 하고, 직원 역량은 향상되어야 하며, 고객 인지도는 올라가야 한다. 비슷하게 정부조직이나 심지어 비영리 민간단체라 하더라도 조직의 고유 미션, 즉 정부조직이라면 국민의 복지증진, 대민 서비스 강화, 환경단체라면 환경보존이나 개선의 정도를 높여 나가야 한다. 조직이 이러한 성장과 발전을 거듭하기 위해서는 (또는 경쟁에서 낙오되지 않게 하기 위해서는) 구성원 개개인의 성과가 올라가야 한다. 아주 가끔 조직은 현상유지 또는 축소 목표를 수립할 수도 있다. 예를 들면 1998년도 외환위기 사태 때, 한국의 경제 전망이 지극히 암울한 상황에서 한국의 많은 기업들은 이른바 적자나 매출감소라는 초유의 사업계획을 수립한 바 있다. 하지만 이러한 하향 목표를 수립할 때도 직원들의 성과나 노력을 줄이는 목표가 아니라, 당시 극도로 악화된 국내 거시경제상황(수출 오더의 급감, 원자재 수입 불능 등)에서 최대한 매출이 덜 줄고, 적자를 덜 낼 수 있는 당시 상황에서 낼 수 있는 최대의 성과, 최선의 성과를 목표로 잡았다는 것이다.

이렇게 조직이 지향하는 성장과 발전이라는 경영목표를 달성하기 위해서는 구성원 개개인 또한 지금보다는 더 나은 성장과 발전을 이루어야 한다.

3. 목표의 정의

이상 기술한 내용을 종합하면 목표는 다음 두 가지를 모두 포함하여야 한다.

① 조직의 성장목표의 달성이나 조직의 미션완수에 기여하는 것이다.

② 본인의 업무 자체가 아닌 고객(타부서, 상사, 외부고객)의 가치에 기여하는 것이다.

따라서 목표는 '조직의 성장·발전과 고객의 가치 증진에 기여하는 현재보다 더 나은, 더 성장하고 발전된 상태'로 정의할 수 있다.

앞에서 설명한 조리책임자의 목표에서 본 바와 같이, 직원들의 복장을 청결히 하되 그것이 현재보다 더 청결한 상태로 설정이 된다면 그것은 목표가 된다. 하지만 식당에서 정해진 점심시간에 배식을 시작하는 일이 3년 전에도, 2년 전에도 작년에도 변함없이 진행되는 일이라면 그것은 '더 나은 상태'가 아니기 때문에 목표가 될 수 없다.

그러므로 조리원의 '정시 배식'이나 영업팀장의 '영업실적을 관리하는 일', 비행기 승무원의 '식사와 음료를 제공하고, 베개를 나누어 주는 일'과 같은 일상 업무나 행동 중심적 과제는 결코 목표가 될 수 없다.

목표는 K. 토마스의 표현대로 자신의 업무 안에 한정되지 않고, 업무 외부의 고객에게 초점을 맞추기 때문에 목표 달성의 여부는 늘 불확실하며 또한 목표 달성이 내가 아닌 고객의 가치를 증대시킨다는 측면에서 목표는 고상하다.

내 자신이 아닌 타인에게 기여한다는 보람과 일의 의미를 느끼게 하고, 달성과정에서 스릴과 흥미를 느끼고, 달성했을 때 성취감을 느끼게 하는 것, 이것이 바로 목표이다. 나아가 목표설정이라고 하는 것은 우리가 하는 일을 통하여 (고객에게) 더 큰 가치를 주거나, 일을 더 효율적으로 수행하기 위한 방법을 모색하고 고민하는 과정인 것이다.

4. 목표와 성과

이 책의 처음부터 목표와 성과라는 단어가 반복해서 등장하고 있다. 여기서 목표와 성과의 관계를 정리하고 넘어가자.

성과의 사전적인 의미는 어떤 일을 이룬 바, 이루어 낸 결실을 뜻한다. 결실이라는 의미에서 성과는 일의 단순한 결과나 어떤 일이 완료된 상태가 아니며, 그 결과가 빚어내는 타인에 대한 기여를 의미한다. 또한 우리가 흔히 하는 말로 '어떤 일이 성과가 있었다.'고 표현할 때는 원래 그 일이 지향했던 목표를 달성했다는 뉘앙스를 포함하고 있는 것이다. 앞서 정의한 대로 목표는 현재보다 더 나은 수준으로 고객에게 기여하는 것이며 또한 성과는 바로 그 '목표'를 달성하는 것을 말한다. 〈그림 3-1〉에서 보는 바와 같이 성과를 다시 한 번 정의하면 성과는 목표와 현상간의 갭(Gap)을 줄이는 것을 의미한다.

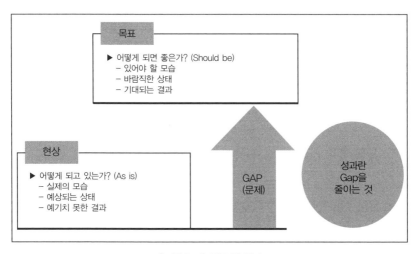

〈그림 3-1〉 목표와 성과

성과와 목표 간의 관계를 이렇게 설정해 놓고 나면 MBO와 성과관리 간의 표현상의 차이와 의미상의 동일함이 명확해진다. MBO는 목표관리로 번역되어 사용되고 있지만 정확한 번역은 '목표에 의한 관리(Management By Object)'이며, 그 의미는 목표를 기준으로 어떤 과제의 수행 과정이나 결과, 나아가 성과를 관리한다는 의미이다. 한편 성과관리는 성과, 즉 앞서 정의한 대로 '목표를 달성하는 것'의 과정과 결과를 관리한다는 의미이다. 그러므로 MBO와 (평가 · 보상을 제외한 협의의) 성과관리는 그 의미가 완전히 동일하다.

성과와 관련하여 비슷한 용어로 '결과'가 있다. 성과와 구분하는 의미에서 이 책에서 '결과'는 어떤 행동이 완료된 상태로 정의하겠다. 예를 들어 영업사원이 판매 계약서를 쓰는 행동의 결과는 '계약서' 자체가 되는 것이며, 마찬가지로 승무원이 승객에게 음료를 제공하는 행동을 통해 고객이 음료를 마시는 것이 일의 '결과'이다. 그래서 일의 '결과'를 설명하는 일은 앞서 기술한 대로 과제행동을 표현하는 것과 똑같다. 기업에서 많은 직원들이 목표를 설정할 때 과제행동으로 표현하거나 일의 결과만을 표현하고 있기 때문에, 앞으로도 '결과'라는 단어는 계속 등장할 것이다.

5. 일상 업무, 성과 그리고 보상

성과관리와 관련하여 직원들이 토로하는 볼멘소리가 또 하나 있다.

"우리 회사는 일상적인 업무를 수행하는 것은 전혀 인정을 안 해 준다. 내가 하는 업무의 90% 이상을 차지하는 일에 대해서는 신경도 안 쓰고,

10%도 안 되는 특별한 일(개선하는 일)만 인정을 해 준다."

이러한 불만을 이해하기 위해, 사무실에서 업무를 수행하는 '경리' 담당자의 경우를 보자. 경리 담당자는 근무시간의 100%를 '일상 업무'에 쫓기면서 업무를 수행한다. 아침에 출근하자마자 어제 취합된 전표를 입력하고, 집계하고, 부서에서 요청하는 현금요청서에 따라 현금을 집행하고, 마지막 퇴근 전에 일일 결산서를 출력하여 팀장의 책상에 올려놓고 지하철과 셔틀버스 시간에 맞추어 황급히 퇴근한다. 이렇게 바쁘게 업무를 수행함으로써 경리 담당자는 정해진 시간에 정해진 업무를 정확히 수행해 낸다. 이 직원의 경우, 앞에서 정의한 '과거보다 더 나은 결과'로서의 성과는 없다. 왜냐하면 이전보다 나아진 것이 없기 때문이다. 즉, 이전과 똑같은 시간을 투입해서 똑같은 결과를 달성한 것이다. 만약 그렇다면 그렇게 열심히 한 일의 결과가 '성과'가 아니라면 그것은 무엇이며, 어떻게 보상하는 것이 적절한 방법일까?

좀 냉정하긴 하지만 이런 경우, 성과에 대한 별도의 보상, 정확히 말해 회사에서 기준에 정해진 경리 담당자의 급여 수준을 상회하는 별도의 보상 또는 더 많은 연봉 인상은 없는 것이 맞다.

또 다른 업무로서 회사의 안전관리자를 보자. 안전관리자의 직무책임은 회사의 시설이나 설비에 대한 사전 점검을 철저히 함으로써, 화재 등의 사고로 인한 인명이나 재산의 손실을 미연에 방지하는 것이며 또한 사고 발생 시 즉시 사고에 대처함으로써 사고로 인한 피해를 최소화하는 것이다.

안전관리자의 열성적인 노력(철저한 사전 점검)으로 작년에도 그랬고 올해도 무사고 100%를 달성했다면 과연 이 직원에 대한 별도의 (통상적인 급여 이외에 추가적인) 보상이 필요할까? 또한 만약 담당자의 부주의나 불성실한 직무수행으로 사고가 발생했다면, 비록 사고 후 대응이나 수습은 잘 했다 하더라도, 그 사람에 대한 처벌(역보상)은 없을 것인가?

아래 그림은 성과와 일상 업무와 보상의 관계를 나타낸 것이다.

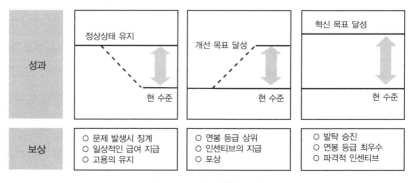

〈그림 3-2〉 성과와 보상

〈그림 3-2〉에서 보는 바와 같이 나의 노력과 능력을 90% 투입하여 수행하는 일상 업무에 대한 보상은 이미 (평균적인) 급여로 보상을 받고 있다. 만약 그 일상 업무를 제대로 수행하지 못하면 그 직원에 대해 평균 이하의 급여나 징계라는 역보상이 주어진다.

한편으로 내 업무의 10%도 안 되는 특별한 일(개선, 성장, 증대)의 과제에 대해서만 인정을 해 주는 것이 불만이라고 하지만, 따지고 보면 바로 그 10%가 개인을, 회사를 발전시키는 원동력이며, 회사로서는 당연히 그에 대한 특별한 보상을 제공하여 그 10%의 노력을 강화할 필요가 있는 것이다. 또한 어떤 직원이 일상 업무를 잘 수행하면서 10%의 시간을 투입해서 자기 업무를 10% 개선했다고 치자. 그렇다면 회사는 그 직원의 급여 100% 중 일상 업무를 무사히 수행한 데 대해 추가적인 10%는 성과급으로 지급할 것인 바, 사실 그 10%만 인정하고 나머지 90%의

노력은 인정하지 않는다는 것도, 단순히 정서적인 문제에 지나지 않는
것이다.

제2장
목표의 구조

1. 목표답지 않은 목표

　직원들의 목표설정과 관련하여 상사들의 가장 큰 불만 또는 애로는 부하 직원들이 '목표다운 목표'를 설정해 오지 않는다는 것이다. 그렇다면 상사들이 느끼는 목표다운 목표는 어떤 것인가? 먼저 목표답지 않은 목표의 유형을 보자.

　성과관리를 시행하는 많은 기업에서 이른바 목표를 서면으로 작성한 '목표설정서'를 활용하고 있는 바, 직원들이 작성해 오는 목표설정서를 볼 때 가장 흔한 불만이 '일상 업무를 적어 오는 것'이고, 다음으로는 '적어온 내용만으로는 무엇을 하겠다는 것인지 모르겠다는 것', 세 번째로 KPI가 불명확해서 그 과제의 수행 결과를 가늠할 수 없다는 것이다.

　반대로 상사들이 느끼는 목표다운 목표는 어떤 것인가? 한마디로, 상사를 포함한 타인이 보기에 목표설정서에 기재된 내용만으로, '무엇(어떤 과제)을, 어떻게, 얼마만큼 하겠다.'는 것이 명확하게 파악될 수 있는 목표(설정서)를 말한다.

직원들이 목표다운 목표를 설정하지 못하는 이유를 간단히 설명하면 다음과 같다.

먼저 부하직원들이 일상 업무를 적어오는 것은 앞 장에서 설명한 '현재보다 나은 상태로서의 목표에 대한 개념'이 부족해서이다. 다음으로 무엇을 하겠다는 것이 불명확한 이유는 실제 서면에 작성된 내용 자체도 불명확하지만(오히려 이것은 문장 표현의 문제로 사소한 일이다), 나아가 본인 스스로도 무엇을 해야 할 지를 명확히 모르는 상태에서 작성되었다는 것이다. 이것은 문제(해결하려고 하는 과제)의 핵심을 파악하는 능력, 업무에 대한 지식의 부족, 문제 해결을 위한 아이디어의 부재에서 비롯된다. 마지막으로 불명확한 KPI는 실제로 KPI를 명확히 설정하는 것 자체가 대단히 어렵기 때문이며, 이것이 바로 이 책의 핵심내용이다.

사실 위의 불만이 많은 상사 자신도 마찬가지로 목표설정에 애로를 겪고 있으며, 상사의 상사 또한 부하에 대해 똑같은 불만을 가지고 있는 것이 현실이다.

2. 목표의 구성요소

조직 내에서 개인의 목표가 무엇으로 구성되는가를 알기 위해 다음의 대화를 보자.

〈대화 1〉
사업부장 : 생산팀장, 당신은 올해 어떤 일을 할 거요?

생산팀장 : 저희 팀에서 올해 해야 할 일은 많습니다. 품질문제도 있고, 납기문제도 있고, 공장 환경문제도 있습니다. 그리고 직원들 사기문제도 있고…. 라인이 자주 서는 문제도 자주 발생해서 이런 것들은 해결해야 합니다.

사업부장 : 그 중에서 가장 중요한 일이 뭐요?

생산팀장 : 이 중에서 제가 생각하는 우선적으로 해야 될 일은 공정 개선을 하는 일입니다. 아무래도 작년에 공정상의 문제로 말미암아 납기에도 많은 차질이 있었고 또 제조 원가도 많이 올라갔습니다.

사업부장 : 그래요. 나도 동감이요. 근데 공정상의 문제가 구체적으로 뭔가요?

생산팀장 : 네. 방금 말씀드렸듯이 설비고장문제가 제일 큽니다.

사업부장 : 좋습니다. 그것 하나는 잡고 넘어갑시다. 그건 사장님도 대단한 관심을 가지고 있는 일이요. 그렇다면 문제가 되는 그 공정효율은 어느 정도 올릴 수 있습니까?

생산팀장 : 약 20% 정도는 개선해야 할 것 같습니다.

사업부장 : 좋아요. 그것은 됐고…. 그것 말고 또 다음으로 중요한 일은 무엇이 있습니까? 지난번 사장님께서는 품질문제를 말씀하셨던 것 같은 데….

생산팀장 : 아, 예. 그렇지 않아도 그 말씀을 드리려 했습니다.

목표는 앞 장에서 설명한 바와 같이, 내 업무와 관련하여 현재보다 더 나은 상태, 바라는 상태이다. 즉, 현재보다 투입을 줄이고 아웃풋을 크게 하는 것 - 이것을 개선이라고 하자 - 만이 목표라 할 수 있다. 앞의 대화에서 보는 바와 같이 생산팀장은 그러한 '개선'의 측면에서, 나름대로 작년도 업무 수행에서 발생한 문제점(라인이 자주 서는 문제)을 개선해 보겠다는 올바른 과제(공정효율 개선)를 제시하고 있다. 또한 생산팀장이 느끼는 여러 문제들, 즉 품질문제, 납기문제, 환경문제와 직원들의 사기문제 중에서 임원과의 대화를 통해 그 중에서 중요한 과제를 찾아내려 하고 있다. 마지막으로 두 사람의 대화에는 그러한 과제를 수행했을 때 어느 정도 개선되는가(공정효율 20%)가 포함되어 있다.

앞에 적은 생산팀장을 포함하여 회사의 영업팀장, 인사팀장의 목표를 일반적으로 기술해 보면 다음과 같다.

〈표 3-2〉 팀장의 목표설정 사례

부서	중점과제	핵심성과 지표(KPI)
영업팀장	매출액 증대	매출액 100억 원
생산팀장	공정효율 개선	공정효율 95%
인사팀장	인사평가제도 개선	공정감 85점

이상에서 보는 바와 같이 개인의 목표는 '어떤 일(과제)'과 그 일의 결과로서 나타나는 '기대성과'로 구성된다는 것을 알 수 있다. 여기서 '어떤 일'이 회사나 조직 또는 내 일의 성과를 향상하는 중요하고 핵심적인 일인 경우에 이것을 핵심성공요인(CSF, Critical Success Factor)이라고 하며, 그 일의 수행 결과로 나타날 성과를 핵심적으로 하나의 지표로 표현하였을 때, 이것을 핵심성과 지표(KPI, Key Performance Indicator)라고 한다.

여기서 핵심성공요인(CSF)과 핵심성과 지표(KPI)라는 용어에 대해 좀 더 설명하면 다음과 같다.

(1) 핵심성공요인(CSF, Critical Success Factor)

핵심성공요인은 말 그대로 회사나 내 조직, 내 업무의 성과에 가장 임팩트(Impact)가 큰 요인(Factor)을 말하는 것으로 표현 자체는 정확하다. 하지만 이 표현은 회사 전체의 '성과'의 한 요소(Factor)라는 관점의 표현이기 때문에 그 요소를 수행하는 '나'의 관점이 직접 와 닿지 않는다는 단점이 있다. 그래서 핵심성공요인이라는 표현 대신, 목표를 설정하는 '나 자신의 업무의 관점'에서, 우리가 일상적으로 많이 쓰는 '중점과제' 또는 '핵심과제'라는 용어로 대체하는 것이 더 이해하기 쉽고 설명이 용이해진다. 핵심성공요인을 중점과제라는 표현으로 바꾸게 되면 KPI와의 관계가 더욱 선명하게 드러난다.

중점과제(CSF)와 KPI는 일의 전후 관계에서 원인과 결과의 관계이다. 즉, 중점과제(CSF)의 수행결과로서 KPI로 표현되는 성과가 나타나는 것이다. 앞에서 예로 든, 생산팀장의 생산효율 개선이라는 행동(활동)의 결과로서 생산효율이 20% 상승하는 것이며, 인사팀장이 인사평가제도를 개선한 결과로서 직원들의 공정감이 85점으로 향상되는 것이다.

그러므로 중점과제는 KPI 달성을 위한 활동의 내용이라는 측면에서 구체적으로, 즉 목표를 수립하는 부하나 보고를 받는 상사가 '어떤 활동을 할지'가 머리에 떠오를 수 있도록 구체적으로 표현되어야 한다.

(2) 핵심성과 지표(KPI, Key Performance Indicator)

핵심성과 지표는 중점과제(CSF)의 수행결과로 나타나는 특정한 성과를 정량적 또는 정성적으로 표현한 지표이다. 이러한 지표로서의 KPI는 개인이 중점과제를 수행하되, 얼마나 열심히 또한 무엇을 위해 활동을 하는가에 대해 명확하고 구체적인 활동의 목적과 (기대되는) 노력의 정도를 나타낸다. 따라서 KPI가 없는 과제의 수행은 '해야 할 일'은 정해져 있으되, 그 노력의 목적과 수준이 없다는 측면에서 '목표'로서의 기능, 노력의 방향성과 목표 달성을 위한 자발적인 동기부여 효과를 기대할 수 없다. 또한 KPI는 사후적으로 과제 수행자가 목표를 얼마나 달성하였는가에 대한 평가의 기준으로서, 성과의 정확한 측정과 이에 상응하는 보상을 통한 동기부여를 불러일으킬 수 있는 중요한 기능을 수행하는 것이다.

KPI는 가급적 정량적으로 표현하는 것이 바람직하며 또한 대부분의 경우 KPI를 정량적으로 표현하는 것은 어려운 문제가 아니다. 다만 그러한 정량적 표현이 실제 객관적으로 측정 가능한 것인가 아니면 상사를 포함한 특정한 개인의 (추상적) 판단인가에 따라 정량적 목표와 정성적 목표로 구분할 수 있다. 앞 장에서 잠깐 언급한 바와 같이 기업 현실에서 목표의 성격에 따라 측정 자체에 너무 많은 비용이 투입되는 경우에는 '추상적 판단'이라는 정성적 측정값으로 표현하는 것이 불가피할 것이다. 하지만 성과관리는 회사의 여건이 허락하는 한, 최대한 목표나 성과를 정량적으로 측정할 것을 요구하고 있으며 또한 그러한 측정방법이나 기준을 수립하는 것 자체가 성과관리의 중요한 효과이다.

KPI를 좀 더 세분해서 살펴보면, 〈표 3-2〉에서 보는 바와 같이 KPI는 두 요소로 구성된다. 영업팀장의 KPI의 경우 매출액 100억 원으로 표현되어 있는 바, 여기서 매출액을 '성과항목' 그리고 '100억 원'이라는 수치를 '목표 수준'으로 표현하고자 한다. 생산팀장의 KPI는 공정효율이라는 성과항목과 95%라는 목표 수준으로 구성되며, 인사팀장의 KPI는 성과항목으로 (직원들의) 공정감, 목표 수준으로서 85점을 설정하였다. 이렇게 KPI를 성과항목과 목표 수준의 두 요소로 분해하여 접근하는 것은 목표설정에 있어 대단히 유용하다.

성과항목

KPI가 중점과제의 실행결과로 인해 '무엇이 얼마나 좋아지는가?'를 표현하는 지표라고 할 때, 성과항목은 그 '무엇이'에 해당되는 항목이다. 바꾸어 말하면 중점과제의 실행으로 인해 '무엇이 향상되는가?'를 표현하는 항목이다. 목표설정에서 가장 어려운 작업이 KPI를 설정하는 것이며, KPI의 설정이 어려운 것은 바로 이 성과항목을 도출하는 것이 어렵기 때문이다. 나아가 '성과항목'에 대한 정확한 기술이 실제 개인 목표설정의 전부라 해도 과언이 아니다. 왜 그런지 설명하기 전에 인사팀장의 업무 목표를 위와 달리, 다음과 같이 기술하였다고 하자.

〈표 3-3〉 인사팀장의 목표설정 사례

부서	중점과제(CSF)	핵심성과 지표(KPI)	
		성과항목	목표 수준
인사팀장	인사평가제도 개선	개선완료	

〈표 3-2〉와 〈표 3-3〉에서 보는 인사팀장의 성과항목은 다르다. 앞 장에서 설명한 바와 같이 목표는 일을 수행결과로서 고객에게 나타나는 것

이라는 관점에서 보면 〈표 3-2〉의 성과항목과 〈표 3-3〉의 성과항목 중 어떤 것이 목표다운 목표인지를 판단할 수 있을 것이다. 〈표 3-2〉의 공정감은 인사팀장 자신이 느끼는 공정감이 아니라, 직원들이 느끼는 공정감으로 목표의 정의에 부합하며, 〈표 3-3〉의 '개선완료'는 단순히 인사평가제도 개선이라는 자신의 업무수행의 '결과'를 나타내고 있다. 그래서 올바른 목표가 아니다. 하지만 '개선완료'도 상황에 따라 훌륭한 성과항목이 될 수 있으며, 그 이유는 나중에 설명할 것이다. 그러므로 성과항목을 정확히 설정하는 것이 올바른 목표를 설정하는 가장 핵심이 되는 것이다.

목표 수준

성과항목이 결정되었다면 목표 수준을 정하는 것은 어려운 일이 아니다. 목표 수준이 객관적으로 측정 가능한 것인지 아닌지는 차치하고 수준 자체는 수치나 등급, 날짜 등으로 표현할 수 있다. 목표는 도전적이어야 한다는 측면에서 목표의 도전성을 결정하는 것이 목표 수준이다. 목표 수준의 적정성을 판단하는 사람은 본인과 상사이다. 영업직원이 설정한 매출액이 너무 높은지 낮은지는 오직 그 일을 수행하는 본인이나 상사, 나아가 그 상사의 상사와 협의하여 결정할 일인 것이다.

또한 KPI는, 목표라는 것이 '이전보다 나은 상태'이기 때문에 이전보다 얼마나 개선하려는가를 스스로에게 또한 상사에게 명확히 전달하기 위해 현 상태 또는 전년도 실적을 표기하는 것이 목표 수준의 적정성을 판단하는 데 도움이 된다. 물론 전년도 실적이나 현 수준이 없는 경우도 있을 것이지만 현재 하지 않는 업무를 새로 하는 것도 당연히 목표가 되기 때문이다.

이상 설명한 것을 정리하면 다음과 같다.

〈표 3-4〉 정리된 팀장 목표

담당자	중점과제(CSF)	핵심성과 지표(KPI)		
		성과항목	목표 수준	현 수준
영업팀장	매출액 증대	매출액	100억 원	80억 원
생산팀장	공정효율 개선	공정효율	95%	85%
인사팀장	인사평가제도 개선	공정감	85점	75점

3. 목표설정의 원칙

(1) SMART 원칙

목표설정과 관련하여 가장 널리 알려진 용어로 SMART 원칙이 있다. 목표를 설정할 때 SMART하게 하라는 것인데, 누가 만들었는지는 알려지지 않았으나 참 잘 만들었다는 생각이 든다. 간단하게 내용을 소개하면 다음과 같다. 영어 단어에 대해서는 자료에 따라 몇 가지가 다르게 인용되기도 하나, 그 내용은 비슷하다.

- Specific : 목표가 구체적인가?
- Measurable : 목표가 측정 가능한 것인가?
- Achievable(Action Oriented) : 목표가 달성 가능한 것인가?
- Relevant (or Realistic) : 목표와 과제가 또는 과제와 회사 전략이 연계되어 있는가?
- Timed(Time-bounded) : 기한이 명시되어 있는가?

SMART 원칙은 목표를 구성하는 중점과제와 KPI 중 KPI의 설정원칙에 더 가깝다고 볼 수 있지만, 우리가 목표를 설정하고 그 목표의 잘잘못을 평가하는 데에는 이것만으로는 부족하다.

(2) SMART 원칙[+]

올바른 목표설정을 위한 원칙으로 SMART 원칙에 추가하여 다음의 원칙을 추가하고자 한다. 앞으로 설명할 목표설정 요령에서 주로 이 원칙을 활용할 것이다. 이 원칙[+]는 목표의 정의와 목표설정의 현장에서 발견되는 많은 문제점을 종합하여 정리한 것이다.

+1. KPI는 일의 결과로서 나타나는 외부적인 공헌으로 표현되어야 한다.
이것은 앞에서 설명한 목표의 속성에서 비롯되는 원칙이다.

+2. 목표는 담당자의 상당한 노력에 의해서만 달성될 만큼 도전적이어야 한다.
목표는 본인의 업무에 관한 현 수준을 개선하는 것이어야 하며, 개선의 정도는 회사의 경영에 임팩트를 줄만큼 도전적이어야 한다. 또한 도전적인 목표만이 목표 달성을 위한 열정을 이끌어 낼 수 있으며, 목표를 달성했을 때 성취감을 느낄 수 있다.

+3. KPI는 본인의 노력과 직접적인 인과관계가 있는 성과로 설정되어야 한다.
뒤에서 사례를 들어 설명하겠지만 목표설정의 현장에서, 본인의 노력이 아닌 것 또는 다른 사람의 노력과 함께 이루어지는 것을 목표로 설정하는 경우가 허다하다. 앞서 설명한 목표설정의 기대효과로서 개인이나 조직의 업무책임을 명확히 하는 효과는 바로 여기에서 발생한다. 본인의 노력과 직접적인 인과관계가 미흡한, 또는 본인 외에 다른 사람이 기여한 공헌은 본인의 KPI가 아니다. 만약 본인과 다른 사람이 함께 기여하는 KPI라면, 자신이 기여할 수 있는 만큼만 KPI로 설정하여야 한다.

4. 목표설정의 절차

목표를 설정하는 일은 앞에서 설명한 목표의 구성요소를 하나하나 도출하고 설정하는 작업이다. 이 책의 처음부터 거듭 언급하고 있지만 목표다운 목표를 설정하는 일은 실제로 쉬운 일이 아니다. 또한 목표는 중점과제와 성과항목 그리고 목표 수준으로 구성되어 있으며, 그 요소 하나하나를 도출하고 설정하는 것 자체가 대단히 어렵고 도전적인 일이다. 그래서 목표를 설정할 때는 목표의 구성요소 하나하나를 순차적으로 설정해나가야 하며 또한 자신의 일에 대해 보다 체계적이고, 논리적이고 분석적으로 접근할 필요가 있다. 순차적이고, 체계적이고, 분석적인 그리고 논리적인 접근 방식이란 개략적으로 이런 것이다.

〈직원 최우수의 사례〉
문제 제기 : 올해 나는 무엇을 해야 할까?
생각 1 : 내 일에 있어서 문제가 되는 것은 뭘까? 더
      좋게, 더 발전시킬 일이 뭐가 있을까?
생각 2 : 이것도 문제고, 저것도 문제고, 개선해야
      될 문제가 많은데 뭐부터 해야 하지?

생각 3 : 우선 가장 큰 문제부터 하나씩 정리해보자.

생각 4 : 그래 하나 정했어! 그러면 이 문제를 해결하면 어떤 성과가 나올까?

생각 5 : 그 성과의 수준은 어느 정도 정해야지 적당할까?

생각 6 : 하나는 됐고, 다음 과제는 무엇으로 할까? (이후 반복)

인사부서에서 '올해의 목표설정서 제출 또는 전산 입력' 하라는 공지사항을 보고 위에 적은 정도만 머리에 떠 올릴 수 있다면 그 직원은 대단히 일을 잘하는 사람이다. 실제로 많은 직원들은, 특히 직급이 낮은 사람일수록 더욱 아래와 같은 상황에 빠지게 된다.

〈직원 이대로의 사례〉

생각 1 : 그냥 늘 해 오던 업무인데 따로 적어내고 할 게 뭐가 있나….

생각 2 : 무슨 문제를 찾아서 개선해 보라고 하는 데 내 업무에는 이대로 아무 문제가 없어!

생각 3 : 상사가 그냥 시키는 대로만 하면 되는 데 무슨 목표를 세우라고 하지?

이러한 생각에서 한 발자국도 나아가지 못하고 고민만 하다가 그냥 현재 하는 업무를 나열해서 제출하기 일쑤이다.

직원 최우수와 이대로의 생각에서 가장 큰 차이점은 무엇일까?

그것은 바로 문제의식이다. 문제의식은 현상, 즉 내가 현재하고 있는 업무나 그 업무가 빚어내는 결과가 더 나은 상태, 바람직한 상태에 미치지 못한다는 것을 깨닫는 일이다. 또한 문제의식은 내가 현재 하고 있는 일에 대해 더 나은 방법이나 더 좋은 결과가 있다고 믿거나 더 좋은 결과를 찾아야 한다는 도전의식이며, 더 크게 말하면 야망이다.

그저 현재의 방식에 안주하여 늘 하던 방식대로 꼭 같은 시간을 들여 꼭 같은 결과를 내면서도 문제의식을 느끼지 못하는 사람, 이런 직원들이 올바른 목표를 세우는 것은 대단히 어렵다. 하지만 바로 이런 직원들이야말로 바로 성과관리의 대상이며, 이 책을 쓰는 목적도 바로 이런 직원들로 하여금 '일을 제대로 하는 방법'을 일깨우게 하는 것이다.

최우수 직원의 생각의 흐름을 도표로 나타내면 다음과 같다.

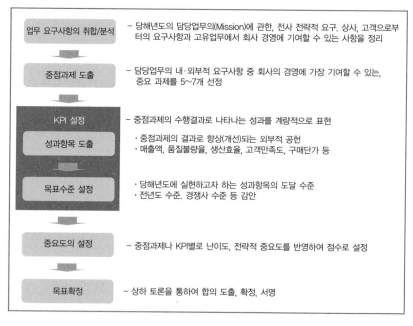

〈그림 3-3〉 목표설정 절차

제3장
목표설정의 제1단계
- 업무 요구사항의 취합/분석

1. 내 업무의 근원(根源)

　직원들이 올해의 목표를 설정함에 있어 가장 먼저 해야 할 일은 올해 본인이 하여야 할 '과제'를 도출, 나열하는 일이다. 즉, '올해 내가 팀의 성과 향상을 위해, 나아가 회사의 성과 향상을 위해 무엇을 해야 할까?' 에 대한 고민이다.

　내가 올해 하여야 할 과제를 도출하기 위해서는 먼저 조직 내에서 내 업무(역할과 책임, R&R)에 관해, 나 자신을 포함한 외부의 요구사항 (Needs)이 무엇인지부터 고민해야 한다. 거듭해서 말하지만 나의 업무 목표의 본질은 외부에 공헌하는 것일 뿐 아니라, 그 공헌의 정도를 전년 도보다 상향시키는 것임을 상기하라. 회사의 경영전략수립을 위해 맨 먼저 고객의 요구사항(Customer's Needs)을 분석하는 것과 같이 내 업무 를 통해 고객(상사, 회사, 내부직원, 외부고객)에게 무엇을 기여할 것인 가를 고민하는 것이 바로 목표설정의 첫 단계이다.

　다음으로 개개인의 업무의 근원을 파악하기 위해 직원들이 수행하는 업무를 살펴볼 필요가 있다. 직원들의 업무 중 가장 많은 부분을 차지하는 것은 조직에서 부여한 업무분장(Roll & Responsibility, R&R)에서 나오는 고유 업무일 것이다. 영업팀 직원은 영업활동을 수행하고, 생산팀 직원은 생산에 관한 일을 수행하고, 재무팀 직원은 재무에 관한 업무를 수행하는 것이다. 그러한 고유 업무는 대개 정기적이고 반복적인 특성을 가진다.

또 하나 어쩌면 직장인으로서 담당자들이 수행하는 업무 중 가장 중요하고 시급하게 생각하는 것은 상사의 지시, 더 올라가면 사장이 시키는 일일 것이다.

마지막으로 직원들은 자기의 고유 업무와 관련하여 고객이 요청하는 업무 또는 이들의 불만사항을 듣고 이를 해결하는 업무를 수행하고 있다.

이러한 '나의 업무의 발생 근원'을 도식화하면 다음과 같다.

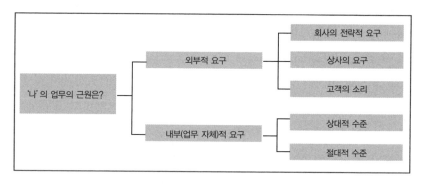

〈그림 3-4〉 개인 업무의 근원

2. 외부적인 요구의 취합

(1) 회사의 전략적 요구

먼저 전략적 요구는 회사의 경영전략, 경영계획, 방침, 사장의 평소 공식, 비공식으로 강조하는 사항을 모두 포함한다. 이러한 경영전략, 경영계획의 요구에 따른 직원들의 업무과제로서 대표적으로 영업 담당자에게 할당되는 매출 목표를 들 수 있다. 또 다른 예로서 회사의 전략으로서 신사업 진출이 수립되었을 경우, 인사담당자에게는 신사업을 추진하기 위한 인재를 채용하는 과제가 발생할 것이고, 생산설비 담당자에게는 신규 생산설비의 조기 완공이라는 과제가, 영업담당자에게는 신사업 진출을 위한 마케팅이나 고객을 창출해야 하는 과제가 발생할 것이다. 따라서 정말로 일을 잘 하는 직원이라면 회사의 전략, 방침, 사장의 평소 강조하는 바를 면밀히 검토하여 이의 추진을 위해 스스로 자기 업무에 관한 과제를 도출, 상사에게 보고하고 과제를 추진하여야 할 것이다.

(2) 상사의 요구

다음으로 상사의 요구, 즉 업무 지시는 당연히 부하의 업무과제가 될 것이며, 이 또한 구체적이고 집적적인 지시가 아니더라도 평소 상사가 강조하는 일이라면 담당자가 스스로 업무과제로 검토하여야 할 사안이다.

(3) 고객의 소리

외부적인 요구의 마지막 요소로서 고객의 소리를 빠트릴 수 없다. 여기서 고객이라 함은 회사의 제품이나 서비스를 구매하는 외부고객뿐 아니라 내가 하는 일의 결과를 사용하는, 즉 내 일의 다음 공정에 있는 사내고객 모두를 포함한다. 내부 고객의 예를 들면, 생산의 다음 공정이 판매라고 한다면 생산 담당자의 고객은 영업 담당자가 될 것이고, 인사평가 제도를 설계, 운영하는 인사담당자는 그 인사제도를 실행하는 현업관리자들 또는 평가의 대상이 되는 전 직원이 고객이 될 것이다.

하지만 업무 목표를 설정하는 상황에서 직원들이 가장 많이 빠트리거나 덜 고려하는 요소가 바로 이 내부고객의 요구사항이다. 그래서 목표를 설정할 때, 모든 담당자들은 내부 고객을 만나고, 내 업무에 관한 이들의 불만, 불편사항이나 요구사항을 수렴하는 것은 반드시 필요하다. 하지만 늘 그렇듯이 조직 내에는 고객의 소리는 무시하고 오직 상사나 사장의 지시만 기다리고 그것만 수행하려는 사람이 얼마나 많은가?

목표를 설정함에 있어 고객의 소리는 대단히 중요하다. 따지고 보면 직장생활을 하는 직원들은 자기 자신을 위해 하는 업무는 단 하나도 없다. 내가 수행하는 업무의 결과는 모조리 회사나 고객에게 돌아간다. 그래서 내가 월급을 받는 것이다.

고객은 내 업무의 결과를 돈을 주고 사거나(사외고객) 내 업무의 결과를 활용하여 또 다른 결과물을 만들어 다음 고객에게 전달하는 사람(사내고객)이다. 그래서 내 업무의 결과는 내가 평가하는 것이 아니라 고객이 평가하는 것이다. 앞에 적은 나대로 사원의 문제는 고객이 가장 잘 알고 있다. 나대로 같은 문제의식이 없는 직원일수록 고객은 더 많은 문제점을 느끼고 있다.

내 업무에 어떤 문제가 있는지는 고객에게 물어보라. 그 문제를 해결하는 것이 바로 나의 과제이다.

3. 내부적인 요구의 취합

내부적인 요구는 자신이 담당하는 업무 자체에 관한 것이며, 주로 업무의 효율화 등 업무 개선과 관련되어 있다. 업무 개선은 주로 업무의 품질(Quality), 원가(Cost), 납기(Delivery)를 개선하는 일이다. 즉, 내가 하는 업무의 결과가 품질의 관점에서 정확하게 수행되고 있는지? 원가의 측면에서 너무 많은 노력이나 비용이 들어가는 것은 아닌지? 또는 납기를 제대로 지키고 있는지? 나아가 QCD의 수준을 더 개선할 방법이 있는지를 검토하여야 한다. 만약 QCD에 문제가 있다면 그것은 주로 업무수행의 방법이나 절차에 문제가 있는 것이고, 이를 개선하는 것이 과제가 된다. 내 업무의 QCD에 문제를 찾기 위해서는 두 가지 방향에서 검토되어야 한다.

가. 절대적 수준에서 검토 포인트

절대적 수준에서 내 업무의 개선점을 찾을 때 검토 포인트는 현재의 업무수행의 방법이나 절차의 측면에서 최적화가 되어 있는가를 검토하는 것이다. 최적화인지 아닌지는 일차적으로 담당자 본인 스스로가 불편하거나 낭비요인을 감지한다면, 그것은 최적화되어 있지 않은 것이다. 그러므로 최적화 여부를 판단하는 데는 앞서 말한 바와 같이 '문제의식'

이 필요하다. 만약 남들이 보기에 특정 업무의 수행에 낭비나 실수, 비효율적인 면이 분명히 있음에도 불구하고 문제의식이 없는 직원은 그러한 문제를 문제로 느끼지 못한다. 또한 반복적인 업무를 오래 수행하다 보면, 기존의 숙달된 방식에 대해 문제를 못 느끼는 것도 사실이다. 부하들의 업무수행상의 문제를 지적하거나 또는 문제의식을 가지도록 만드는 것 또한 목표설정에 관한 관리자의 역할이다.

- 나를 성가시고 피곤하게 하는 일은 무엇인가? 또는 하기 싫은 일은 무엇인가?
- 내 업무에서 낭비요인은 없는가?
- 내 생각에 이상적인 상태인가?

이를 QCD의 관점에서 다시 정리해 보면 다음과 같다.
- **품질(Q)** : 내 업무의 정확도에는 문제가 없는가?
- **비용(C)** : 업무로 인해 자주 야근이나 특근을 하거나 회사의 자원(돈, 원재료 등)을 지나치게 사용하지 않는가?
- **납기(D)** : 업무의 납기를 자주 어겨 상사에게 혼나거나 납기를 지키기 위해 앞에 적은 비용을 너무 많이 쓰지 않는가?

나. 상대적 수준의 검토 포인트
업무수행의 상대적 수준이라 함은 회사 내외의 타 업무 담당자와 비교해서 또는 전년도의 업무 수준과 비교해서 더 나은 수준인가를 검토하는 일이다. 업무 수준의 비교 대상은 다음과 같다.

- 타사 타 직원 수준 대비
  - 사내 다른 담당자에 비해 최고인가?
  - 경쟁사 대비 최고인가?
  - 국내 수준에서 최고인가?
  - 세계 수준에서 최고인가?

- 시계열적 수준 대비 :
  - 작년에 비해 더 개선될 여지나 발전가능성이 있는가?

  내 업무의 QCD 측면에서 절대적/상대적 수준의 검토를 거쳐 문제가 발견되면, 그 문제를 개선하기 위해 해야 할 일이 바로 과제가 되는 것이다. 이상의 설명을 요약해서 도표로 나타낸 것이 다음의 그림이다.

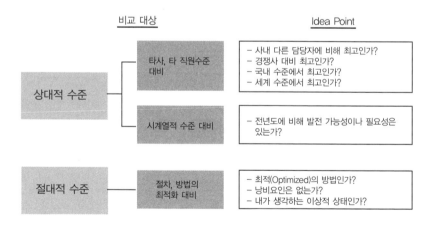

〈그림 3-5〉 내 업무에서 과제를 찾는 방법

제4장
목표설정의 제2단계
- 중점과제의 선정

1. 중점과제의 선정

앞 단계에서 각각의 요구에 따라 여러 개의 업무과제가 도출되었다면, 이제 그 과제 중에서 올해 수행하여야 할 중점과제를 선정하여야 한다. 중점과제란 앞에서 기술한 바와 같이 핵심성과 요인으로서 경영성과에 가장 크게 영향을 미치는 과제를 말한다. 즉, 과제의 중요도, 경영(성과)에의 임팩트, 시급성의 측면에서 가장 높은 과제가 중점과제인 것이다. 굳이 경영에의 임팩트를 따지지 않더라도 가장 큰 문제, 가장 개선효과가 클 것으로 기대되는 문제가 중점과제이다. 또한 성과관리가 직원들이 수행할 수많은 과제 중 가장 핵심적인 목표만을 관리하는 것인 만큼 관리 대상이 되는 목표의 수는 한정되어야 한다. 일반적으로 중점과제는 5개~7개 정도가 적당하지만 회사의 직급에 따라 과제의 수는 조정될 수 있다. 팀장의 경우라면 5개~7개 정도를 도출할 수 있지만 주로 단순·반복적인 업무를 수행하는 하위 직급자의 경우는 업무의 범위가 좁고, 대개의 경우 명확한 표준에 따라 업무를 수행하기 때문에 개선과제를 찾는 것이 상당히 어렵다. 그러므로 중점과제의 수는 직급에 따라 달리하는 것이 현실적이다. 한편으로 최하위 직급의 사무보조 담당자가 바쁘게 돌아가는 일상 업무 속에서 자기의 업무와 관련하여 한 가지만 개선하더라도 그것은 결코 작은 일은 아닐 것이다.

아래 〈표 3-5〉는 앞 단계에서 도출된 많은 과제 중에서 중점과제를 선정하는 데 필요한 작업 양식이다. 회사의 경영전략을 포함한 세 가지 방향의 업무 요구사항이나 그 요구를 검토하여 과제를 도출하고, 도출된 과제 중 경영성과에 대한 임팩트 등을 검토하여 중점과제를 선정하는 과정을 반드시 〈표 3-5〉와 같은 양식으로 작성할 필요는 없다. 하지만 중요한 것은 양식의 문제가 아니고, 개인의 목표를 설정할 때 반드시 그러한 흐름 속에서 각 단계를 검토하여야 한다는 것이다. 만약 이러한 단계나 검토항목이 생략된다면 '내가 하여야 할 일', '내가 경영에 기여할 수 있는 기회'를 빠뜨리게 되는 것이다.

〈표 3-5〉 중점과제의 선정 양식

2010년 중점과제의 선정

작성자 :   팀장   (인)

도출과제	과제 평가			선정여부	비고
	중요도	임팩트	시급성		

※ 과제평가는 각 요소별로 High, Middle, Low의 단계로 평가합니다.

업무 요구사항을 검토하여 과제를 도출하고 그 과제들 중에서 중요한 과제를 선정하면 중점과제의 도출이 끝나는 것일까? 만약 이렇게 순탄하게 중점과제를 도출할 수 있다면 얼마나 좋을까? 하지만 중점과제를 도출하는 작업은 이제 시작일 뿐이다. 비유해서 설명하면, 화재로 소실된 남대문의 복원을 위해 필요한 금강송이 있는 지역을 찾고 거기에 있는 수많은 나무들 중에서 재목으로 쓸 만한 나무를 골라 그 원목을 이제 겨우 베어 냈을 뿐이다. 지금부터 그 원목을 자르고 다듬어 쓸 만한 목재로 만드는 일이 남아 있다. 지금까지의 과정과 절차에 따라 도출된 과제는 지극히 개략적인 수준이며, 과제의 KPI를 도출하는 과정에서 수차례의 변경과 개선을 거쳐 과제의 범위와 의미가 명료하게 정리된다.

2. 중점과제 설정상의 문제 유형

개인의 중점과제는 목표설정서라고 하는 회사 공통의 양식에 기술된다. 직원들이 위에 적은 절차에 따라 중점과제를 선정했던지, 아니면 그러한 검토 없이 바로 본인이 생각하는 중점과제를 찾아서 적어 오던지 간에 일반적으로 직원들이 기술하는 과제설정상의 문제를 유형별로 보면 세 가지로 나눌 수 있다.

(여기서 중점과제의 선정과 설정이라는 용어에 대해 약간의 설명이 필요할 듯하다. 선정이라 하면 여러 개의 과제 중에서 하나를 선택한다는 의미로 위의 단계에서 여러 과제 중에서 중점과제를 선택한다는 의미에서 선정이라는 용어를 사용하였다. 하지만 지금부터는 그렇게 선정된 중점과제를 깎고 다듬어 명료하게 하여 새로 정한다는 의미로 과제의 설정

이라는 용어를 사용할 것이다.)

첫째 유형은, KPI는 말할 것도 없지만, 중점과제 자체가 대단히 불명확해서 '무엇을 하겠다는 것인지'를 알 수 없다는 것이다. 중점과제를 읽는 상사나 동료는 물론 심지어는 본인에게도 그것이 불명확하다는 것이다.

둘째 유형은 본인의 업무책임이 아닌 다른 사람의 업무책임에 관한 일을 과제로 설정하는 문제이다. 이 문제는 주로 기획·지원담당자(부서)와 실행 담당자(부서)간에 발생하는 문제로 상호간의 업무책임을 명확히 하는 것으로 해결될 수 있다.

마지막 유형은 과제도 명확하고 나의 업무책임임에는 틀림이 없으나, 그 과제의 수행이 '나의 열성적인 노력'과 무관한 과제를 선정하는 일이다.

3. 문제 유형별 해결 요령

(1) 불명확한 과제의 문제와 해결 요령

중점과제는 특정한 성과(KPI)를 내기 위해 '내가 하여야 할 일'이기 때문에 그것은 구체적이며, 다른 사람(상사나 동료)이 보기에도 명확하게 표현됨으로써 과제 수행이라는 구체적인 행동으로 돌입할 수 있다. 다시 말해 과제가 구체적이고 명확하지 않다면 과제 수행을 위한 활동 자체가 특정한 일에 집중되지 않으며, 따라서 KPI의 달성도 기대하기 어렵게 된다. 하지만 단 한 번의 검토를 통해 직원들이 특정한 문제를 정확히 정의하고, 이의 해결을 위해 과제를 명확히 도출하고, 나아가 그것을 타인에게 정확히 전달하는 것은 결코 쉬운 일이 아니다. 이것은 중소기업뿐 아니라 대기업에서도 마찬가지이며, 그만큼 목표설정이라는 것이 만만한 일이 아닌 것이다. 중점과제를 포함하는 목표를 서면으로 기술한 목표설정서를 놓고 상사와 부하 간에 중점과제와 KPI를 '명확성'이라는 측면에서 번갈아 검토하고 논의하는 과정을 거치면서 서서히 명확해지는 것이다.

과제의 명확성은 KPI의 명확성과 관련이 있다. 따라서 과제가 불명확하면 KPI도 불명확해지며, 거꾸로 특정한 과제의 KPI가 명확히 도출되지 않는다면 과제가 선명하지 못하기 때문이다. 상호 불가분의 인과관계를 가진 '과제와 KPI'의 관계로 인해, 실제 상하간에 목표설정 논의 과정에서 또는 목표설정을 위한 컨설턴트와 담당자간의 1:1 지도 상황에서는 과제에서 KPI를 도출해보고, 반대로 KPI를 명확히 한 후 역으로 과제를 도출하는 과정을 반복하면서 점진적으로 과제와 KPI는 똑같은 수준으로 명료화되는 것이다.

대체로 과제를 명확하게 적어오지 못하는 이유로서 세 가지를 들 수 있다. 첫 번째는 과제가 너무 크고 범위가 넓어서 과제 자체가 추상적으로 표현되는 경우이다. 두 번째로 가장 심각한 문제이며, 가장 흔하게 발견되는 문제로서 그 과제를 선정한 본인조차도 그 과제로서 무엇을 하겠다는 것인지를 정확히 모른다는 것이다. 마지막 유형은 사소한 문제이기는 하지만 표현상의 문제로 이는 문장 표현력, 어휘력의 문제이다.

하지만 어쨌든 직원들이 1차적으로 특정한 과제를, 그것이 명료하든 아니든 특정한 과제를 선정해서 적어온다는 것은 그 과제(서면으로 적은 표현) 속에 잘 드러나지 않는 원래의 의도, 즉 막연한 상태이긴 하지만 무엇인가를 해결할 필요를 느낀다는 것이며, 이것이 바로 과제 명료화의 단초가 된다.

다음 각 부서의 팀장들이 적어온 과제를 보자. 독자 여러분은 각 팀장들이 무엇을 할지가 명확히 떠오르는가? 이러한 추상적인 표현으로는 담당자가 무엇을 하겠다는 것인지, 담당자 본인도, 상사도 아무도 모른다.

〈경영지원팀장〉 불합리한 관행 개선
〈영업기획팀장〉 매출 극대화
〈생산팀장〉 효율적 인원배치
〈개발팀장〉 제품 개발 시스템 개선

가. 범위가 큰 과제의 해결

대체로 이러한 범위가 큰, 그래서 추상적으로 표현되는 과제는 그 과제를 분해(Breakdown)하여 더 작은 과제로 만들면 만들수록 과제는 구체적이고 명확하게 되며, 아울러 KPI도 명확해질 수 있다.

범위가 큰 과제를 분해한다는 것은 다음과 같다. 여기서 팀장은 경영지원팀장이다.

임원 : 불합리한 관행이란 게 대체 뭐요?
팀장 : 상무님도 잘 아시지만 우리 회사 직원들은 약속을 잘 안 지킵니다. 회의 시간도 안 지키고, 각종 자료의 제출 시한도 제대로 지키는 사람이 별로 없습니다. 그리고 회의 시간이 너무 길다는 데는 전 팀장들이 문제를 느끼고 있습니다. 그리고 쓸데없는 야

근이 많습니다. 일 없이 그냥 관행적으로 야근을 하는 거죠. 그리고 담배를 건물 내에서 안 피우기로 했으면 안 피워야죠.

임원 : 그 많은 문제를 한꺼번에 다 해보겠다는 거요?

팀장 : 글쎄요, 그건 좀…. 어쨌건 개선하기는 개선해야 합니다.

임원 : 그렇다면 제일 급한 것부터 하나하나 잡아 나갑시다. 그 중에서 제일 큰 문제가 뭐요?

앞의 대화에서 보는 바와 '불합리한 관행' 이 추상적이긴 하나, 지원팀장은 그것의 세부 문제점을 비교적 잘 알고 있기 때문에 쉽게 분해되고, 따라서 쉽게 과제를 명확하게 선정할 수 있다.

마찬가지로 영업기획팀장의 중점과제도 무엇을 하겠다는 것이 명확하지 않다. 과제를 너무 크게 설정해서 발생하는 문제이며, 이것 또한 상사와의 대화를 통해 해결할 수밖에 없다. 단 하나의 연속된 질문, 매출극대화를 위해 당신이 무엇을 할 것인가? 이 질문에 대한 영업팀장의 답변에 대해 또 한번 '…… 을 위해 무엇을 할 것인가?' 를 2번만 반복하면 과제는 명확해진다.

나. 막연하고 모호한 과제의 해결

하지만 다음과 같은 상황이라면 훨씬 더 많은 시간이 소요된다. 생산팀장의 사례를 보자.

임원 : 효율적 인원배치라는 게 뭐요?

팀장 : 생산라인에 공정별로 인원배치가 적절하지 않은 것 같습니다. 어떤 때는 1라인이 인원이 남다가 또 다른 때는 2라인이 인원이

남아돌고, 그러다 보면 3라인이 인원이 부족하고, 이러니 생산 효율도 떨어집니다. 아무래도 인원이 효율적으로 배치되지 않은 것 같습니다.

임원 : 인원이 그렇게 라인별로 들쭉날쭉한 이유가 뭔가요?

팀장 : 글쎄요. 생산계획이 무계획적이기도 하고, 자재가 입고되는 것도 그렇고….

임원 : 그러니까 문제가 뭐요? 인원이요? 생산계획이요? 자재입고요?

말하자면 생산팀장은 문제를 느끼고는 있지만, 그저 막연한 수준에서 그 문제의 근본 원인이 무엇이며, 그 원인을 해결하는 방법에 대한 생각이 부족한 것이다. 생산팀장의 경우와 같은 문제를 해결하는 특별한 요령은 없다. 오직 직속상사인 사업부장과 생산팀장간의 치열한 토론만이 과제를 명확히 할 수 있다. 실질적으로 생산팀장이 생산현장의 문제를 그 회사 내에서는 가장 잘 아는 사람이고, 다음으로 담당 임원이 아니겠는가? 두 사람의 전문가가 막연하고 애매모호하지만 틀림없이 존재하는 생산현장의 한 문제를 놓고, '왜?' 와 '무엇을?' 그리고 '어떻게?' 를 반복하는 과정에서 문제는 명료해지는 것이다. 왜, 무엇을, 어떻게를 반복하는 것은 문제 해결의 가장 기본적인 접근법이며, 바로 문제 해결 능력이다. 문제 해결이란 겉으로 드러나는, 문제로 느껴지는 현상을 분석하고 분해하여 문제의 본질을 파악하고, 문제의 근본 원인을 찾고, 그것을 해결하는 최선의 방법을 찾아내는 과정이다. 그 과정을 통하여 찾아낸 과제, 이것이 바로 중점과제이다.

회사의 발전, 성장을 위해 그리고 적어도 진정으로 회사의 발전에 공헌을 하려는 직원이라면, 이 정도의 시간과 노력은 투자해야 하지 않겠는가?

(2) 나와 다른 사람의 과제 구분하기 – '나'의 과제 만들기

앞에서 전략적 요구, 고객의 요구를 검토할 때 '본인의 업무책임'에 관련된 요구와 '본인의 업무책임'에 관련된 과제를 언급하였다. 본인의 업무책임이라는 것은 본질적으로 업무분장의 문제이며, 중견·중소기업의 경우 이것이 명확하지 않는 경우가 많다. 직원 개개인의 업무분장은 물론이고 팀의 업무분장에 있어서도 마찬가지 문제가 있는 것이다. '내 업무책임을 어디까지 설정할 것인가' 하는 문제는 뒤에 설명하겠지만 목표설정의 가장 중요한 요소인 KPI와 직결된다. 또한 직원 개개인의 업무책임이 명확하지 않다는 것은 KPI로 표현되는 특정한 성과에 대한 책임의 소재가 불분명하다는 것을 의미하며, 그것은 결국 과제의 추진의지, 실행력을 떨어뜨리는 원인이 된다. 부서 간에, 개인 간에 업무책임이 혼재하는 문제는 기획부서(담당자) 또는 지원부서와 실행부서(담당자) 간에 발생한다. 개인의 목표를 설정하는 과정에서 이러한 업무책임이 불명확한 문제가 발견되고, 이를 명확하게 바로 잡을 수 있다는 사실 자체가 앞서 설명한 성과관리의 중대한 효과인 것이다.

지금부터 많은 사례를 들어 설명하겠다. 설명이 좀 길긴 하지만 이러한 사례는 자주 발생하며 또한 이러한 유형의 문제 해결이 다른 문제보다 해결이 어려우며, 나아가 이 문제의 해결을 통하여 부서 간, 개인 간에 업무분장을 명확히 한다는 측면에서 좀 더 주의를 기울여 주기 바란다.

회사의 조직도상, 영업담당 임원 산하에 영업기획팀과 영업1, 2팀이 있고, 영업1, 2팀은 영업활동을 통한 매출을 책임지고, 영업기획팀은 영업팀의 영업활동을 지원 또는 통합 마케팅 활동 또는 영업실적 분석 및 관리 업무를 담당하고 있는 경우이다. 이때 영업팀장과 영업지원팀장은 다음과 같이 목표를 설정하였다. 독자 여러분은 이제 〈표 3-6〉에 나타나 있는 목표설정의 내용과 양식에 익숙해졌을 것이다.

〈표 3-6〉 영업부서 팀장의 목표설정 사례

담당자	중점과제	KPI			비고
		성과항목	목표 수준	현 수준	
영업1팀장	매출 목표 달성	매출액	100억 원	80억 원	
	고객 캠페인 추진	캠페인 횟수	분기 1회	없음	
영업2팀장	매출 목표 달성	매출액	50억 원	30억 원	
	고객 캠페인 추진	캠페인 횟수	반기 1회	없음	
영업기획팀장	매출 목표 달성	매출액	150억 원	110억 원	
	고객캠페인 기획 및 시행	캠페인 횟수	6회/년	–	지점별 캠페인 계획 추진
	지면 광고 확대	고객인지도 향상	35%	20%	

이런 경우 영업담당 임원의 목표는 당연히 다음과 같이 설정될 것이다.

〈표 3-7〉 영업담당 임원의 목표

담당자	중점과제	KPI			비고
		성과항목	목표 수준	현 수준	
영업담당 임원	매출 목표 달성	매출액	150억 원	110억 원	
	고객 캠페인 추진	캠페인 횟수	6회/년	–	

각 팀장들의 중점과제를 보면 모든 팀장들이 매출 목표 달성과 고객캠페인 추진을 공통으로 설정하였다. 독자 여러분이 보기에 별 문제가 없는가? 별 문제가 없다고 느끼는 독자를 위해 다음 하나의 사례를 더 보자.

'인사평가 공정성의 제고' 책임

업무책임에 관해 쉽게 이해하기 위해 앞의 사례를 약간 변형한 사례를 보자.

〈표 3-8〉 변형된 팀장 목표

담당자	중점과제	KPI			비고
		성과항목	목표 수준	현 수준	
영업1팀장	매출 목표 달성	매출액	100억 원	80억 원	
	공정한 인사평가	공정감	85점	75점	인사팀설문
영업2팀장	매출 목표 달성	매출액	50억 원	30억 원	
	공정한 인사평가	공정감	80점	70점	인사팀설문
인사팀장	인사평가 공정성 제고	공정감	85점	75점	설문조사

독자 여러분은 위의 목표설정서에 확실히 문제가 있다는 것을 알 것이다. 결론부터 이야기 하면, 인사평가의 공정감 개선을 위해 인사평가제도를 개선하여 직원들의 평가에 대한 공정성을 높이는 일은 당연히 인사팀장의 업무책임이며, 영업팀장을 포함한 라인 관리자는 단순히 그 제도에 따라 평가를 시행하면 되는 일이다. 그러므로 영업팀장들이 '공정한 인사평가'를 중점과제로 설정하는 것은 잘못된 것이다. 이상의 결론에 대해 직감적으로 쉽게 동의하겠지만 이에 대해 좀 더 논리적으로 접근해 볼 필요가 있다.

직원들의 인사평가에 대한 공정감을 높이기 위한 세부 과제로서 다음 세 가지를 들 수 있다. 우선 첫 번째 과제로서 인사평가제도의 문제점을 개선, 보완하는 과제이며, 이는 순전히 인사팀장의 몫이다. 두 번째 과제는 평가자들이 평가제도의 취지를 잘 이해하여 공정하고 정확하게 부하의 성과를 평가해 주어야 하며, 당연히 이것은 평가자(라인 관리자, 팀장)의 몫이다. 마지막으로 그러한 평가 결과를 토대로 보상을 공정하게 결정하는 과제가 있을 것이며, 이것은 보상을 최종 결정하는 인사결정권자(CEO 또는 위임에 따라 담당임원)의 몫이다. 기획책임자와 실행책임자가 다를 수밖에 없는 이런 경우, 과연 최종적인 성과 - 직원들의 평가 공정감 향상 - 은 누구의 책임으로 하는 것이 가장 적합할까? 혹은 효과적일까? 독자 여러분도 다 같이 동의하겠지만, 이것은 당연히 인사팀장의 책임으로 하는 것이 맞다.

인사팀장은 보다 개선된 평가제도를 입안할 책임뿐만 아니라, 라인 관리자들이 부하들을 공정하고 객관적으로 평가할 수 있도록 평가의 중요성, 평가제도의 취지, 평가방법 등에 관한 평가자 교육을 실시하고 또한 이들이 실제 공정하고 객관적으로 평가하는지를 파악할 수 있는 관리체계를 만들어 관리함으로써 일선관리자들이 공정하게 평가하도록 만들 책임이 있다. 나아가 CEO나 담당임원이 평가 결과에 기반을 둔 공정한 보상을 결정하도록 이들에 대해 끊임없이 도전하고 설득함으로써, 궁극적으로 평가의 공정감에 대한 책임을 홀로 지는 것이다.

만약 공정감에 대한 책임을 인사팀장과 라인 관리자가 같이 지도록 한다면 어떻게 될까? 직원들의 공정감이라는 성과를 놓고, 그 목표를 달성하지 못한 경우 인사팀장과 라인 관리자는 서로 책임을 상대방에게 미룰 것이며, 목표를 달성한 경우 또한 서로 공을 다툴 것이다. 많은 기업에서 이런 성과에 대한 책임 문제로 인해 개인간 업무나 조직간 업무책임에 대한 심각한 불만이 제기되고, 나아가 조직 전체에 대한 불만족의 큰 원인 중의 하나가 되고 있다. 다시 한 번 말하지만 성과관리는 바로 목표설정의 단계에서 바로 개인이나 조직간의 업무책임을 정리해 주는 강력한 도구로 작용하는 것이다.

매출 목표 달성과 고객 캠페인 시행에 관한 책임 소재

마찬가지 논리로 〈표 3-6〉과 같이 매출 목표 달성과 고객캠페인 전개가 영업기획팀장과 영업팀장의 목표에 똑같이 설정한 것은 잘못된 것이다. 이것이 잘못된 이유를 살펴보자.

(문제의 정의 - 불분명한 책임소재)

영업1, 2팀장과 기획팀장의 목표가 잘못된 이유를 살펴보기 전에 먼저 무엇이 문제인지를 정확히 짚고 넘어 가자.

우선 매출 목표 달성이라는 과제와 관련하여 영업기획팀, 영업1, 2팀장 모두에게 책임이 있는 것은 틀림없는 사실이다. 왜냐하면 이 세 조직은 영업담당 임원의 목표(올해 매출 목표 150억 원)를 달성하기 위해 존재하기 때문이다. 또는 임원의 매출 책임을 가장 효율적으로 추진하기 위해 그러한 세 개의 조직으로 편제했을 것이다. 이 말은, 만약 연말에 매출 목표를 달성했다면 세 조직 모두가 열심히 노력한 결과일 것이고, 또한 반대로 매출 목표 달성을 하지 못했다면 그 책임 또한 세 조직이 모두에게 돌아간다는 의미이다. 올 연말에 사업부장이 달성하게 될 150억 원 매출에 대해 영업1, 2팀장의 기여도는 명확하다. 왜냐하면 팀 별로 목표가 연초에 명확히 설정되었기 때문이다. 하지만 기획팀장의 기여도는 어떻게 측정할 수 있을까? 또는 왜 기여도 측정이 안 될까? 아니면 그냥 영업담당 전체 조직이 목표를 달성하였으므로 그냥 달성한 것으로 해 주어야 할까? 상황이 이러하다면 우리가 애초에 기대한 목표설정의 효과는 기대할 수 없는 것이다.

다음으로 고객캠페인 추진이라는 과제를 보자. 고객캠페인 계획을 수립하는 업무(책임)는 당연히 영업기획팀에 있다. 그리고 고객캠페인을 영업기획팀에서 외부 아르바이트 직원을 고용하여 직접 실행하는 것이 아니라 영업사원들을 통해 실행하는 경우라면(대부분의 기업들이 이렇게 하고 있다), 그것을 실제 실행하는 책임은 영업팀에 있을 것이다. 연말까지 영업2팀은 계획된 대로 목표 횟수를 다 시행하였으나, 영업1팀에서 팀장의 무관심이나 여러 사정으로 목표 횟수를 시행하지 못함으로써 결과적으로 영업기획팀장의 캠페인 목표 횟수(년 6회)를 달성하지 못하였다고 하자. 이러한 경우 영업조직 전체의 캠페인 목표(담당임원의 목표)를 달성하지 못한 것은 영업1팀장의 잘못인가, 기획팀장의 잘못인가? 아니면 둘 다 책임이 있는가? 그렇다면 영업 2팀장이 목표를 달성한 것은 영업팀장의 노력의 결과인가? 아니면 기획팀장의 노력의 결과인가? 나아가 거꾸로 영업2팀장이 아주 열심히 캠페인을 진행하여 목표 횟수를 초과하여 시행했고, 따라서 기획팀장의 목표를 초과 달성했다고 가정해 보자. 이 경우에도 마찬가지로 목표 달성에 대한 기여도를 영업1, 2팀장과 영업기획팀장간에 어떻게 차별화할 것인가?

여기서 우리가 목표를 설정하는 이유로 돌아가서 생각해 보자. 목표를 설정하는 목적은 조직 구성원이 올해 자기가 해야 할 일은 명확하고 구체적으로 설정함으로써 스스로 (목표설정이론에 따라) 목표 달성을 위해 동기부여가 되고, 나아가 연말에 개개인의 구체적인 목표 달성도에 따라 성과를 평가하여 차등적 보상(연봉 인상의 차이)을 시행함으로써, 차기(次期)의 목표 달성을 위한 더욱 열성적인 노력을 이끌어 내기 위함이다. 성과에 대한 기여도를 측정할 수 없고, 목표에 대한 책임 소재가 불분명하다는 것은 이러한 성과관리의 효과를 전혀 발휘할 수 없다는 것이다.

(매출 목표 달성의 책임소재)

매출 목표의 달성에 관한 영업1, 2팀장과 영업기획팀장의 책임소재를 명확히 하기 위해, 세 팀 조직의 발생 배경을 살펴볼 필요가 있다(이것은 실제 기업 내 다양한 여러 상황을 떠나서 조직이론상 충분히 설명이 가능하다).

다음 그림과 같이, 제일 처음 이 회사의 매출이 적을 때 또는 한 가지 제품만 생산, 판매할 시절에는 1개의 영업팀이 존재했을 것이다(물론 그 이전에는 영업담당자 1명이 있을 수도 있다). 회사가 성장하면서 영업 인력이 늘어나 또 하나의 팀이 만들어져, 영업1팀, 영업2팀으로 분리(조직의 수평적 분화)되고 그 두 팀을 책임질 임원 조직을 편성(조직의 수직적 분화)하였을 것이다. 일정 기간이 흐른 다음, 영업담당 임원이 보기에 두 팀에 공통으로 발생하는 업무(매출실적 집계 등) 또는 두 팀에서 공통으로 추진해야 할 과제(광고나 임원의 지시 등)를 한데 묶어 별도의 한 팀에서 수행하는 것이 더 효율적이라는 판단에서 영업기획팀을 신설(조직의 전문화, 수평적 분화)하기로 하였을 것이다.

이 시점에서 세 팀의 업무분장을 정리해 보면 다음과 같을 것이다(이런 업무 분장 외에는 생각할 수 없지만 많은 기업에서 이 구분이 명확하지 않는 경우가 많다).

영업1팀 : 수도권 지역 판매 또는 A 제품 판매

영업2팀 : 수도권 외 지역 판매 또는 B 제품 판매

영업기획팀 : 영업팀 공통 업무(직원근태 관리, 실적집계, 판촉물 제작/지급 등), 영업 전략 수립, 광고/캠페인 업무, 영업활동 지원(행사시 인력지원 등)

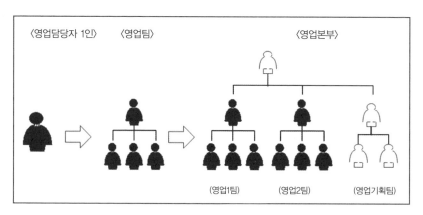

〈그림 3-6〉 조직의 수평·수직적 분화

앞의 업무분장에 따라 영업1, 2팀은 독자적인 영업활동과 영업기획팀에서 주관하는 영업활동(캠페인 등)을 전개함으로써 직접 매출을 발생시킬 책임이 있다. 하지만 영업기획팀장은 매출에 대한 직접적 책임은 없으며, 오직 영업1, 2팀장들이 영업활동에 전념하여 영업활동을 수행할수 있도록 지원하고, 또 더 나은 영업 전략을 강구하거나 이들을 지원하는 광고 및 캠페인 계획을 수립하는 간접 영업 업무를 수행할 책임이 있는 것이다. 이런 이유에서 매출 목표 달성이라는 과제의 책임은 영업팀장에게만 있고, 기획팀장의 책임은 아닌 것으로 보는 것이 타당하다.

다시 한 번 정리하면, 기획팀장의 과제와 책임은 '매출 목표 달성을 위한 ○○○' 또는 '영업팀의 매출활성화를 지원하기 위한 ○○○'라는 형태로 과제가 설정되어야 하는 것이다. 기획팀장의 과제와 책임에 대해서는 다음에 더 상세히 기술되어 있다.

(고객 캠페인 실시의 책임 소재)

고객캠페인 실시라는 과제에 대해서도 앞에서 전개한 마찬가지 논리로 설명할 수 있다. 고객캠페인을 위한 방법, 비용, 세부 추진 계획, 영업팀별 추진 계획을 수립하는 것은 영업기획팀의 본연의 책임임에 틀림이 없다(그런 일 하라고 기획팀을 만들었으므로). 다음으로 남는 것은 실행 책임이다. 앞서 설명한 인사평가에서 평가 실행에 관한 인사팀장의 책임과 꼭 마찬가지로 기획팀장은 캠페인을 실행할 일선 영업팀장과 팀원들을 대상으로 캠페인 방법, 목적, 캠페인으로 인한 매출향상 효과 등에 관해 끊임없이 설득하고, 때때로 협박을 가하면서 이들이 캠페인의 목적과 취지를 충분히 이해하여 적극 캠페인활동을 전개해 나가도록 만드는 것까지가 본인의 책임이 되는 것이다. 그리고 책임을 진만큼 당연히 캠페인 실시에 따른 성과(여기서는 실시 횟수)를 기획팀장이 전적으로 독식하는 것이다.

전사 공통과제가 설정되는 경우

마지막으로 전 부서 공통 과제는 없을까? 지금까지 문제점이라고 지적해온 사항에 대해, 그러한 공동책임, 공동목표가 언제나 문제가 될 것인가? 상황에 따라 공동책임이 문제가 아닐 수도 있으며, 앞의 〈표 3-6〉이나 〈표 3-8〉이 잘못이 아닌 경우도 있을 것 같다. 하지만 이런 경우는 통상적인 경우는 아니고 비상한 상황에서만 가능해 보인다.

예를 들면 다음과 같다.

회사 전체의 입장에서 또는 회사 CEO의 입장에서 영업목표 달성을 위해 다른 모든 업무를 전폐하고라도 고객캠페인을 전개하는 것만이 최고 중요한 과제가 되는 경우라면, 상황은 좀 달라진다. CEO가 또는 영업담당 임원이 직접 영업팀의 고객캠페인을 챙겨서 추진할 만큼 중대한 사안이라면, 팀별 업무책임은 또 한 번 달라질 수 있다. 즉, 영업기획팀의 책임은 캠페인 계획을 아주 멋지게 수립하는 것 그리고 영업1, 2팀의 책임은 그것을 최대한 실행하는 것으로 성과 책임을 분배할 수 있다. 그래서 영업담당 임원이 "이번에 캠페인 제대로 못하는 팀은 두고 보겠다."는 단호한 결심으로 캠페인을 추진한다면, 캠페인에 대한 업무책임은 영업 1, 2팀, 영업기획팀 모두가 질 수 있을 것이다. 마찬가지로 직원들이 인사평가가 불공정하다는 이유로 회사의 인재가 눈에 보이게 이탈하고, 심지어 노사분규가 일어나는 상황이라면, CEO의 전략과제로서 인사평가 공정성 확보가 초미의 핵심과제가 될 것이며, 설문조사를 통해 부서별로 인사공정성이 낮은 또는 높은 팀에 대해 팀장의 책임을 묻겠다는 확고한 경영방침을 세울 수도 있을 것이다. 바로 이런 상황에서 인사팀장은 제도 개선 및 평가자 교육이 목표가 될 것이고, 라인 관리자 또한 이러한 방침을 수용하여, 해당 팀원들의 인사공정감을 향상시키는 것을 중점과제로 설정할 수 있을 것이다.

하지만 이상 설명한 두 가지의 상황은 어디까지나 비상적인 상황이고, 통상적인 조직의 운영은 부서별, 개인별로 할당된 업무책임(R&R)을 충실히 이행하는 것으로 이루어져야 한다.

(3) '나의 열성적인 노력'과 무관한 과제를 선정하는 문제

중점과제 선정의 세 번째 문제로서, 과제도 명확하고 나의 업무책임임에는 틀림이 없으며 또한 회사의 경영에 임팩트가 큰 중요한 과제이긴 하나, 그 과제의 수행이 '나의 열성적인 노력'과 무관한 과제를 선정하는 일이다.

예를 들어 마케팅팀장의 목표로서 '대고객 광고 강화'라는 중점과제를 설정한 경우를 보자. 광고 업무는 당연히 마케팅팀장의 업무이며 또 광고를 강화한다는 것은 중요한 경영과제이기도 하고 또한 '광고를 한다.'는 행위도 명확하다. 하지만 만약 그러한 광고 강화를 위한 수단, 예를 들어 광고회사에 광고를 전적으로 맡기는 것과 같이 순전히 광고 예산의 문제만 해결되면 실행 가능한 과제라고 한다면, 이것은 마케팅팀장의 과제가 될 수 없다. 혹은 과제는 될지언정 팀장이 대단한 노력을 기울여 추진할 중점과제는 아니다. 예산 투입의 문제는 어디까지나 CEO나 사업부장이 내리는 경영 의사결정의 문제이고, 예산을 투입하는 즉시 그 성과가 달성될 것이기 때문이다.

이런 유형의 과제는 목표설정의 현장 곳곳에서 발견된다. 생산라인의 생산성을 올리기 위해 생산설비를 교체하는 일, 매출 증대를 위해 새로운 유통점을 개점하는 일 등이 그것이다. 이러한 과제가 담당자의 별다른 노력 없이 단순히 예산만 투입하면 추진 가능한 경우라면 중점과제로서 설정될 수 없다. 그러한 것을 목표로 적어온 직원을 보는 상사의 표현을 빌리면 그 과제는 '그냥 하면 되는' 일이며, 예산 승인만 나면 되는 일인 것이다. 다시 말하면 도전적인 목표가 아닌 것이다. 여기에 대해서는 KPI 설정에서 다시 한 번 상세히 설명할 것이다.

4. 중점과제의 표현

앞 장에서 기술한 바와 같이 목표는 지금보다 더 나은 상태를 말한다. 또한 중점과제는 더 나은 상태를 만들기 위한 행동과제이다. 그러므로 중점과제는 어떠한 대상이 좋아지도록 변화시키는 행동으로 표현하여야 한다. 즉, '…의 강화', '…의 개선' 또는 이에 준하는 의미를 가진 단어로 표현하는 것이다. 철저, 축소, 향상, 확대, 단축 등이 그런 표현에 속한다. 또한 어떤 것을 향상시키기 위해서 기존에 없던 새로운 일을 추진하는 경우에는 (연봉제) 도입, (전산시스템의) 구축, (새로운 장비의) 설치, (새로운 제품의) 개발 등의 표현을 사용하는 것이 바람직하다.

제5장
목표설정의 제3단계
- KPI의 설정

1. KPI의 요건

(1) 정량화(定量化)

목표설정을 위해 올해의 중점과제가 내 업무책임의 범위 내에서 구체적이고 명확히 설정되었다면, 이제는 그 중점과제의 결과로서 나타날 KPI를 설정하는 일이다. KPI는 앞서 설명한 대로, 중점과제의 실행결과로서 무엇이 얼마나 좋아지는가를 나타내며, '무엇'에 해당하는 성과항목과 '얼마나'에 해당하는 목표 수준으로 구성된다. 명확한 목표만이 업무 담당자의 동기를 부여하는 조건이며 또한 성과평가의 객관성과 정확성을 위해 KPI는 정량화되는 것이 바람직하다.

지금부터 설명하겠지만, 목표설정 단계에서 목표를 '정량적으로 표현'하는 것은 그렇게 어렵지 않다. 엄밀히 말해서 정량적, 정성적이라고 하는 것은 매출액이나 불량률 또는 만족도, 기한과 같은 정량적 수치이냐, 아니냐의 문제가 아니라, 그것이 객관적으로 측정 가능한가에 달려 있는 것이다. 예를 들어 불량률이라 하더라도 그것을 엄밀히 측정할 수 있으면 또는 실제 측정을 한다면 그것은 정량적 목표가 될 것이지만, 그것을 측정하지 않는다면 또는 임의로 상사의 판단으로 불량률을 평가한다면 그것은 정성적인 목표가 되는 것이다.

성과를 객관적으로 측정하는 일은 업무의 성격에 따라 많은 비용을 수반하기 때문에 성과관리의 도입 단계에서, 성과의 객관적인 측정을 전제로 한 KPI를 설정하는 것은 약간은 무리한 방법일 수 있다. 따라서 측정비용과 직원들의 능력을 감안한 측정 가능성 그리고 성과의 실질적 향상을 감안하여 적절한 선에서 타협점을 찾아 정량화 또는 일부 정성적인 성격의 KPI를 도출하는 것이 현실적이다.

비록 객관적인 측정을 수반하지 않더라도 KPI의 정량적 표현은 그 자체로서 대단한 의미가 있다. 객관적 측정 여부와 관계없이 정량적으로 표현된 KPI는 중점과제가 지향하는 성과, 즉 외부적인 공헌의 성격(성과항목)과 공헌의 수준(목표 수준)을 나타내기 때문에 목표의 효과, 즉 일의 의미부여와 동기부여 효과는 여전히 기대할 수 있다. 또한 일단 정량적으로 표현된 KPI는 사후적으로 성과의 평가와 관련하여 담당자 개인과 상사 또는 회사(CEO) 간의 미묘한 긴장을 조성시킨다. 앞 장에서 설명한 성과관리의 기대 효과 중, 회사의 경영관리 수준을 단기간에 향상시키는 효과는 바로 정량적으로 표현된 KPI로 인해 발생한다. 왜냐하면 담당자는 성과를 인정받기 위해 성과의 객관적인 측정방법을 고민할 것이며, 상사나 회사도 마찬가지로 담당자의 KPI를 인정 또는 인정하지 않기 위해, 나아가 설정된 성과 지표를 실질적으로 향상시키기 위해 객관적인 측정기준을 만들려고 노력할 것이기 때문이다.

(2) 외부적인 공헌

KPI는 정량적으로 표현되어야 할 뿐 아니라, 전장에서 기술한 바와 같이 내 업무, 즉 수행자 자신이 아닌 수행자의 고객, 회사, 조직이라는 외부에의 공헌이라는 형태로 나타나야 하는 것이다. 〈표 3-7〉에서 보는 바와 같이 영업사원의 매출액 증대를 위한 활동은 회사 매출액의 증대라는 성과로 나타나고 인사팀장의 인사 평가제도 개선 활동의 결과는 나의 공정감이 아니라 직원들이 느끼는 공정감에 기여한다. 하지만 외부적인 공헌이라는 의미가 쉽게 와 닿는 것이 아니며 또한 실제 내 업무의 결과로서 외부적인 공헌을 찾는 것은 결코 쉬운 일이 아니다.

외부적인 공헌에 대해 좀 더 살펴보자.

외부적인 공헌은 한 마디로 어떤 일을 수행하는 근본 목적이다. 즉, 중점과제를 추진하려는 목적이며 더 나아가 '뜻 깊은 일'로서의 '의미'이다. 외부적인 공헌, 일의 목적, 일의 의미를 이해하기 위해 다음의 사례를 보자.

〈표 3-9〉 팀장의 목표설정 사례

담당자	중점과제	KPI			비고
		성과항목	목표 수준	현 수준	
조리팀장	조리원 복장 청결	복장점검 횟수	주 2회	주 3회	
생산팀장	설비예방점검 강화	점검 횟수	월 2회	주 1회	

조리팀장의 성과항목인 복장점검 횟수가 직원들 복장청결의 목적인가? 생산팀장의 설비점검 횟수가 설비예방점검의 목적인가? 이렇게 질문하고 나면 이제 여러분은 외부적인 공헌의 의미를 이해할 것이며, 앞의 두

팀장의 KPI(성과항목)가 외부적인 공헌이 아니라는 것도 알 수 있을 것이다.

그러므로 중점과제의 외부적인 공헌을 찾기 위해서는 중점과제의 목적이나 이유, 즉 왜 이 과제를 수행하는가? 하는 원천적인 질문으로 돌아가야 한다. 조리팀장의 복장점검은 점검 자체에 목적이 있는 것이 아니라, 고객에게 청결감을 주거나 또는 식당 자체의 위생 상태를 개선하는데 있을 것이다. 또한 생산팀장이 설비예방점검을 하는 목적은 설비의 고장을 미연에 방지하여 설비 고장으로 인한 작업 손실을 줄이는 것이다. 그러므로 조리원 복장점검의 KPI는 고객의 청결감이나 위생상태, 설비예방점검의 KPI는 설비의 고장 감소 또는 작업손실 시간으로 나타내야 할 것이다.

〈표 3-10〉 정리된 목표

담당자	중점과제	KPI			비고
		성과항목	목표 수준	현 수준	
조리팀장	직원들 복장 청결	고객의 청결감	80점	없음	
생산팀장	설비예방점검 강화	연간 고장 시간	30시간	50시간	

내 노력으로 인해 고객들의 청결감이 올라가고 그래서 매출이 올라간다면, 내 노력으로 기계의 고장 시간이 줄어 그만큼 회사의 제조원가상의 손실을 줄일 수 있다면, 그것은 '의미'가 있는 일이 아니겠는가? 일의 근본 목적, 일의 의미가 바로 외부적인 공헌이며 KPI이다.

2. KPI 도출을 위한 QCD 접근

(1) 용어의 정리

독자의 혼선을 피하고 여기서 기술하는 의미의 명확한 전달을 위해 정리하고 넘어가야 할 용어가 있다. KPI의 '도출'과 KPI의 '설정'이 그것이며, 이는 앞서 중점과제를 설명할 때, 중점과제의 '선정'과 '설정'의 용어를 구분 지은 것과 비슷하다. '도출'이라는 용어와 '설정'이라는 용어가 중복되게 쓰이는 이유는 KPI가 성과항목과 목표 수준으로 구성되어 있기 때문이다. 성과항목은 앞서 설명한 대로 외부적인 공헌을 정량적으로 표현하여야 하기 때문에 그것을 표현할 단어를 찾아내야 한다. 성과항목을 표현할 단어를 '찾아낸다'는 의미에서 '도출'이라는 용어가 사용된다. 그래서 KPI를 '도출'한다는 것은 '성과항목'을 찾아내는 데 중점을 두는 표현이다. 앞의 제목을 KPI의 도출 요령으로 표현한 것은 바로 성과항목을 찾는 요령이라는 의미이다.

다음으로 목표 수준을 정한다는 의미에서는 '설정'이라는 단어가 정확한 표현이다. 그래서 KPI를 '설정'한다는 것은 '목표 수준'을 정하는 데 중점을 둔 표현으로 이해하면 된다.

(2) 품질(Quality), 원가(Cost), 납기(Delivery)의 관점

KPI(목표 수준)를 달성하는 사람, KPI를 초과 달성하거나 남보다 높은 KPI를 달성하는 사람은 성과가 높은 사람이다. 성과가 높은 사람은 제1부에서 정의한 '일을 잘하는 사람'이다. 또한 일 잘하는 사람을 QCD 측면에서 다음과 같이 정의한 바 있다. 즉, 특정한 과제를 ① 최소한의 기간 내에 ② 최소한의 비용으로 ③ 최대한의 품질로 산출해 내는 사람이다. 그러므로 KPI는 QCD의 측면에서 정량적으로 설정될 수 있다.

또한 QCD는 〈표 3-11〉에서 보는 바와 같이 단순한 일의 결과가 아니라 그 자체로서 외부적인 공헌을 나타내고 있다. 일의 결과로서 공정품질이 올라가고 직원만족도가 개선되며, 원가가 절감되거나 매출액이 향상된다면, 그것은 회사(외부)에 공헌하는 것이다.

〈표 3-11〉 QCDQ 측면의 KPI

담당자	품질(Quality)	원가(Cost)	납기(Delivery)	양(Quantity)
영업팀장	악성채권율	영업비용		매출액
생산팀장	공정 품질/생산효율	제조원가	납기 준수율	생산량
개발팀장	개발품질	개발원가	개발 시한	모델개발 수
인사팀장	직원만족도		제도 개선 시한	채용인원/교육량

여기서 한 가지 추가해야 하는 항목이 양(量, Quantity)의 개념이다. 1부에서는 양을 고정된 값으로 가정한 상태에서 QCD만으로 성과를 측정하여 일 잘하는 사람, 못하는 사람을 설명하였지만, 성과관리는 일정한 기간을 전제로 하기 때문에 그 기간 동안에 누적되는 성과의 양을 추가하여야 한다. 예를 들어 영업사원의 성과는 동일한 금액의 매출을 달성했을 때 누가 더 짧은 기간에, 더 적은 돈을 쓰면서, 매출 품질, 예를 들어 부도가 날 가능성이 높은 매출을 달성했는가로 성과를 평가하거나 아니면 일정기간 동안 얼마나 많은 매출을 달성하였는가로 평가할 수 있다. 성과관리에서는 오히려 후자의 평가가 더 일반적이고 효과적인 방법일 수 있다. KPI는 품질, 비용, 납기뿐 아니라 성과의 양적 측면에서 기술되어야 한다. 회사 내 직원들의 업무 성격의 다양성을 감안하면 KPI

또한 그 수만큼 다양하게 표현되며, QCD 그리고 Q(Quantity, 양)는 〈표 3-11〉에서 보는 바와 같이 다양하게 응용되어 표현될 수 있다. 또한 업무성격에 따라 이 네 측면에서 모두 KPI가 설정할 수 있는 경우가 있고, 한 두 개의 측면만 해당되는 경우도 있다.

QCDQ의 측면에서 팀별로 가능한 KPI(성과항목)를 설정해 〈표 3-11〉은 본 것이다.

모든 KPI는 〈표 3-11〉과 같이 QCDQ의 4가지 범주에서 설정된다. 따라서 하나의 중점과제의 KPI를 도출할 때에는 제일 먼저 그 일의 성과를 이 네 가지 측면에서 살펴보고 그 중에서 해당 과제가 지향하는 가장 핵심적인 성과 또는 애초에 그 중점과제를 설정하게 된 취지에 맞는 어느 하나를 선택하면 된다. 예를 들어 생산팀장의 중점과제가 '설비점검 강화'라고 한다면 강화된 설비점검으로 발생되는 여러 성과들, 즉 품질의 관점에서 불량률의 개선이나 공정효율의 향상 그리고 이로 인해 발생하는 제조비용의 하락(원가 측면) 그리고 납기의 관점에서 효율상승으로 인한 납기의 단축, 마찬가지로 생산 효율의 상승으로 인한 양적 관점에서의 생산량의 증대 중에서, 애초에 설비점검의 강화의 목적이었던 생산효율로 KPI를 정하면 되는 것이다. 〈표 3-12〉는 중점과제의 성격에 따라 QCDQ를 응용하여 적용할 수 있는 사례를 정리한 것이다.

〈표 3-12〉 QCDQ를 응용한 KPI 사례

구분	KPI(성과항목)	업무 성격
Delivery	완료 시한	새로운 일을 기획하거나 제품개발, 설비의 설치 등 연간 1번 또는 아주 낮은 빈도로 발생하는 경우
	납기 준수율	생산과 같이 매월 비슷한 일이 다수의 빈도로 발생하는 업무이면서 납기를 준수하는 것이 이슈가 되고 있는 경우
	단축기간(시간)	동일한 업무가 연간 수회 이상 반복적으로 발생하는 업무이면서 납기 준수는 항상 100%로 달성하고 있는 경우

구분	KPI(성과항목)	업무 성격
Cost	절감금액	통상적인 경영상황에서 목표를 정해 총 비용 자체를 절감할 수 있는 경우 (전력비, 소모품비, 기계수리비 등)
	(구매품의) 단가	원재료 구입비용과 같이 매출에 따라 총 지출 금액이 변동하는 경우에는 1개당 평균 단가가 적합
	단가 인상률	매년 구입단가가 올라가는 경우는 상승률 억제가 목표가 됨
Quality	불량률	생산라인에서 발생하는 불량, 판매 후 불량, 입고 검수 불량 등
	품질비용	품질 불량으로 인한 부품교체·투입 인건비 등의 수리비용
	불량 건수, 클레임 건수	불량률(불량 건수/총 수량)을 정확히 산정하기 어려운 경우, 월 또는 주간 등 단위기간의 발생 건수가 적합
	고객만족도 등	정량적인 측정이 불가능한 경우 설문 등을 통해 측정
Quantity	금액	단위기간 동안 성과가 금액으로 누적되는 경우(판매액, 손실액 등)
	건수	단위기간 동안 성과가 건수로 누적되는 경우(제안 건수, 특허 건수 등)
	기타	생산량, 채용인원

(3) KPI의 정량적인 표현 요령

KPI의 정량적인 표현의 관점에서, 일반적으로 판매액이나 불량률, 원가 등과 같이 정확한 집계나 측정이 가능한 성과항목의 경우에는 수치 자체를 목표 수준으로 설정할 수 있다(하지만 이조차도 집계가 안 되는 중소기업도 많다). 그리고 납기에 관련된 KPI는 대체로 완료시한, 시행시기, 제출일자 등으로 성과항목을 표시할 수 있으며, 목표 수준은 월 일 등과 같이 목표일자가 된다. 만약 성과의 측정을 정확히 할 수 없는 경우 또는 성과측정의 비용이 회사의 상황에서 지나치게 많이 소요될 경우, 예를 들어 중소기업에서 고객만족도 조사와 같이 비용이 과다하게 소요될 경우라면 '등급'이라는 약간의 정성적인 성격이 가미된 정량적인 표현으로 대치할 수 있다. 예를 들어 인사팀장의 직원만족도 제고라는 성과항목의 경우, 전문적이고 엄밀한 만족도 조사를 통해 만족도를 측정하기가 어려운 상황이라면, 약간은 막연하지만 정량적인 표현이 되는 만족도 등급, 예를 들어 A등급(아주 만족스런 수준)에서부터 D등급 (아주 불만스런 수준) 사이에서 적절한 등급을 KPI로 잡으면 될 것이다. 물론 이 경우 등급의 판단은 상사가 하거나, 아니면 약간 진전된 방법으로 사내 인트라넷을 통한 간단한 만족도 조사의 결과를 활용하면 될 것이다. 성과관리의 초기, 즉 관리의 지표가 형성되어 있지 않은 경우에는 이런 방법으로 정량적인 KPI의 설정이 가능하다. 다시 한 번 강조하지만, 이러한 정량적인 표현을 통하여 그 측정 여부와 관계없이 '나의 성과'를 '직원들의 만족도'라고 하는 외부(고객)적인 공헌으로 인식한다는 것 자체가 성과관리의 대단한 진전이다.

그래서 KPI의 정량적인 표현은 대단히 중요하지만 별로 어렵지 않고, 약간의 교육이나 관점의 변경으로 가능하다.

성과를 측정하기 어려운 과제의 문제

성과관리를 위해서는 목표는 정량화 되어야 하고 또한 성과는 정량적으로 측정되어야 한다. 바꾸어 말하면 KPI는 측정 가능한 정량적인 수치로 설정되어야 한다는 것이다. 하지만 성과를 측정하는 일은 업무에 따라 차이가 있지만 결코 만만한 일이 아니며, 때로는 불가능해 보이는 경우도 많다.

가장 흔한 사례로서 영업부서의 목표 중의 하나인 판매목표는 측정하기가 대단히 쉽고 그래서 측정 가능한 KPI로서 '판매금액'은 누구나 쉽게 떠 올릴 수 있다. 또 생산부서의 목표로서 불량률도 비슷한 경우라고 할 수 있다. 일정 규모가 되는 제조회사에서 불량률을 집계하지 않은 회사가 없기 때문에 불량률은 생산부서의 훌륭한 KPI가 된다. 하지만 인사나 총무, 기획부서 등 간접 지원부서의 업무 성과는 측정하기가 쉽지 않다. 성과관리를 성공해야 하는 기획담당자의 성과를 무엇으로 측정할 수 있을까? 또는 연봉제를 도입하여 성공적으로 정착시켜야 하는 인사담당자나 교육훈련을 강화하여 직원의 능력을 향상시켜야 하는 교육담당자의 성과를 어떻게 측정해야 할까? 성과의 측정이 어렵다는 것은 결국 비용의 문제로 귀결된다.

직원 교육훈련을 강화하여 직원의 능력을 향상시키려는 교육담당자의 KPI는 '직원 능력의 향상도'가 될 수 있을 것이다. 이 경우 실제 직원들의 능력을 측정하는 것은 대단히 어렵다. 하지만 측정이 어렵다는 것이지 불가능 한 것은 아니다. 예를 들어 전 직원들을 외부 전문기관에 의뢰하여 평가를 하게 하던지, 직원의 능력 향상도를 평가할 수 있는 툴을 만드는 일이 전혀 불가능한 것은 아니다. 비슷하지만 또 다른 예로서 구매담당자의 '원재료 적기 공급'이라는 목표를 보자. 하나의 원재료가 생산에 필요한 시기에 제때 공급되는지 여부를 측정하는 일은 별로 어렵지 않다. 하지만 그것이 한 두 번 이 아닌 수많은 부품에 대해 연간 수십 회, 수백 회가 공급된다면 모든 원재료의 정확한 납기를 측정하는 일은 결코 쉽지 않다. 이것을 정확히 측정하려면 납기관리를 위한 전산시스템을 개발하면 될 것이지만, 이 또한 비용이 수반된다.

이와 같이 측정이라고 하는 것은 항상 비용의 문제로 귀결된다. 그러므로 성과관리의 초기에는 측정을 위해 일정한 비용, 즉 직원들의 시간이나 노력 또는 외부 지급비용이 발생할 수 있다. 앞에 든 사례처럼 성과의 정확한 측정도 중요하긴 하지만, 그 측정을 위해 어느 정도까지 비용을 감수할 것인가? 그 대답은 간단하다. 회사가 측정을 위해 지급해야 하는 비용은 어디까지나 성과를 측정함으로써 발생하는 편익을 초과할 수는 없다.

교육담당자가 직원들의 능력향상을 위해 열성적으로 교육훈련에 노력을 기울였다면 직원들의 능력은 향상되었을 것으로 추정할 수 있다. 이 상황에서 상당한 비용을 들여 직원들의 능력을 측정하게 되면, 과연 그 측정으로 인해 교육담당자가 더 많은 노력을 기울일 것이며, 또한 노력을 더 기울인다면 그 효과가 그 측정비용을 상쇄할 수 있을 것인가?

구매담당자의 성과를 정확히 측정하기 위해 전산시스템을 도입해서라도 수많은 종류의 아이템에 대해 전부 납기를 측정할 것인가? 만약 성과 측정의 정확도는 낮아질지 모르지만 생산에 가장 큰 영향을 미치는 중요 아이템 10~20종에 대해서만 납기를 측정(이를 위해 약간의 추가적인 관리업무가 필요하다)하는 것은 어떤가?

그러므로 목표는 가급적 측정 가능하도록 수립하는 것이긴 하지만, 측정의 정확도, 측정에 수반되는 비용 그리고 성과의 향상을 감안하여, 적당한 타협을 이룬 수준에서 이루어지는 것이 현실적이며, 오히려 바람직하다. 뒷장 '목표설정의 실제'에서 소개되는 KPI는 많은 부분 이러한 측정비용과 그로 인한 편익을 고려하여 설정된 것이다.

3. 외부적 공헌의 문제와 해결요령

(1) 하나의 중점과제의 추진이 여러 개의 외부적인 공헌을 야기한다

QCDQ의 관점에서 도출되는 KPI는 대체로 외부 공헌적인 성격을 가지고 있다. 하지만 외부적인 공헌과 관련하여 목표설정의 현장에서 자주 맞닥뜨리는 문제가 하나 있다. 그것은 하나의 (중점)과제 수행으로 여러 개의 외부적 공헌이 나타나며, 이 중에서 어떤 것을 선택할 것인가의 문제이다. 하나의 과제 수행이 여러 개의 외부적 공헌을 야기하는 사례를 보자.

중점과제의 수행과 외부적 공헌이라는 성과는 원인과 결과라는 측면에서 둘 사이에는 일정한 시간 차이가 존재한다. 즉, 영업팀장이 매출액 증대활동을 하자마자 그것이 매출로 즉시 이어지는 것이 아니며, 인사평가제도의 개선이라는 업무수행 결과 즉시 직원들의 공정감이 높아지는 것이 아니다. 그 이유는 중점과제의 수행결과가 수행자의 손을 떠나 외부에 공헌하여 특정 성과로 나타나기까지 일정한 시간이 걸리기 때문이다. 이러한 외부적인 공헌은 시간의 흐름에 따라 또 다른 외부적인 공헌을 야기한다. 예를 들어 인사팀장의 인사평가제도 개선의 결과로서 나타나는 직원들의 공정감의 향상과 좀 더 시간이 흘러 2차적으로 나타날 것으로 기대하는 직원들의 '열성적인 노력' 그리고 그 결과로 나타날 '회사 매출의 증대' 라는 여러 개의 성과(외부적인 공헌)가 있는 것이다. 이렇게 여러 개의 성과 중에서 어떤 것을 성과항목으로 잡을 것인가가 KPI 설정의 중요한 과제가 된다.

〈표 3-13〉 과제의 수행과 성과의 발생

과제 수행	직접적 결과	최종 성과	궁극적 성과
영업사원이 고객 접촉을 강화한다.	접촉 10회 완료	계약/매출 증대	회사의 경쟁력 확대, 경영실적 호조
생산팀장이 공정효율을 개선한다.	개선작업 완료	공정효율 증대	
교육훈련담당자가 직원 교육을 진행한다.	교육 완료	직원 능력향상	
연구 개발자가 특정제품을 개발한다.	제품개발 완료	신제품 매출 증대	
구매담당자가 싼 가격에 부품을 산다.	구매 완료	손익 개선	

앞의 표에서 보는 바와 같이, 회사 구성원의 모든 업무는 그 업무의 직접적인 결과와 그 결과가 시차를 두고(1년 이내 또는 그 이상) 일정한 경영상의 성과(매출, 손익 등) 또는 경영성과에 기여하는 중간 성과(직원 능력향상 등)로 나타난다. 나아가 구성원 모두의 업무는 궁극적으로 회사의 경쟁력이나 경영실적에 기여한다고 보면, 직원들의 업무수행의 모든 성과는 회사의 경쟁력이나 경영실적으로 나타나며, 따라서 KPI 용어의 자체적 의미로만 본다면 모든 직원들의 KPI는 회사의 경영실적이나 경쟁력 지표로 나타낼 수 있다는 결론에 다다르게 된다.

회사 직원들의 업무수행과 궁극적인 성과는 다음 도표에서도 명확하게 나타나 있다.

(다음 그림은 BSC 컨설턴트들이 널리 활용하는 그림으로 이들의 용어로 전략 맵(Strategy Map)이라고 부른다.)

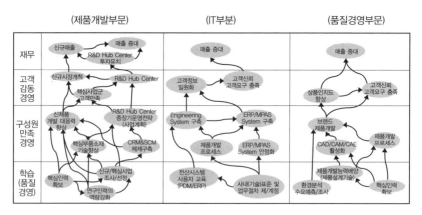

〈그림 3-7〉 BSC 관점의 전략 맵

〈그림 3-7〉에서 보다시피 그림의 제일 상단에는 재무적 경영실적이나 경영지표가 있고, 하단으로 갈수록 경영의 재무적 성과에 기여하는 직접

적인 연관성은 낮아지고 일의 직접적인 결과에 가까운 성과들이 표현되어 있다. 결국 회사의 모든 직원들의 과제 수행결과들이 모여 상위 단계의 성과를 창출하는 것이다.

(2) 시차가 너무 큰 외부적인 공헌의 문제

같은 맥락에서 KPI가 단순히 핵심성과 지표로서의 의미를 가진다면, 그리고 그 성과가 직원들의 과제 수행의 궁극적인 성과를 표현한다면 다음과 같은 목표도 설정될 수 있을 것이다.

〈표 3-14〉 시차가 큰 과제와 성과

담당자	중점과제	KPI			비고
		성과항목	목표 수준	현 수준	
영업팀장	매출액 증대	매출액	100억 원	80억 원	
생산팀장	공정효율 개선	매출액	100억 원	80억 원	
인사팀장	인사평가제도 개선	매출액	100억 원	80억 원	

앞의 표를 보면 좀 이상하고 뭔가 잘못되어 보이긴 하지만, 목표의 명확성, 정량화의 측면이나 KPI 본연의 의미로만 따져 보면 그 잘못된 부분을 설명하기가 쉽지 않다. 앞의 목표설정에서 뭔가 잘못됐다고 생각되는 이유는, 중점과제와 KPI간에 상식적인 연관성을 느낄 수 없다는 것이다. 그 이유는 일의 결과와 그 일의 결과가 영향을 미치는 최종 성과 또는 궁극적인 성과와의 거리나 시차가 너무 멀리 떨어져 있기 때문이다.

중점과제(원인)와 KPI(결과)의 관계를 좀 더 상세히 살펴보자.

영업팀장의 과제 수행과 KPI의 관계, 인사팀장의 과제 수행과 KPI의 관계는 어떤 차이가 있는가?

영업팀장의 매출액 증대를 위한 과제 수행은 매출액으로 직접 연결된다(혹은 직접 연결되는 것으로 이해된다). 그리고 생산팀장의 공정효율 개선은 효율 개선으로 인해 제조원가가 하락하고, 그로 인해 제품의 가격 인하로 매출이 증대된다고 본다면, 생산팀장의 과제와 매출액이라는 KPI는 한 단계쯤 떨어져 있다. 마지막으로 인사팀장의 인사평가제도 개선과 매출 증대와의 관계는 좀 복잡하다.

인사평가제도 개선(결과) → 직원들 공정감 개선 → 직원들의 동기부여 강화
→ 직원의 열성적인 업무수행 → 매출 증대

〈그림 3-8〉 인사평가제도의 개선과 매출 증대의 인과관계

이와 같이 인사팀장의 중점과제와 매출 증대의 사이에는 여러 단계의 중간 성과가 존재함으로써, 이러한 과제와 성과의 직접적인 연관성이 떨어지는 것이다.

그렇다면 과제 수행의 결과와 최종 성과의 거리가 멀수록 왜 직접 연관성이 떨어지는 것인가?

그 이유로서 과제 수행의 결과와 성과간의 거리가 멀수록 또는 시간차이가 클수록, 담당자의 특정업무의 수행결과 외에 최종 성과에 미치는 변수가 점점 늘어난다는 것이다. 즉, 내 과제 수행과 거리가 먼 최종 성과는, 내 과제를 포함에서 직원 모두의 과제 수행의 결과, 나아가 고객과 경쟁사를 포함한 경영환경이라는 엄청나게 많은 변수가 작용한 결과이기 때문에 직접 연관성이 떨어지는 것이다.

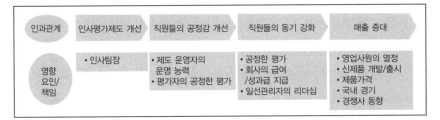

인과관계	인사평가제도 개선	직원들의 공정감 개선	직원들의 동기 강화	매출 증대

영향
요인/
책임
	• 인사팀장	• 제도 운영자의
		  운영 능력
		• 평가자의 공정한 평가
			• 공정한 평가
			• 회사의 급여
			  /성과급 지급
			• 일선관리자의 리더십
				• 영업사원의 열정
				• 신제품 개발/출시
				• 제품가격
				• 국내 경기
				• 경쟁사 동향

〈그림 3-9〉 연관성과 영향요인의 수

"모두의 책임은 누구의 책임도 아니다." 성과에 영향을 미치는 변수가 많고, 수많은 사람이 기여를 한다는 것은 결국, 그렇게 설정된 성과의 달성에 대한 책임이 누구에게도 없다는 것이다. 따라서 목표의 달성을 위해 누구도 책임 있게 추진하지 않으며 또한 누구도 그 성과에 대해 더 많은 기여를 했다고 평가할 수 없으며, 반대로 누구나 그 성과에 기여를 했다고 주장할 수 있다. 그렇기 때문에 이러한 KPI는 그야말로 있으나 마나 한 것이 되며, 성과관리는 실패한다.

원래 성과관리를 시행하는 목적이, 그리고 개인의 목표를 설정하려는 이유가 직원 개개인의 자기 일의 성과에 대한 확실한 목표와 책임 그리고 그 결과를 평가하는 것임을 다시 한 번 상기하자.

결론적으로 KPI는 중점 과제 수행의 결과와 최종적인 전사적인 경영성과의 중간, 어딘가에 존재하게 되는 것이다.

(3) 적당한 KPI(외부적인 공헌) 도출 요령

과제 수행의 결과가 야기하는 여러 개의 중간단계 또는 최종단계의 성과들 중에서 어떤 것이 적절한 KPI인가? 이것 또한 KPI 설정을 어렵게 하는 또 하나의 요인이다.

KPI는 중점과제의 결과와 직접적인 연관성 또는 가시적인 연관성이 있어야 하며 또한 외부에 공헌하여야 한다. 불행히도 이 두 가지의 속성은 서로 상반된다. 과제 수행 행위의 직접 결과, 직접 연관을 강조하면 외부적인 공헌성이 떨어지고, 외부적인 공헌성을 강조하면 과제 수행과의 직접적인 연관성이 모호해진다. 그렇다면 일의 결과와 궁극적인 성과 사이 어디쯤에서 KPI를 잡는 것이 적절할까? 회사 또는 상사의 입장에서 이 질문을 바꾸어 보면, '일의 과정(중간 성과)을 관리할 것인가? 최종 결과(궁극적인 성과)만을 관리할 것인가?'가 된다.

다음 사례를 보자.
- 영업팀장이 새로운 시장을 개척하기 위해 지금까지 자사의 매장이 없는 지역에 5개의 매장을 새로 개점해서 매출 증대에 기여해야 하는 경우 KPI는? 개점 수인가? 매출액인가?
- 생산팀장이 새로운 장비를 도입하여 생산성을 높이려는 경우의 KPI는 장비설치의 완료시기인가? 또는 향상된 효율인가? 아니면 제조원가의 하락인가?
- 인사팀장의 인사평가에 대한 직원들의 공정감 향상을 위해 평가제도를 개선한 경우 개선 완료시기인가? 또는 공정감 향상인가?

사실 앞의 상황에서 어떤 것이 더 올바른 KPI인지를 판단할 수 있는 논리적인 근거를 제시하기는 상당히 어렵다. 다시 말해 일의 결과와 외부적인 공헌 그리고 연관성의 측면에서 각각의 2개의 KPI는 모두 어느 정도 타당성을 가지고 있다. 이들 2개의 KPI 중 전자는 일의 단순한 결과에 가까운 과정이며, 후자는 업무의 근본 목적에 해당된다. 성과를 관리 또는 평가함에 있어 과정이냐, 결과냐 하는 것은 해묵은 논쟁이기도 하며 또한 최고 경영자의 경영철학에 관계될 수도 있다.

결론적으로 말하면 일(중점과제)의 성격이나 상황에 따라 KPI는 달라진다는 것이다.

예를 들어, 영업팀장이 새로운 지역의 매장을 개점하는 것이 예산의 뒷받침을 받아 마음만 먹으면 쉽게 달성할 수 있는 과제라면, 즉 매장을 신규로 개점하는 것이 문제가 아니라 신규로 개점한 매장을 통해 매출을 증대시키는 것이 더 어렵고 도전적인 일이라면 KPI는 (신규 매장에서의) 매출액으로 잡는 것이 맞다. 하지만 반대의 경우, 철저한 입지 분석을 통한 최적의 입지 선정, 입주할 매장의 건물주의 설득 등으로 최적지에 매장을 개점하는 것 자체가 도전적일 경우에는 개점하는 매장의 수 자체가 KPI가 될 수 있다. 이 경우 철저한 분석결과 최적지로 선정되었기 때문에 새로 개점한 매장은 일정한 매출(외부적인 공헌)이 보장될 수 있을 것이다.

마찬가지 논리로 생산팀장의 경우도 새로운 장비를 도입하여 생산을 개시하는 과제가 쉽게 '그냥하면 되는' 과제라면 생산효율을 KPI로 설정하여야 한다. 하지만 대개의 경우, 생산설비의 도입 및 정상가동이라는 것이 결코 쉬운 과제가 아니며, 급박한 생산물량을 감안한다면 설비의 설치완료 및 정상적인 생산의 시점 자체가 대단히 중요한 이슈가 될 수 있다. 그렇다면 KPI는 설치완료 또는 정상가동 시기로 잡는 것이 맞다.

인사팀장의 KPI를 선정하는 논리는 앞에 적은 두 팀장의 KPI의 선정 논리와는 좀 다르다. 평가제도의 개선과 시행 그리고 직원들의 공정감 향상이라는 KPI는 상당한 시차를 두고 발생한다. 올해 개선된 평가제도는 내년도에 시행되며, 공정감이라는 성과는 적어도 시행 후에 측정할 수 있다. 그러므로 정해진 성과관리의 기간(대략 1년) 동안에 성과가 나타나지 않는 경우에는 불가피하게 과제가 완료되는 시기로 KPI를 설정할 수밖에 없다. 인사담당자들이 잘 알겠지만 인사평가제도를 개선하는 것 자체는 이미 상당히 도전적인 과제이기 때문에 그것을 특정시한까지 완료한다는 것은 목표로서 전혀 손색이 없다(여기에 대해서는 다음에 상세히 설명된다).

이와 같이 KPI는 중점과제의 수행결과(완료)와 최종 성과 사이에 존재하며, 올바른 KPI는 그 과제의 성격과 상황에 따라 수행결과가 야기하는 여러 가지 성과들 중에서 적절히 선정할 수밖에 없다.

4. KPI로서 완료시기(납기)에 대한 논란

과제의 '완료시기' 또는 '납기'가 KPI가 되는가에 대해서는 '아니다'라는 주장도 가끔씩 발견된다. 어떤 과제를 단순히 완료한다는 것은 일의 수행결과 자체이지 그 결과의 외부적인 공헌이 아니라는 측면에서 KPI로서 적절하지 않다는 주장은 틀린 말이 아니다.

하지만 다음의 이유로 인해 일의 결과는 KPI가 된다.

과제를 완료한다는 것, 적어도 중점과제로서 '과제를 완료한다'는 것은 담당자 스스로 완료했다고 완료되는 것이 아니다. 위에 적은 인사팀장의 평가제도의 개선이라는 과제가 완료되기 위해서는 인사담당자의 제도(안)에 대한 기안(起案), 인사팀장의 검토와 승인 그리고 사장의 결재, 나아가 전 직원의 의견 수렴을 거쳐야 비로소 완료되는 것이다. 이러한 과정을 거쳐 진행된 인사평가제도는 향후의 성과인 '공정감'을 분명히 개선시킬 것이라는 상사와 사장의 판단 하에 그것을 '완료'로 인정하는 것이다. 즉, '완료'는 단순한 완료가 아니라 추진한 업무 결과의 품질 – 향후 기대하는 성과를 내기에 충분하다고 인정된 품질 – 에 대해 인정된 것을 의미한다. 만약 인사팀장이 보고한 인사평가제도가 사장의 마음에 들지 않는다면 또는 직원들이 인정을 하지 않는다면 완료시기는 끝없이 늦어지는 것이다. 그러므로 최종 승인자가 결재할 만큼 충분히 품질이 좋은, 공정감의 향상에 확실히 기여할 만한 '인사제도 수립'의 완료시기는 KPI가 될 수 있다. 똑같은 논리로 생산팀장의 장비설치 완료시기도 KPI가 될 수 있다. 생산팀장이 장비설치를 완료한다는 것은 설치 완료 후 '정상가동'이라는 일의 결과에 대한 일정한 품질을 전제로 하고 있다. 그러므로 정상가동일자를 앞당기는 일은 중요한 과제이며, 따라서 정비설치 일자의 완료시기는 KPI가 된다. 여기서 중점과제를 '장비설치 완료'라고 하건 '정상가동 개시'라고 하던 그 표현은 중요하지 않다. 마찬가지 논리로 영업팀장의 신규 매장 개점이라는 과제에 대한 개점 수도 훌륭한 KPI가 될 수 있다.

요컨대 KPI는 외부적인 공헌으로 표현하는 것은 틀림없지만, 특정과제를 완료하는 것이 도전적이며, 외부적인 공헌을 발생시킬 것이 확실하다면 또는 그렇게 판단된다면 '완료시기'는 충분히 KPI가 될 수 있다.

완료시기나 납기가 과제 수행의 결과로서 외부적인 공헌이 아님에도 불구하고 KPI가 될 수 있는 이유는 또 하나 있다. 앞서 설명한 바와 같이 과제 수행의 결과와 외부적인 공헌 사이에 일정한 시간이 필요한 바, 만약 성과관리 기간 – 대개 1월 1일부터 12월 31일까지 – 을 경과하여 외부적인 공헌을 확인할 수 있는 일이라면, 올해의 KPI는 과제의 완료일자 자체가 KPI가 될 수밖에 없다. 가장 손쉬운 예로서 앞에서 설명한 '직원들의 공정감 향상을 위한 인사고과제도의 개선'을 과제로 하는 인사담당자의 경우를 들 수 있다. 올해 개선된 고과제도는 내년 초에 시행될 것이고, 따라서 새로운 인사고과 결과의 적용은 내년에 일어나고, 이어서 직원들의 공정감이라고 하는 외부적인 공헌이 나타날 것이므로, 올해의 KPI는 인사고과제도의 개선이 완료되는 시기가 KPI로 될 수밖에 없다.

5. 업무단계에 따른 KPI의 유형

업무의 성격이나 상황에 따라 KPI가 달라질 수 있다는 사실을 약간 다른 각도에서 살펴보자.

회사에서 수행하는 모든 업무는 방법과 절차의 측면에서 라이프사이클을 가진다. 즉, 하나의 업무가 시작되면 시간이 경과함에 따라 수행 방법이나 절차가 개선되어 궁극적으로 최적화될 수도 있으며 또한 완전히 다른 방법으로 대체되어 업무 자체가 사라지기도 한다. 만약 같은 업무를 수행함에 있어 기준이나 방법이 전혀 바뀌지 않는다면 그 조직의 성장과 발전은 기대할 수 없다. 경리 담당자가 아직도 주판으로 결산업무를 수행하는 경우, 생산팀장이 30년의 노후 설비로 생산을 계속하고 있는 경우, 인사담당자가 10년 전의 평가제도를 그대로 시행하고 있는 경우를 상상해 보라.

그래서 회사 내의 모든 업무의 방법과 절차는 도입단계와 본격시행, 안정화의 단계 그리고 성숙화의 단계로 접어 든 후, 기술이나 기법의 발전에 따라 새로운 방법과 절차로 대치되면서 소멸한다.

업무에 관한 중점과제와 KPI는 각각의 업무 단계에 따라 일정한 유형을 가지게 된다. 다시 한 번 생산팀장의 목표를 보자. 생산성의 향상을 주된 미션으로 하는 생산팀장은 올해 새로운 설비를 도입하여 생산성 향상을 도모한다고 하고, 생산팀장이 설비를 도입하고, 설치하고, 정상적인 수준으로 운영되도록 하는 기간이 6개월 이상이라고 하자. 그렇다면 생산팀장의 올해의 중점과제는 '생산설비의 설치 완료 또는 정상가동'이 될 것이며, 이 경우에는 정상가동이 최대의 목표가 될 것이고, 따라서 정상가동의 시기를 KPI(성과항목)로 설정할 수 있을 것이다. 일정 기간이 흘러 새로 도입된 설비가 정상적으로 운영되고 있는 상황이라면, 생산팀장의 내년도 업무 목표는 새로 설치한 설비의 개선을 통한 '생산효

〈표 3-15〉 업무 단계별 KPI 유형

업무단계	핵심성공요인(CFS)	업무(과제) 사례	KPI의 유형
도입 · 개발 단계의 업무 (신규 과제)	가능한 최소 시간 내에 최소한의 품질 수준으로 완료/출시/시행하는 것	- 제 2공장 건설 - 신제품의 개발 - 신제품의 생산 - 신제품의 판매 - 연봉제의 도입	- 납기 : 쉽게 측정 가능 - 초도 품질 : 다음의 4가지로 구분 ① 내부 품질기준 - 합격 ② 법규나 KS, 고객의 판단 - 정성평가 ③ 상사의 주관적 판단 - 정성평가 ④ 정성적이나 개략적으로 고객의 평가를 받을 수 있는 경우 - 상동
안정화 · 효율화 단계의 업무	- 내부 생산성 향상 • 투입은 줄이고 • 산출은 늘리는 것 - 품질 향상/납기단축 - 표준화	- 제2공장의 정상 가동 - 유사제품의 개발 · 개선 - 기개발 제품의 생산 - 판매 증대, 시장점유율 확대 - 급여지급/인사고과 운영 - 연봉제의 정착/공정감 제고	- 업무효율(생산성) 개선, 투입 시간, 공정 개선, 가동률 향상 - 품질, error의 개선 - 비용/원가절감 - 업무표준 정립
성숙 · 발전 단계의 업무	- 외부 고객가치의 증대 • 기본 품질의 향상 • 주변 기능, 서비스의 향상 - 업무의 최적화	- 제2공장의 최적화 가동 - 개발 프로세스의 최적화 - 생산 프로세스의 최적화 - 판매 증대, 시장점유율 1위 - 급여정확도 향상/고과제도의 개선 - 연봉제의 정착/성과의 향상	- 고객만족도 향상 - 시장 품질의 향상 - 전단계 항목의 목표수준 상향

율 증대'로 설정할 수 있을 것이다. 이 경우 KPI는 생산효율이 된다. 그리고 이 설비가 가동되는 이상, 생산팀장은 지속적으로 그 설비를 통해 생산성을 향상시켜 궁극적으로 최적화의 수준, 더 이상 향상시킬 수 없는 수준에 도달할 때까지 생산성 향상을 목표로 하게 된다.

6. 나의 KPI 만들기

앞에서 중점과제를 설명하면서 많은 지면을 할애하여 '나의 중점과제 만들기'에 대해 기술하였지만 KPI에 대해서도 꼭 같이 말할 수 있다. KPI는 철저하게 본인의 성과, 본인이 노력에 의해 달성된 성과에만 한정되어야 한다. 따라서 본인의 노력과 직접적인 인과관계가 미흡한 또는 본인 외에 많은 사람이 기여한 공헌은 본인의 KPI가 아니다.

또한 만약 본인과 다른 사람이 함께 KPI에 기여한다면, 즉 같은 성과항목에 영향을 미친다면 목표 수준을 자신이 기여할 수 있는 만큼만 설정하여야 한다.

하지만 실제 목표설정의 현장에서 여러 가지 이유로 내 노력과 관련 없는 KPI를 잡는 경우가 흔하게 발생한다. 대체로 중점과제를 내 업무책임에 한정되도록 명확하게 설정하였다면 KPI 또한 중점과제를 수행하는 내 노력에 의해 달성된 KPI를 설정할 수 있다. 거꾸로 명확하지 않은 중점과제는 나와 남의 노력에 의한 KPI가 혼재된 상태로 설정하게 한다.

목표설정의 현장에서 흔하게 발생하는 다음 사례를 보자.

앞에서부터 계속 등장하는 생산팀장은 연초에 공정효율 개선을 과제로

효율 증대를 KPI로 설정하였고, 실제 연말에 공정효율이 향상된 것으로 측정되었다. 이른바 목표를 달성한 것이다. 이 상황만 보면, 과제나 KPI로서 그리고 성과평가(효율성 측정)에는 전혀 문제가 없어 보인다. 하지만 공정효율 개선에 대한 사장의 평가는 달랐다. 즉, 공정효율의 개선에 결정적으로 기여한 요인은 장비의 교체였기 때문에 그 성과는 생산팀장의 성과로 인정할 수 없다는 것이다. 장비의 교체에는 많은 비용이 투자되었고, 실제 그것은 경영 의사결정으로서 CEO가 내린 결단이었다.

왜 이런 문제가 발생했는가? 바로 '나'의 KPI가 아니었기 때문이다.

〈표 3-16〉 책임이 혼재된 목표

담당자	중점과제	KPI			비고
		성과항목	목표 수준	현 수준	
생산팀장	공정효율 개선	공정효율	90%	80%	

생산팀장의 중점과제인 공정효율 개선에는 신규장비의 투자와 생산팀장의 노력, 예를 들어 설비점검 강화의 두 가지 변수가 작용을 하게 된다(물론 설비점검 외에 여러 가지 활동들이 있을 수 있으나, 여기서는 설비점검이 효율을 높이는 데 가장 큰 CSF라고 하자). 여기서 순수한 생산팀장의 (사장이 인정해줄 만한) 성과는 당연히 본인의 노력에 의한, 설비점검 강화를 통한 효율 향상만이 성과로 인정될 수 있다.

이상을 바탕으로 생산팀장의 목표를 다시 설정하면 〈표 3-17〉과 같이 될 것이다. 중점과제를 본인의 책임에 관해 더 명확히 표현하거나 아니면 KPI에 대한 기준을 부가하여 표현하는 것이다.

(1) 중점과제 자체를 본인의 책임으로 한정하는 방법

〈표 3-17〉 '나'에게 한정된 목표 1

담당자	중점과제	KPI			비고
		성과항목	목표 수준	현 수준	
생산팀장	기존 설비의 점검 강화	공정효율	90%	80%	

(2) 중점과제는 그대로 둔 채, KPI에 일정한 제한을 표기하는 방법

목표설정에 있어서 〈표 3-17〉과 같이 중점과제를 명확히 설정하고 − 여기서는 이미 신규설비투자로 인한 효율 향상은 빠져 있다 − 그로 인해 KPI가 중점과제의 추진의 결과로만 제한될 수 있다면 더 없이 훌륭한 목표가 된다. 하지만 명확한 중점과제를 설정하는 것이 시간상의 제약과 어휘 표현상의 제약 등으로, 현실적으로 결코 쉬운 일이 아니며, 따라서 〈표 3-18〉 방식으로 KPI를 나의 노력으로 제한하는 것이 더 일반적이거나 효율적인 방법일 수 있다.

〈표 3-18〉 '나'에게 한정된 목표 1

담당자	중점과제	KPI			비고
		성과항목	목표 수준	현 수준	
생산팀장	공정효율 개선	공정효율	90%	80%	기존 장비 효율 기준

'나의 KPI'와 관련한 또 하나의 사례로서 다음을 들 수 있다.

구매팀장의 일반적인 목표는 구매원가의 절감과 구매 납기의 준수로 들 수 있다. 구매팀의 미션은 보다 싼 가격으로 원재료를 필요한 시기에 제조라인으로 투입하는 것이기 때문이다. 그래서 구매팀장의 목표의 하나로써 다음을 설정하였다.

〈표 3-19〉 구매팀장의 목표 1

담당자	중점과제	KPI			비고
		성과항목	목표 수준	현 수준	
구매팀장	구매원가 절감	절감금액	25,000천 원	−	전년 생산량 기준

대체로 비용절감이라는 목표는 특정한 기준점을 전제로 한다. 원재료의 구매비용은 생산량과 매출액에 비례한다. 그래서 기준점이 없는 구매 금액 자체의 전년도와 올해의 비교는 무의미하며, 그것을 성과로 하는 것은 더욱 무의미하다. 즉, 올해 지출된 구매비용 중 구매팀장의 노력으로 절감되는 금액은 오직 구매단가의 하락 노력을 통한 절감 금액만이 성과로 인정될 수 있을 것이다. 그래서 비고란에 구매금액을 전년도 생산량 기준이라는 측정기준을 부가하였다. 만약 제품별 생산량의 구성비가 전년과 올해가 동일하다면 다음과 같이 설정할 수도 있을 것이다.

〈표 3-20〉 구매팀장의 목표 2

담당자	중점과제	KPI			비고
		성과항목	목표 수준	현 수준	
구매팀장	평균 구매단가 인하	구매단가	15,000원/개	−16,000원/개	

하지만 이런 방식의 목표는 대단히 복잡하고 위험하다. 매년 생산되는 제품이 다르고 그래서 구매하는 원재료의 종류와 가격이 달라지는 상황이 일반적이며, 그래서 올해 구매한 원재료의 평균단가에 들어 있는 구

매팀장의 단가 인하 노력은 드러나지 않는다.

만약 원재료의 구매가 국내가 아닌 외국에서 구입하여 달러로 구입한다면 어떻게 될까? 구매팀장의 성과인 절감금액에 미치는 본인의 노력이 아닌 변수가 또 하나 추가되어야 한다. 바로 환율이다. 구매팀장의 노력으로 단가를 인하하였으나 환율이 하락하여 구매 단가가 더 비싸지거나, 반대의 경우 구매팀장은 아무 노력을 하지 않았으나 환율 상승으로 구매단가가 저절로 낮아질 수 있을 것이다. 이러한 경우 환율의 등락으로 인해 발생하는 원가의 절감 또는 원가의 상승은 구매팀장의 성과와는 전혀 무관하다.

이러한 KPI에 대한 나의 노력 이외의 변수를 제거하기 위해 다음과 같이 표시하여야 한다.

〈표 3-21〉 구매팀장의 목표 3

담당자	중점과제	KPI			비고
		성과항목	목표 수준	현 수준	
구매팀장	구매원가 절감	절감금액	25,000만 원	-	전년 생산량 및 전년도 환율 기준

이른바 목표설정서라고 하는 양식에서 계속 보여주는 바와 같이 중점과제와 KPI 그리고 그 의미를 보충하여 설명할 수 있는 '비고란'이 반드시 필요하다는 것이 우리의 경험이다.

7. 목표설정의 마지막 문제

(1) 중점과제와 KPI의 표현의 문제

성과관리를 위해 일반적으로 개인이 수립한 목표, 중점과제와 KPI는 목표설정서라고 하는 회사 공통의 양식에 적어 상사에게 보고하고 협의한다. 또한 확정된 목표는 사장에게 보고하거나 워크숍 등을 통해 관련 부서와 공유하기도 한다. 이러한 커뮤니케이션을 위해 앞서 설명한 중점과제와 성과항목을 '표현'이라는 측면에서 좀 더 살펴 볼 필요가 있다. 이러한 '표현'의 문제는 단순히 말 그대로 나와 직속 상사 외에 다른 사람이 이해하기 어렵다는 표현상의 문제를 넘어 목표 달성을 위한 행동의 구체화라는 의미를 가지고 있어 대단히 중요하며, 실제로 목표설정에 있어 제법 많은 시간이 소요된다.

다시 한 번 중점과제와 KPI의 관계를 보자.

중점과제와 KPI는 원인과 결과의 관계라는 것은 앞에서 설명한 바와 같다. 여기서 파생되는 또 하나의 관계는 중점과제의 실행 결과가 성과항목으로 표현되는 특정성과의 전부가 아닌 일부분에만 영향을 미친다는 사실이다. 다음 사례를 보자.

〈표 3-22〉 중점과제와 목표 수준

담당자	중점과제	KPI			비고
		성과항목	목표 수준	현 수준	
영업팀장	매출액 증대	매출액	120억 원	100억 원	
생산팀장	공정효율 개선	공정효율	95%	90%	
인사팀장	인사평가제도 개선	공정감	85점	75점	

이제 여러분은 영업팀장과 생산팀장의 중점과제에서 약간은 이상한 점을 발견해 낼 것이다. 과제가 추상적이라는 문제 외에 무엇이 잘못되었는가를 '표현'을 중심으로 살펴보겠다.

먼저 인사팀장의 경우를 보자. 인사팀장의 인사평가제도의 개선이라는 중점과제는 공정감이라는 성과항목의 일부에만 영향을 미친다. 이 말은 인사평가제도를 아무리 잘 만들어도 결코 직원들의 공정감을 100점으로 올릴 수는 없다는 것을 의미한다. 직원들의 공정감은 인사제도를 잘 설계하는 것 외에 평가자들의 정확한 평가, 직원들의 제도에 대한 이해와 평가 결과에 대한 상사의 피드백이 영향을 미치기 때문이다. 그러므로 인사평가제도의 개선이라는 중점과제는 성과항목의 전부가 아닌 일부에 영향을 미치는 것이다.

하지만 영업팀장의 '매출액 증대'라는 중점과제는 성과항목인 매출액에 그대로 동일한 크기의 영향을 미치는 것으로 표현되어 있으며, 공정효율 개선이라는 생산팀장의 중점과제 또한 생산효율이라는 성과에 전부 영향을 미치는 것으로 표현되어 있다.

영업팀장과 생산팀장이 같이 중점과제를 성과항목과 같은 용어, 같은 크기로 설정하는 것과 인사팀장과 같이 중점과제를 성과항목에 영향을 미치는 여러 과제 중 핵심적인 과제로 한정적으로 표현하는 것 중 어떤 것이 올바른 방법일까? 만약 인사팀장의 중점과제를 영업팀장과 생산팀장이 같은 방식으로 직원 공정감 개선이라고 표현하면 어떨까?

어떤 것이 더 올바른 것인지는 다음을 보면 금방 드러난다. 중점과제와 KPI의 관계는 원인과 결과의 관계임을 상기해 볼 때, 중점과제와 KPI를 한 문장으로 표현하면 〈표 3-23〉은 다음과 같이 서술할 수 있다.

> - 영업팀장의 목표 : 매출액 증대를 통한 매출 목표 120억 원 달성
> - 생산팀장의 목표 : 공정효율 개선을 통한 공정효율 95% 달성
> - 인사팀장의 목표(1) : 인사평가제도 개선을 통한 직원들의 공정감 85점 달성
> - 인사팀장의 목표(2) : 직원 공정감 개선을 통한 공정감 85점 달성

정보의 전달, 커뮤니케이션의 측면에서 어떤 것이 더 효율적인가? 나아가 어떤 표현이 담당자의 중점과제, 즉 행동과제를 더 선명하게 표현하는가?

1차적으로 커뮤니케이션의 효율성이라는 측면에서 영업팀장과 생산팀장의 목표 기술은 인사팀장의 목표(1)에 비해 떨어진다. 하지만 성과관리 컨설팅 현장에서 이러한 표현상의 중복 문제는 앞서 기술한 중점과제의 설정요령에서 설명한 '추상적인 과제'의 문제와 같이 목표 달성을 위해 구체적으로 무엇을 해야 할지가 명확하지 않은 문제를 포함하는 경우가 많다.

예를 들어 이런 경우이다.

영업팀장의 매출 목표는 대개 회사의 경영계획에서 그대로 분배되어 정해진다. 전사매출 목표 → 사업부 매출 목표 → 팀 매출 목표 → 개인 매출 목표라는 Top Down의 전형적인 방식에 따라 결정된다. 이것이 '영업 담당자의 목표설정이 쉽다'고 하는 일반적인 오해의 원인이다. 하지만 이 경우 사업부장이 영업팀장에게 목표를 설정하라는 지시는 어쩌면 위로부터 하달된 목표 달성을 위한 구체적인 과제를 수립하라는 지시일 것이다. 이렇게 본다면, 매출 목표 달성을 위한 방안으로서 '매출 증

대 활동'이라고 한다면, 전혀 새로운 정보가 없다. 단지 표현상의 정보가 없는 것이 아니라 목표 달성을 위해 '무엇을 하겠다'는 구체적인 활동 과제가 없는 것이다.

영업담당자의 목표설정은 타 부서 직원들과는 달리, 바로 이 중점과제를 찾아내고 구체적으로 표현하는 일이 되어야 한다. 그래서 영업담당자의 목표설정은 결코 쉬운 일이 아니다.

영업팀장에 비해 생산팀장은 좀 더 진전된 모습을 찾을 수 있다. 〈표 3-22〉에서와 같이 생산팀장은 설비에 문제를 느끼고 있고, 또 그것이 평소의 관리 지표인 공정효율로 연결된다는 것을 잘 알고 있는 경우이며, 이런 경우 중점과제는 '설비고장 개선' 또는 '설비점검의 강화'라고 하는 것이 행동으로서의 중점과제가 더 선명해 지는 것이다.

마지막으로 〈표 3-23〉에서 인사팀장의 목표 (1)과 (2)를 비교해 보면 어떤 것이 더 올바른 목표설정인지가 명확해질 것이다.

이상에서 본 바와 같이 중점과제는 KPI, 즉 성과항목에 영향을 미치는 여러 가지 과제 중 가장 핵심적인 영향을 미치는 과제를 구체적인 행동 수준으로 설정하여야 한다. 또한 표현상으로는 같은 용어가 중복되지 않는 것이 올바른 목표설정이다.

(2) 중점과제와 KPI설정의 선후 관계

목표설정의 절차에 따르면 중점과제를 먼저 설정한 다음 KPI를 설정하도록 되어 있다. 원인(중점과제)과 결과(KPI)의 관계에서 당연한 일이지만 실제 목표설정의 현장에서는 목표를 정리해 나가는 과정은 그렇지 않다. 영업팀장의 경우와 같이 KPI로서 회사에서 하달된 매출액이 먼저 정해지고, 그 다음으로 매출 목표 달성을 위한 중점과제를 찾아낸다. 하지만 회사 차원에서 경영계획의 일부로서 개인의 KPI를 하달하는 경우는 오직 영업담당자에게만 해당이 되며, 다른 업무들은 거의 모두 직원들이 스스로 KPI를 제안하고 상사와 논의를 통해 확정한다. 이런 의미에서 목표설정에 관한한 영업 직무는 대단히 특수한 직무이며, 매출액이라는 KPI는 상당히 독특하다. 반면 생산팀장의 경우와 같이 설비의 잦은 고장으로 애를 먹고 있는 생산팀장이 자신의 문제의식에서 설비점검이라는 중점과제를 먼저 설정하고, 다음으로 그 결과로서 나타나는 생산효율이라는 KPI를 선정하는 경우가 일반적이다. 인사팀장의 경우도 비슷하게 직원들이 인사의 공정성에 대한 불만이라는 막연한 문제를 느끼고 이를 해결하는 방안으로 인사제도의 개선이라는 구체적인 과제를 선정하고, 이후 공정감이라는 KPI를 도출한 경우라고 할 수 있다. 또한 중점과제를 도출할 때 내 업무의 QCD 측면에서 문제를 먼저 떠올렸다면 그것은 KPI를 먼저 설정하고, 그 다음 KPI 개선을 위해 무엇을 할 것인가(중점과제)를 고민하게 된다. 이와 같이 실제로 직원들이 목표를 설정할 때 KPI(성과항목)를 먼저 떠올리는 경우도 있고, 중점과제를 먼저 제기하는 경우도 있다. 그리고 중점과제와는 관계없는 엉뚱한 KPI 또는 KPI와 관계없는 전혀 다른 과제를 생각해 오는 직원들도 비일비재하다.

　목표설정의 과정은 이렇게 뒤죽박죽되어 있는 직원들의 문제의식을 중점과제와 성과항목, 목표 수준으로 명확히 정리함으로써, 문제 해결을 위한 실질적인 행동으로 나아가게 만드는 것이다.

제6장
목표설정의 제5단계
- 중요도의 설정과 목표의 합의

1. 중요도의 설정

중점과제와 KPI가 모두 설정되면 드디어 하나의 목표가 완성된다. 이제는 과제에 대한 중요도를 매기는 일이 남아있다.

목표설정에 있어 중요도의 설정이 필요한 이유를 설명하면 다음과 같다. 일반적으로 회사의 직원들은 하나의 과제(CSF)만 수행하는 것이 아니라(1년 동안 1개의 과제만 수행해도 된다면 얼마나 좋을까?) 적어도 두 개 이상의 과제를 수행하여야 하며, 이러한 과제들이 전부 똑같은 정도로 회사의 성과 향상에 기여한다고 보기는 어렵다. 따라서 여러 과제가 '회사의 성과에 기여하는 정도'에 따라 상대적인 중요도를 설정한다. 중요도 설정의 핵심적인 취지는 설정된 중요도에 따라 '목표 달성을 위한 개인의 노력의 정도'를 달리해야 한다는 것이다. 한마디로 더 중요한 과제에 더 많은 노력을 기울이라는 것이다.

중요도를 측정하는 객관적인 방법이 있는 것은 아니며, 굳이 측정할 필요도 없다. 중요도는 오직 상사와 부하 또는 차상위자의 토론에 의한 합의에 따라 결정하는 것이 가장 합리적이다.

2. 목표의 합의

목표설정을 지도하면서 목표를 누가 설정하는가에 대한 질문을 가끔씩 받는다.

"상사가 하는 것인가, 부하가 하는 것인가?"

목표를 설정하는 제일 첫 단계인 업무 요구사항의 취합/분석 단계에서 본 바와 같이, 목표는 회사의 전략, 상사의 지시, 고객 그리고 본인의 업무 자체에서 비롯된다. 그러므로 담당자는 제일 먼저 이 모든 업무 요구사항을 취합하여 그 중에서 중요하다고 판단되는 것에 대해 목표를 설정하여 상사에게 보고한다. 상사는 부하가 설정한 목표가 중요한지, 즉 경영에 있어 임팩트가 있는 것인지, 목표가 목표설정의 원칙에 어긋나지 않는 제대로 된 목표인지를 검토하고 담당자와 충분한 협의를 거쳐 부하의 목표는 완성된다.

그러므로 목표는 상사나 부하의 어느 일방이 정하는 것이 아니라, 오직 상사와 부하의 충분한 토론에 따라 합의된 결과로서 정해지는 것이다. 합의란 말에 약간의 거부감을 느끼는 부하가 있겠지만, 조직에서 상하간에 합의라는 말 속에는 어느 정도 상사의 강제나 의도, 지시가 들어가는 것은 어쩔 수 없는 조직의 속성으로 이해될 수 있을 것이다.

3. 목표설정서의 작성

지금까지의 단계를 거쳐 확정된 목표는 회사 차원의 관리를 위해 다음
과 같은 양식으로 작성한다. 목표설정서의 양식이 반드시 이와 같을 필
요는 없으나 목표의 주요 요소, 즉 중점과제, KPI 그리고 과제별 중요도
는 반드시 기재하여야 한다.

〈표 3-24〉 목표설정서 양식

20××년 목표설정서		구분	직급(책)	성명
		본인		(인)
소속 : 팀		상사		(인)

업무구분	중점 추진과제	배점 (%)	KPI			일정
			성과항목	실적, 수준	목표	

4. 실행계획의 수립

(1) 실행계획 수립 요령

목표설정이 완료되면 각각의 과제에 대한 구체적인 실행계획을 수립하

여야 한다. 실행계획은 두 방향에서 수립할 수 있다. 하나는 중점과제를 여러 개의 세부과제로 분해하여 각각에 대한 실행계획을 수립하는 방법이고, 다른 하나는 문제 해결의 일반적인 절차에 따라 실행계획을 수립하는 방법이다. 실행계획에는 중점과제 수행을 위한 세부 추진과제, 추진내용 그리고 추진 일정이 기재되어야 하며, 특별한 양식이 필요한 것은 아니나, 관리나 커뮤니케이션의 편의를 위해 다음과 같은 양식으로 한 과제에 대해 한 장씩의 실행계획을 수립하도록 권장하고 있다.

〈표 3-25〉 실행계획서 양식

중점과제명	

세부과제	추진 내용	기간	비고

(2) 실행계획의 수립 사례

가. 여러 개의 세부과제로 분해하는 경우

〈표 3-26〉 실행계획서 사례 1

(생산부서) 중점과제	생산 원가절감 5억 원

세부과제	추진 내용	기간	비고
1. 생산 부자재비용 절감 (절감금액 : 1억 원)	- 절감 대상 아이템 확정 - 생산직원 교육 - 물자 절약 교육 - 부자재 교체 검토 - 구매팀과 협의 - 월별 절감 실적 파악 및 보고	3/말까지 4월 중 5월 중 6월부터 실시	
2. 설비운전비용 절감 (절감금액 : 3.5억 원)	- 운전비용 항목별 현황 파악 　(전력비, 수도비, 윤활유비, 소모품비 등) - 개선 방안 수립 : 분임조 활동 - 개선 방안 실행	2월 3월~5월 6월부터 실시	
3. 수리비 절감 (절감금액 : 0.5억 원)	- 외주 수리를 자체 수리로 변경 - 변경 수리 내용 : ○○부품 교체 외 2건	3월부터	

나. 일반적인 문제 해결 절차에 의한 실행계획

〈표 3-27〉 실행계획서 사례 2

중점과제	○○제품 개발 기간 단축(현재 25일 → 20일)

세부과제	추진 내용	기간	비고
1. 현상 및 문제점 분석	- 개발 프로세스 분석 - 프로세스별 개발 기간 분석 - 자료 조사 및 타사 현황 분석 - 보틀넥(Bottleneck) 명확화	3/1~3/15	
2. 원인 분석	- 관련자 인터뷰 - 낭비요인 발굴	3/15~4/15	
3. 해결안 수립	- 기술자료 조사 - 타사 벤치마킹(Benchmarking) - 핵심 해결과제 도출	4/15~5/30	
4. 해결과제 실행	- 도출된 과제 실행계획 수립 및 실행	6월 이후	

제7장
BSC방식의 목표설정과 문제점

1. BSC 개요

BSC(Balanced Score Card)는 국내에서 균형성과 지표로 번역되어 공기업과 정부조직을 중심으로 일부 민간기업에서 활용하고 있는 성과관리의 한 기법이다. 1992년 하버드대 교수인 카플란(Robert Kaplan)과 노톤(David Norton)에 의해 창안되어 미국의 대기업을 중심으로 도입, 발전되었다. 국내에도 1990년대 중반부터 개념이 소개된 이래, 2000년대 들어 본격적으로 공기업을 필두로 정부조직 및 공공부문에 이어 일부 대기업까지 널리 확산되고 있다. BSC는 그 전까지 기업들이 채택해온 경영관리의 지표로서 매출이나 손익 등의 재무적 측정에 의존해온 경영관리의 한계를 극복하기 위하여 개발되었다. 카플란과 노톤에 의하면, 재무적 성과는 과거의 경영활동에 대해 사후적으로 집계되는 결과지표이며, 또한 재무적 측정 수단에 지나치게 의존하는 것은 단기적인 성과를 위해 장기적인 가치창조를 희생하는 결과를 가져온다. BSC가 종래의 경영관리와 가장 차별화되는 것은 경영성과를 측정하는 관점(Perspectives)이다.

(1) 전략수립의 4대 관점

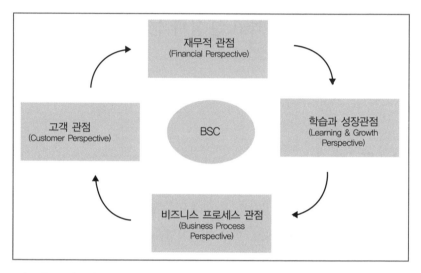

〈그림 3-10〉 4대 관점, Source, Norton & Kaplan, 'The Balanced Scorecard'

BSC는 앞의 그림에 적은 4대 관점에서 조직의 전략을 수립할 것을 강조하고 있다.

① 재무적 관점 - 주주, 투자자, 경영자, 종업원 등 이해관계자의 관점으로부터 위험, 성장, 수익에 대한 전략

② 고객 관점 - 고객의 관점으로부터 차별화와 가치를 창출하는 전략

③ 내부프로세스 관점 - 이해관계자와 고객에 대한 가치를 창출하는 다양한 프로세스에 대한 전략적 우선순위

④ 학습과 성장 - 조직의 변화, 혁신, 성장을 지원하는 분위기 창출에

대한 전략적 우선순위

(2) BSC의 구성요소

조직의 전략목표설정과 실행도구로서의 BSC는 다음과 같이 구성된다.

- 비전 : 비전은 조직이 추구하는 장기적인 목표와 기대하는 미래상이
  다. 조직의 비전은 장기적인 목표, 조직의 존재이유와 사명(Mis-
  sion), 기업의 목적, 사업영역을 포함한다.
- 전략 : 기업의 비전과 중·단기적 경영목표를 달성하기 위해 고객의
  가치향상과 경쟁우위를 달성할 수 있는 경영활동의 방향과 방법
- 관점 : 앞에 설명한 4대
  관점. 관점은 조직의 비전
  이나 사업영역에 따라 달
  리 설정할 수 있다. 전략
  은 4대 관점에 따라 각각
  설정된다.
- 핵심성공요인(CSF) : 비전
  달성 및 전략 추진의 핵심이
  되는 요인. 핵심성공요인은
  4대 관점에 따라 도출된다.
- 핵심성과 지표(KPI) : 핵심
  성공요인을 실행하여 나타
  나는 성과
- 인과관계 : BSC는 구성요

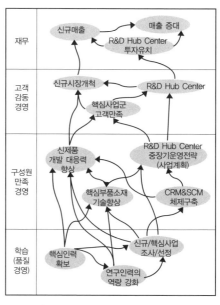

(제품개발부문)

〈그림 3-11〉 4대 관점별 전략 맵

소간의 인과관계를 강조한다. 이를 통해, 비전달성을 각 요소간의 관계가 일목요연하게 정리되며, 개인과 단위조직의 업무가 전체 조직의 전략, 비전달성에 기여하는 관계를 이해할 수 있다.

- 목표 : 전체 조직의 전략목표 달성을 위한 KPI의 구체적 달성 수준을 말한다.
- 실행과 피드백 : 전략목표 달성은 목표 수립과 실행, 피드백의 순환 과정에서 이루어진다. 실행결과는 정기적으로 측정 · 평가되어 조직과 개인에게 피드백 되어야 한다.

– 《BSC 실천매뉴얼》, 김희경 · 성은숙 저

2. BSC 체계 구축 사례

국내에 도입된 BSC 구축 기법이나 사례는 경영서적이나 강의 자료, 인터넷을 통한 지식 정보로서 어렵지 않게 접할 수가 있으며, 이런 사례들에서 발견되는 공통점을 정리하면 다음과 같다.

(1) 전사, 조직, 개인에 이르는 목표의 전개

성과관리와 관련하여 BSC는, 전사의 비전과 전략에서 출발하여 하부 조직 및 조직을 구성하는 최소단위인 개인의 목표를 일관되게 연계(Alignment)하여 목표를 수립한다. 아래 그림과 같이 맨 먼저 전사의 비전 및 전략을 명확히 하고, 이를 계속적으로 하부 조직으로 전개하여 궁극적으로 개인의 BSC 목표에 도달하게 된다.

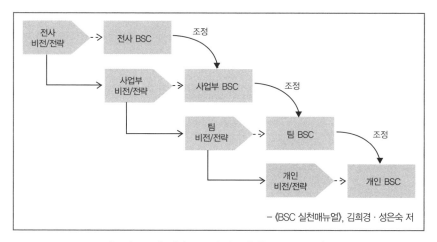

〈그림 3-12〉 전사 목표의 하부전개(Cascading)

각각의 단계를 보면 비전달성을 위한 전략을 수립하고, 이들을 다시 BSC의 관점별로 개발, 정의한 다음, 각각의 관점별 전략목표의 달성을 위한 핵심성공요인을 설정하고 핵심성과 지표를 개발한 다음, 각 성과 지표간의 인과관계 분석을 통해 이를 검증하여 확정한다. 이러한 각 단계는 조직단위별로 전사 → 사업부 → 팀 → 개인의 단계로 전개된다.

〈표 3-28〉 BSC 관점의 부서 목표 사례

××× 부 BSC 지표

관점	전사 전략과제	부서 핵심성공요인(CSF)	핵심성과지표(KPI)	가중치	기타
프로세스	성과평가시스템 구축	성과관리 및 정확한 평가 · 피드백을 위한 전산 시스템 개발	운영실적	5	
		고객 부서 지원 원활화	내부고객 만족도	5	
고객	전략적 정보시스템 구축	경영층 의사결정 지원	구축성과	10	
		사용자 편의성	사용자 만족도	10	
		대 고객 서비스 강화	정보관리의 효율성	5	
재무 (전사 공통)	재정건전성 확보	전사공통	관련 목표의 달성도		

이렇게 도출된 하부조직의 CSF와 KPI는 〈표 3-28〉과 같은 형식으로 정리된다. 이 표는 해당 부서의 목표설정서의 성격으로, 다만 이 표에서는 각 KPI에 대한 수준(Target)이 생략되어 있다. 부서별 CSF와 KPI외에 전사 공통으로 적용되는 CSF와 KPI도 있다. 독자 여러분은 〈표 3-28〉의 사례에서 보여주는 각 항목들이 지금까지 설명한 목표의 구성요소 중 무엇에 해당하는지를 이해할 수 있을 것이다.

(2) KPI 정의서와 KPI Pool

성과의 점검 및 평가를 위해서는 성과를 측정할 수 있는 기준이 명확하고 사전에 공유되어야 한다. 이를 위해 BSC 접근 방식에서는 일반적으로 핵심성과 지표의 의미, 산출방식, 평가기준이 명시된 'KPI 정의서'를 작성한다. 앞서 본 바와 같이 부서별로 작성된 다수의 CSF에서 각

〈표 3-29〉 핵심성과 지표정의서 사례

×××부 20××년 핵심성과 지표 정의서

전략과제	전략적 정보시스템 구축	BSC 관점	고객	관점 가중치	25
지표명	사용자 만족도	가중치	10	측정주기	연 1회
측정·평가 기준	1. 측정 방법 : 고객 대상의 설문서 조사법 2. 점수 집계 방법 • 항목 만족도 : 각 답변자가 응답한 항목 전체에 대한 만족도 점수 • 문항 만족도 : 각 답변자가 응답한 만족도 점수 • 문항 가중치 : 항목만족도와 문항 만족도의 회계계수를 표준화한 베타 값을 각 문항의 가중치로 함. 3. 설문 조사 : 해당 부서에서 설문지 작성 및 조사 4. 측정 주기 : 연 1회 12월 중				

CSF별로 1개 이상의 KPI가 도출되기 때문에 KPI별로 정의, 산출방식과 평가기준을 수립하는 작업은 대단히 방대하며, BSC컨설팅의 최종 결과물로서 가장 많은 분량을 차지한다.

또한 BSC 구축 보고서에 가끔씩 발견되는 사례로서 KPI Pool이 있다. KPI Pool은 말 그대로 KPI를 한데 모아서 정리한 것으로 〈표 3-28〉에서와 같이 부서별로 도출된 KPI만을 따로 모아 일목요연하게 정리한 것이다.

3. BSC 접근 방식의 공과(功過)

조직성과 관리의 도구로서 BSC는 조직의 미션을 명확히 하고, 그에 따른 전략수립, 전략검토를 위한 전략 맵(Map)의 작성과정을 통해 이전까지 단순히 '액자에 갇힌 비전, 미션, 방침'을 액자 밖으로 끄집어내어, 이들을 살아 움직이게 하는 방법을 제시하고 있다. 또한 비전의 하부전개를 통해 구성원들의 행동 수준까지 설정함으로써, 과거 막연하고 직원들이 체감하기 힘든 비전, 미션과 방침, 경영전략을 실행으로 옮기게 하는 계기가 되었다. 또한 프로젝트 수행 과정을 통해, 조직의 비전과 미션, 전략, 사업부 과제, 팀, 개인과제의 정열을 통해 개념적으로나마 전 구성원이 본인의 과제와 조직의 전략, 미션과의 연계성이 있다는 점을 일목요연하게 이해하게 된 점은 BSC 도입의 효과라고 할 것이다.

하지만 주로 컨설팅 프로젝트 형태로 진행되는 도입과정에서, 전략실행의 주체로서 개인 단위의 목표를 제시하고 실행력을 제고하는 데는 몇 가지 문제점이 있다. 이러한 문제점은 BSC의 성격 자체에서 기인하기보

다는 프로젝트 진행과정에서 BSC에 대한 오해나 BSC와 개인 목표 간의
관계 설정에 있어 이해가 부족해서 발생하는 것으로 보인다.

　BSC와 개인의 목표관리에 대한 우리 나름대로의 해석은 다음과 같다.

- BSC의 4대 관점은 기능조직이나 개인이 아닌 경영단위에서 적용되
  는 것이다.
- 개인이나 팀 단위의 목표는 전략보다는 업무분장(R&R)에서 비롯된다.
- 지표정의서는 경영단위에서 필요하다.
- KPI Pool은 그저 참조용일 뿐이다.

(1) BSC의 4대 관점은 기능조직이나 개인이 아닌 경영단위에서 적용되는 것이다

　BSC와 전통적인 경영관리와의 가장 큰 차이점은 관점의 다양화이다.
전통적 경영지표인 재무적 성과 외에 3개의 관점을 추가함으로써, 기업
의 장기적인 성장을 위한 가치 창조의 측면을 강조하였다. 하지만 이러
한 4대 관점은 개인이나 팀 조직의 목표 수립에는 적용하기가 어렵다.

　〈그림 3-13〉은 금융회사의 BSC 관점별 전략 맵(Map) 사례이다.

　이 사례에서 보는 바와 같이 학습과 성장 관점의 성과항목은 주로 인
사부서의 업무와 관련되고, 내부 프로세스는 (물론 조직 내 전 개인의 업
무는 나름대로의 프로세스를 가지고 있지만) 상품개발, 효과적 홍보, 자
산운영 등에 관련된 부서의 업무로 주로 구성되어 있다. 또한 고객의 관
점은 영업부서, 홍보부서의 역할 정도로 나타난다. 최상단의 재무적 관
점은 결국 전 직원들의 노력의 결실로 전 직원들에게 해당하는 과제로
볼 수 있다.

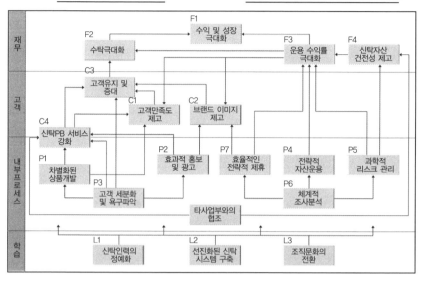

〈그림 3-13〉 금융회사의 전략 맵(Map) 사례

이와 같이 BSC의 4대 관점은 사업 단위(Business Unit, 회사, 사업본부, 사업부)에서는 상당히 유용한 성과 지표일 수는 있으나, 개인의 업무나 직능별로 구분되어 있는 팀 단위의 조직목표에 4개의 관점 모두를 적용하는 것은 무리가 있다. 그래서 목표 수립에서, BSC 관점은 적어도 독립적인 재무적 성과를 집계할 수 있는 경영단위, 즉 사업부나 사업본부 또는 이러한 조직의 경영자의 목표에 한하여 적용되어야 한다.

(2) 개인이나 팀 단위의 목표는 전략보다는 업무분장(R&R)에서 비롯된다

목표설정의 방법으로서 BSC의 접근방법은 조직 전체의 올바른 전략,

즉 비전과 미션을 재정립하고, 미션에 부합하는 4가지 관점의 전략을 수립하고, 이에 연계된 단위조직의 과제와 측정지표의 개발에 치중함으로써, 개인이나 단위조직의 실질적인 핵심과제를 망라하지 못하는 측면이 있다.

일반적으로 기업을 포함한 모든 조직에서, 개인의 목표설정에 있어 가장 문제가 되는 것은, BSC에서 강조하는 올바른 전략의 수립, 전략과 개인 과제의 정열, 4대 관점을 반영한 과제도출이라기보다는 '본인의 고유업무'에 관한 CSF를 도출하고 KPI를 설정하는 데 애로를 겪고 있다는 점이다. 예를 들어 생산팀장이 품질의 개선을 중요하게 생각하는 것은, 그것이 전략과제여서가 아니라 생산팀장의 고유한 업무책임이거나 미션이기 때문이다. 마찬가지로 고객관점에서 도출되는 고객만족을 위한 친절, 서비스 향상, 고객인지도 개선을 위한 광고 홍보의 강화 등의 과제는 (전략의 수립 전에) 이미 영업부서나 마케팅부서의 고유 업무로서 추진되고 있는 과제인 것이다. 그러므로 개인이나 팀 수준의 단위조직의 목표는, 물론 전략과제에서 비롯되는 것도 있지만, 자신의 고유 업무(R&R)에서 비롯되는 목표가 더 많이 차지하게 된다. 여기에 대해 제3장 목표설정의 제1단계에서 '내 업무의 근원'에 대한 설명을 다시 한 번 참조하라.

BSC 방식의 접근법에 따른 다음의 논리와 사례를 보자

다음은 BSC 도입에 관한 책에서 발췌한 것이다.

간접지원부서의 평가지표 설정

〈전략〉간접지원부서(예를 들어 인사팀)의 평가지표로서 기업전사지표 중 재무적인 지표(경상이익률, 영업이익률, EVA) 등의 재무적 지표를 공

동지표로 설정하였다. 이러한 지표를 적용하게 된 논리적인 근거는 간접 지원부서가 기업 전사의 재무적 성과를 위해 지원과 기여를 하고 있다는 점과, 이 부서의 존재 목적이 기업 전사의 가치를 증대시키기 위한 지원 업무를 수행하고 있다는 점이다. 〈후략〉

〈공기업의 BSC 지표 사례〉

〈표 3-30〉 기획팀의 팀원 BSC 지표

지표명	측정방법	성과 산정방법	대상자
고객만족도 제고	내부 고객만족도 설문조사 점수	상향 목표(실적/목표)	
근무계획 충실 이행	당일 근태계 제출 건수	100점에서 차감 100점(0.5점/건당)	
매출 목표 달성률	매출실적/매출 목표	상향 목표(실적/목표)	
결재 반송률	Σ 반송 건수/Σ 기안 건수	상향 목표(실적/목표)	
지시 업무 이행률	Σ (경영진+팀장) 과업지시 업무 결재완료 건수/Σ (경영진+팀장) 과업지시 건수	상향 목표(실적/목표)	
창의경영 제안 건수	Σ 개선제안 보고서 작성 건수	상향 목표(실적/목표)	
예산/결산 기일 준수일	Σ 예산/결산 기일 준수일	100점에서 차감	
교육 이수율	Σ 교육이수 회수/Σ 의무 교육참석 회수	상향 목표(실적/목표)	

반드시 이런 (이상한) 목표는 아니지만 공기업을 비롯하여 BSC를 도입한 많은 조직의 목표설정에는 유사한 문제가 발견된다. 이제 독자 여러분도 이와 같은 목표가 왜 목포가 될 수 없는지 설명이 가능할 것이다. 기획팀원의 한 사람인 인사담당자의 성과목표에 회사의 매출 목표나 손익목표가 포함되는 것이 옳은가?

이런 문제가 발생하는 이유는 바로, 전사 목표에서 4대 관점으로 전개되는 목표를 직접 개인까지 전개하는 과정에서 발생하는 것이다. 애초에 회사의 경영목표나 전략목표는 그대로 개인에게 전달되는 것이 아니며, 각각의 전략과제는 단위조직이나 개인의 업무책임에 따라 모양을 달리하여 전개된다. 개인이나 조직의 업무와 연관성이 상당히 약한 KPI - 인사담당자의 목표를 매출 목표 달성으로 설정하는 것과 같은 - 는 목표로서의 구실을 전혀 하지 못한다.

(3) 지표정의서는 경영단위에서 필요하다

요즘은 직무기술서 작성을 위해 전사적으로 대규모로 직무기술서와 명세서를 작성하는 기업을 본 적은 별로 없지만, 과거 80년대만 하더라도 직무기술서가 얼마나 중요한지, 직무기술서가 없으면 회사의 인사관리가 안 된다고 할 정도로 중요한 위치를 차지하였다. 하지만 90년대 이후 경영환경이 급변하고, 회사의 전략이나 과제가 변화하고, 새로운 직무가 끊임없이 생겨나고 또한 직무내용 자체가 수시로 변화함에 따라 직무기술서의 효용이 감소되고, 따라서 2000년대 이후 직무기술서의 작성 및 관리에 신경을 쓰는 기업은 거의 없다. BSC 컨설팅에서 예외 없이 도출되며, 컨설팅 결과보고서의 많은 부분을 차지하는 '지표정의서'는 현재와 같은 경영환경에서는 마치 직무기술서와 같다. 앞 장에서 설명한 바와 같이 직원들이 설정하는 KPI는 직원마다, 중점과제마다 전부 다르다. 그러므로 목표설정이 대상이 되는 직원들의 수가 100명 수준의 중소기업이라 하더라도 적어도 300개 이상의 KPI가 도출되며, 20명의 팀장을 가정하더라도 100개의 KPI가 생성된다. 이렇게 많은 KPI에 대해 지표정의서를 작성하는 것도 문제지만, KPI가 업무단계, 업무 상황에 따라 달라진다는 것을 감안하면 그 많은 지표정의서가 1년에 한해 1회적으로 사용될 수밖에 없다는 점은 대단한 낭비가 된다. 지표정의서가 경영관리를 위한 유용한 도구로서 활용될 수 있는 것은 다음의 두 경우에 국한한다.

① 경영단위의 조직, 즉 BSC의 네 가지 관점이 모두 적용될 수 있는 독자적인 경영단위(개인으로 보면 사업부장)의 목표설정에는 지표정의서의 작성이 가능하며 유용할 수 있다.

② 금융업이나 프랜차이즈 업종과 같이 단위 조직의 대부분이 동일한 직무(지점, 가맹점 등)를 수행하는 경우에는, 전 지점이나 가맹점에 적용되는 (소수의) 관리지표를 만들고, 또한 각각의 지표에 대한 지표정의서를 작성하여 성과를 정확하게 측정하고 관리하는 것이 필요하다.

앞의 두 경우와 같이 지표정의서를 만들고 관리하는 투입비용에 비해, 그로 인한 성과 향상이라는 편익이 더 큰 경우에만 지표정의서가 유용할 수 있다.

(4) KPI Pool은 그저 참조용일 뿐이다

BSC 접근방법과 반드시 관련 있는 것은 아니지만 성과관리에 관한 컨설팅을 결과로서 KPI Pool이 자주 등장한다. KPI Pool은 회사의 가능한 KPI를 한데 모은 것으로, 이 또한 지표정의서와 같이 투입한 노력에 비해 실제 효용이 지나치게 적다. 그 이유 또한 KPI는 전 개인이 다르다는 점과 회사의 상황에 따라 매년 바뀐다는 KPI의 특성에서 비롯된다.

물론 회사의 경영지표와 관련된 일반적인 KPI, 즉 매출액, 공정품질 등과 같이 담당 조직의 미션과 관련이 있고, 회사의 일반적인 경영지표로 활용되는 KPI는 매년 그 목표 수준만 달라질 뿐 성과항목 자체가 변할 이유는 없다. 하지만 이러한 KPI는 소수에 지나지 않으며 또한 일반적인 기업의 관리지표로서 널리 알려져 있는 것이기 때문에 KPI Pool로 정리하지 않더라도 직원들이 그 정도의 KPI를 도출하는 것은 별로 어렵지 않다. 널리 알려진 이런 KPI를 제외하고는 직원들 개인의 목표설정은 어디까지나 개인의 목표설정능력, 특히 중간관리자의 목표설정능력과 상하간의 끊임없는 커뮤니케이션을 통해서 설정될 수 있으며, 따라서 KPI Pool은 1회적이거나 그저 참조용으로만 사용될 수밖에 없다.

4. QCD 접근법

지금까지 기술한 목표설정의 접근 방식은 BSC 접근법과는 다르다. 목표설정에 관한 BSC 접근법과 구분하여 우리는 이것을 QCD 접근법이라고 명명하고자 한다. QCD 접근법은 개인의 목표를 설정함에 있어, '회사의 전략'에서 출발하는 것이 아니라 '내 업무'에서 출발한다. 물론 BSC에서 강조하는 회사의 전략은, 제3장에서 설명한 외부적인 요구사항의 하나이며 반드시 반영되어야 한다. 목표설정에 있어 BSC의 접근방법이 회사의 비전이나 전략에서 출발하는 거시적인 접근법이라면 QCD 방식은 '나의 일'에서 출발한다는 점에서 미시적이라 할 수 있다.

> **전략과 개인 업무의 관계**
> 회사의 조직이나 업무는 아무리 작은 조직이라도 거의 대부분 회사의 전략 실행에 직접 연계되어 있으며, 전략목표 달성에 필요한 업무를 수행하고 있다. 회사의 전략과 무관한 조직이나 인력이 있을 수 있을까?

만약에 전략실행과 무관한 조직이나 인원이 있다면 그것은 중소기업이 아니라 오히려 큰 조직에서 있을 수 있는 일이다. 거창한 전략이라는 단어로 표현하지는 않더라도, 회사의 CEO가 영업을 강화해야겠다는 결정을 내리면 당연히 영업 인원을 보강하고, 인원이 더 늘어난다면 영업조직을 설치할 것이고, 품질문제로 인해 회사의 성장에 걸림돌이 된다면 품질관련 인력이나 조직을 보강할 것이다. 그러므로 특정 시점에서의 조직과 인력은 회사의 전략실행을 위한 특별한 임무를 부여받고 업무에 임하고 있는 것이다. 그러므로 조직이나 개인의 고유한 역할과 책임은 회사의 전략과는 당연히 정렬되어 있는 것이다. BSC를 통해서 얻고자 하는 것이 궁극적으로 회사의 전략목표를 달성하는 것이고, 이를 위해 개인이나 조직은 전사 전략과 정렬된 CSF와 KPI를 수립하여 이를 달성하는 것이다. QCD(미시적) 접근법은 (이미 전략적으로 정렬되어 있는) '자기가 맡은 업무를 QCD의 측면에서 잘 수행하면 된다' 는 데서 출발한다.

목표설정의 관점에서 Top Down형 목표를 설정하는 일은 너무나 쉽다. 예를 들어 영업사원에게 또는 영업팀에게 회사의 매출 목표가 그대로 Break down 되어 할당하는 경우 그 자체가 목표가 된다. 또한 회사의 경영목표로서 손익 개선을 위해 전사 원가 절감목표를 설정한 경우, 이를 조직의 성격이나 조직이 수행하는 비용에 따라 원가절감 목표를 분배하고 할당하여, 이를 개인의 목표로 설정하는 것 또한 비슷한 성격이다. 이와 같이 회사 전체의 정량적 목표, 그것이 BSC의 4대 관점에서 설정되어 있든지 아니든지 간에, 그 목표를 조직이나 개인에게 할당하는 것은 사실 목표관리라고 할 것도 없다. 우리가 지금까지 보아왔지만 개인이나 단위조직의 성과관리, 즉 목표설정이라고 하는 것은 이러한 전사적 전략의 단순한 하부전개(Cascading)보다는 훨씬 더 복잡하고 어려운 과정이다.

만약 영업사원의 목표가 회사의 경영목표의 하나인 매출 목표에서 하부 전개된 영업목표로만 구성되어 있다고 가정하자. 당연히 이 목표는 회사의 경영목표와 너무나 잘 정렬되어 있으며 또한 대단히 명확하다. 그렇다면 성과관리의 효과에 따라 영업담당자들의 목표는 달성도가 높거나 적어도 전년도보다는 상당 수준 매출이 향상되어야 하며, 적어도 목표가 없거나 불명확한 다른 업무 담당자들에 비해 더 높은 목표 달성도를 보여야 한다. 하지만 현실은 별로 그렇지 않다. 결코 영업사원이 타 부서 담당자들에 비해 더 높은 성과를 달성한다는 증거는 없다.

그 이유는 무엇인가? 영업직무에 관해서는 성과관리가 잘 작동을 안 하는 것인가? 여기에 대한 대답은 '아니다' 이다. 문제는 영업사원의 목표를 매출 목표로만 보는 것, 그 자체가 문제가 있는 것이다. 뒤에서 상세히 설명하겠지만 매출 목표 하나만으로는 목표설정의 효과를 별로 기대할 수 없다. 영업사원의 목표설정에서 더욱 중요한 것은, 주어진 매출 목표를 달성하기 위한 구체적인 활동들에 관해 목표를 설정하는 일이다. 그래서 영업사원의 목표는 회사에서 주어진 매출 목표 외에 자기가 담당하는 시장의 특성에 따라 개인별로 전부 다르게 설정되어야 한다.

이상에서 보는 바와 같이 개인의 목표는 회사의 전략 차원, 경영 차원에서 하달(Cascading)되는 목표보다는 개인의 업무분장과 미션에서 비롯되는 경우가 더 많다. BSC와 같은 거시적인 접근법은 바로 이러한 목표 – 업무분장과 미션에서 발생하는 목표 – 를 간과하기 쉬운 접근 방법이다.

5. 결론

 목표설정에 있어 BSC의 접근방법에 대한 앞에 적은 사례들은 물론 잘
못된 사례이지만 실제 BSC를 도입한 많은 기업에서 나타나는 현상이며,
팀이나 개인의 목표설정에 있어 거시적인 접근법이 초래하기 쉬운 함정
이기도 하다. 회사 전체, 적어도 경영단위에서는 BSC의 접근법이 경영
관리의 지표를 균형 잡히고 명확하게 그리고 평가를 명확히 한다는 측면
에서 확실히 유용하다. 하지만 경영단위 아래의 조직, 즉 팀이나 개인에
대해서는 QCD 접근법이 유용하다. 개인이 회사의 성과에 가장 크게 기
여하는 방법은, 자기가 맡은 업무 중에서 회사의 성과에 가장 크게 기여
할 만한 과제(중점과제)를 선정하고, 그 과제의 성과에 대한 적절한 KPI
를 QCD의 관점에서 설정하여 실행하는 것이다.

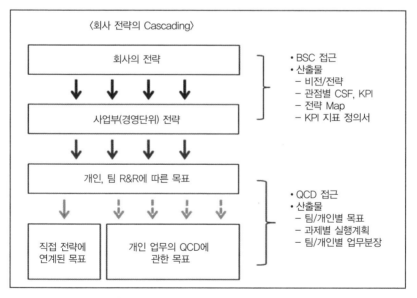

〈그림 3-14〉 목표설정의 BSC, QCD 접근

제4부
목표설정의 실제

1. 영업 부문의 목표설정하기

(1) 개요

영업 직종의 개별 직무는 회사의 비즈니스 모델에 따라 다르지만, 대략 다음의 직무로 구분할 수 있다. 직무의 명칭은 회사마다 나름대로의 고유 명칭을 사용하고 있으므로 다를 수 있다.

① 판매(소매영업) : 회사의 제품을 오프라인(off-line) 매장에서 직접 불특정 다수의 고객에게 제품을 파는 직무

② 특판(도매영업) : 회사의 제품을 매장이 아닌 중간 도매상을 대상으로 물건을 판매하거나 또는 BTOB 거래에서 기업을 대상으로 기업에서 필요로 하는 제품을 판매하는 직무, 소수의 특정 고객을 대상으로 영업을 수행한다.

지금부터 소매영업을 담당하는 팀장의 목표설정 사례 두 개와 도매영업을 하는 팀장의 사례 하나를 소개할 것이다. 영업 부문의 사례를 타

부문에 대해 많이 소개하는 이유는 영업담당자들이 목표설정이 가장 어려운 반면, 이들이 타 부문 직원들에 비해 목표와 목표설정에 대한 이해가 가장 부족하기 때문이다. 사례에 대한 설명은 각각 팀장들이 작성한 목표에 대한 '해설'과 각각의 목표에 대한 '지도'로 이루어져 있다.

(2) 영업 부문 목표의 특성

영업사원은 매출이 인격이다?

영업 부문의 목표설정에 앞서 영업담당자의 목표의 특징을 알아보기 위해, 사업부장이 특정 지역의 판매 지점장과 목표설정에 관해 논의하는 모습을 보자.

> 사업부장 : 자 ○○지점장, 당신의 매출 목표가 올해 5억 5천만 원으로 확정되었소. 어떻게 달성하겠소?
>
> ○○지점장 : 현재 경쟁사 대비 판매가 가장 부진한 대학가 매출을 올려야 합니다.
>
> 사업부장 : 대학가 매출을 올리는 것은 당연한 이야기이고…. 당신도 알고 나도 알고 있는 사실이요. 요는 어떻게 대학가 매출을 올릴 것인가를 묻는 것이요.
>
> ○○지점장 : 대학가를 중심으로 열심히 뛰어야죠….
>
> 사업부장 : 어떻게 열심히 뛴다는 거요?
>
> ○○지점장 : …….

흔히 영업담당자의 목표설정은 쉽고, 목표가 명확하다고 이야기들을 한다. 하지만 우리의 목표설정 코칭 경험으로는 앞의 논의 장면에서 보는 바와 같이 결코 쉽지만은 않은 것이 사실이다. 오히려 가장 어려운 쪽이 아닐까 하는 생각도 들 때가 많다.

영업사원이 흔히 목표라고 부르는 매출 목표, M/S 목표, 채권회수율 등은 회사 전체의 경영지표의 하나로서 거의 모든 회사에서 관리되는 수치이며, 회사 전체 차원에서 전 영업사원들에게 동일한 성과항목으로 부여되기 때문에 이 항목에 대해서는 목표설정이 쉽다(쉬운 것이 아니라 회사가 설정해 주는 것이며, 이런 종류의 목표는 타 부문에서는 찾아보기 힘든 특수한 경우이다).

그렇다면 상사가 영업사원의 성과를 관리함에 있어 과연 그러한 매출목표만 관리하면 될 것인가?

실제 이 부분에 대해서는 목표설정의 지도 현장에서 많은 논쟁이 있고, 쉽게 관리자들이 받아들이지 못하는 점이기도 하다.

"영업사원이 매출 목표만 달성하면 되지, 더 이상 무슨 목표가 필요한가? 영업사원은 매출이 인격이다."라는 것이 많은 영업조직의 관리자가 하는 말이다.

이 말이 그럴듯하긴 하지만, 이러한 주장은 현실과 상당히 떨어져 있다. 서술의 편의를 위해 매출 목표 하나만 가지고 설명해 보겠다.

매출이라고 하는 성과는 영업사원들의 무수하고 다양한 노력에 의해 이루어지는 최종 결과물이다. 만약 영업사원의 노력이나 행위를 그 결과(매출)로만 관리한다면, 실제 조직 책임자는 아무런 할 일이 없다. 오직 정기적으로, 월 한 번 아니면 6개월에 한 번, 실적만 관리하면 될 것이고, 나아가 그런 것도 다 필요 없이 연말에 딱 한번 직원들의 매출실적만 점검하면 될 것이다.

하지만 영업조직의 책임자의 일은 실제 그렇지 않다. 그들이 일상적으로 챙기는 업무, 그들을 바쁘게 하는 업무는 부하직원들의 영업활동이라는 과정을 챙기는 일이다. 즉, 거래처 방문은 열심히 하는지, 대학가에 대한 적절한 마케팅방법을 찾아서 실행하고 있는지, 그러한 것들이 잘 안되면 안 되는 이유가 무엇이고, 관리자가 지원해야 할 일은 어떤 것인지…, 바로 이러한 영업활동, 즉 매출을 일으키는 과정을 챙기는 데 대부분의 시간을 쏟고 있는 것이다.

이렇게 볼 때, 앞의 목표설정서에는 단순히 회사에서 주어진 영업활동의 최종 결과에 대한 목표만 있고, 그 목표를 달성하기 위한 과정 목표가 전혀 기술되어 있지 않다. 앞서 사업부장과 지점장의 논의에서처럼, 결과목표를 위해 '열심히 하겠다'는 의지만 있지, 열심히 하는 구체적인 모습(중점과제와 KPI)이 없는 것이다.

영업사원의 목표는 결과(매출)뿐 아니라 과정(영업활동)에 대한 목표도 포함하여야 한다

제2장에서 기술한 바와 같이 목표의 속성상 일의 (최종) 성과는 고객에게서 나타나는 것이고, 따라서 항상 불확실성을 내포하고 있다. 영업사원이 아무리 열심히 노력했으나 목표를 달성하지 못하는 경우도 있고, 또 열심히 노력하지 않고도 여러 가지 외부적인 변수에 의해 목표를 초과 달성할 수도 있다는 사실은 영업을 해본 사람이라면 누구나 잘 아는 사실일 것이다.

'매출 목표 달성'이라는 최종 결과가 이러한 속성을 가지는 것이라면, 실제 매출 목표를 달성하는 것이 과연 영업사원의 노력으로 이루어진 것인지, 외부적인 우연적 요소에 의해 그리된 것인지 분간이 어렵게 되고, 마찬가지 이유로 영업사원의 열성적인 노력(또는 불성실함)에 의해서 매출 결과가 일어난 것인지의 책임 소재가 불명확하다. 여기서 책임소재가 불분명하다는 문제는 단순이 영업사원의 성과를 평가하는 문제를 넘어, 원래 목표관리의 가장 큰 효과인 '목표 달성을 위한 자발적인 노력에 대한 동기'를 떨어뜨린다는 것이다.

이상 기술한 내용을 바탕으로 영업사원의 목표에 대해 다시 한 번 정리해 보자.

〈조건 1〉 회사에서 주어진 매출 목표를 달성하는 것은 영업사원에게는 절체절명의 과제임에는 틀림이 없고, 그 결과에 따라 성과를 평가하는 것은 당연하다.

〈조건 2〉 매출 목표 달성은 영업사원의 노력뿐 아니라 외부적인 요소에도 많이 좌우된다(흔히 이러한 외부적인 변수는 실적 달성을 못한 영업사원의 변명거리로 이용된다).

〈조건 3〉 영업조직의 책임자는 업무 시간의 대부분을 부하직원의 영업활동이라는 과정에 관여하여 코치하고 지원한다. 또한 그러한 리더십을 요구 받는다(아무것도 하지 않다가 실적만 가지고 따지는 상사를 생각해 보라).

이상의 3가지 조건을 고려한다면, 영업사원의 성과는 일의 최종 결과(매출액)뿐 아니라 매출을 발생시키기 위한 과정에서 얼마나 열심히 그리고 효율적으로 영업활동을 수행했는가에 의해서도 평가받아야 한다. 또한 관리자는 결과(매출액)보다는 오히려 그 과정(영업활동)을 관리함으로써 매출 목표를 달성하도록 부하를 독려하여야 한다. 그러므로 영업사원의 목표는 최종 목표(매출)와 과정목표(영업활동)의 두 가지로 구성되어야 한다. 그래야만 (막연한) 영업활동은 구체화되고, 또한 목표로서 과제에 대한 새로운 동기부여가 될 수 있다.

영업사원의 목표설정이 어려운 이유

영업담당자들의 목표설정을 지도할 때, 이러한 두 분야에서 목표설정을 지도하고 있지만, 과정 목표를 제대로 수립하는 데 가장 애로가 많이 발생한다. 그 이유는 무엇보다도 이들이 매출 목표 달성을 위한 아이디어가 없거나 아이디어가 있더라도 구체화되어 있지 않기 때문이다.

목표설정을 지도하는 상황에서, 어떻게 해서, 즉 어떤 과제를 추진함으로써 목표를 달성할 것인가라는 상사나 컨설턴트의 질문에 흔쾌한 대답을 내는 영업담당자는 별로 없다.

그저 "열심히 해야지요." 하는 대답 아니면, "아! 목표 달성 방법이요? 그건 목표설정서 뒤에 있는 실행계획서에 있습니다."가 전부다. 하지만 실행계획서는 그저 단순히 영업사원의 직무기술서와 같은 수준으로만 작성되어 있다. 거래처 방문 월 1회, 대학가 전단지 배포 분기 1회 등등으로 늘 반복적으로 해 오는 업무만 기술되어 있는 것이다. 이래서야 절대로 목표 달성이 되지 않는다!

또한 실제 영업팀장을 대상으로 목표설정을 지도하다 보면, 목표 달성을 위한 구체적인 행동과제가 없는 것은 아니다(물론 실제 아무 생각이 없는 경우도 있다). 대부분 영업팀장 정도 되는 관리자라면 나름대로 영업활동의 노하우와 올해 시행할 과제(영업활동)를 아이디어 수준으로 머릿속에 가지고 있다. 하지만 이들은 그 아이디어를 끄집어내어 구체적인 과제로서 표현하고 KPI를 설정하는 일에 애로를 느끼고 있는 것이다.

그래서 컨설턴트로서 우리가 하는 일은 바로 그러한 막연한 아이디어를 구체화시켜, 중점과제와 KPI를 명확히 설정하는 일을 돕는 것이다.

(3) 소매영업 사례 1

(업무 개요)

이 회사는 소주 등 주류제품을 생산, 판매하는 회사이다. 주류 판매의 경우, 주류 회사에서 직접 소비자에게 판매하는 것이 아니고, 식당이나 주류도매상을 거쳐서 판매가 이루어지기 때문에, 영업의 대상은 식당 주인과 종업원 또는 주류도매상 사장이며, 또한 Pull Marketing 차원에서 직접 소비자를 대상으로 광고, 홍보 마케팅을 수행한다. 지점장은 특정 지역을 중심으로 주로 식당 등 주류 판매처를 관리하고, 소비자를 대상으로 마케팅을 수행하여 판매를 촉진하는 일을 수행한다.

〈표 4-1〉 목표설정 요령에 대한 1차 교육 후 영업지점장이 작성

중점과제(KSF)	KPI			비고
	성과항목	실적	목표	
1. 판매목표 달성	판매목표 달성	52천만 원	55천만 원	연간
2. 시장점유율 확대	시장점유율	46.1%	48,8%	연간
3. 채권 회수율 95%	거래선별 점검		매월	
4. 부도율 0%	사전점검 강화		매월	
5. 대학가 M/S 향상	방문주기		분기 1회	

(목표설정 해설)

먼저 독자 여러분이 보기에는 어떤가? 얼핏 보기에도 제대로 된 목표설정은 아닌 것으로 느껴질 것이다. 하지만 이 정도가 실제 기업의 팀장

(급)들이 한번쯤의 강의를 듣고 작성하는 수준으로 보면 틀림이 없고, 지금 앞의 사례가 잘못된 것을 아는 독자 또한 스스로의 목표를 설정하는 경우에 이 수준에서 크게 벗어나지 못할 것이다.

〈표 4-1〉의 목표설정에 대해 일단 형식적인 측면만 보자.

① 1번 판매목표 달성 항목은 목표로서 제대로 설정되어 있다. 우리가 흔히 영업부서는 목표설정이 쉽다고 할 때, 바로 이런 측면에서 '쉽다'고 할 수 있다. 왜냐하면 어느 회사든지 회사의 경영계획을 수립함에 있어 매출 목표를 수립하지 않는 회사가 없을 것이고, 그렇게 확정된 전체 매출 목표는 앞에서 말한 바와 같이 이런 목표는 회사 전체의 매출 목표에서 배분되는 목표이기 때문에 쉽게 설정된다. 사업부 단위로, 팀 단위로, 개인 단위로 배분(Cascading)되기 때문에 영업사원의 매출 목표는 어느 회사나 비슷하게 탑-다운(Top-Down)으로 확정된다.

② 2번 항목인 시장점유율도 비슷한 성격으로 볼 수 있다. 일정 지역에서 판매를 담당하는 영업 조직(이런 경우는 대체로 2명 이상의 영업사원이 배치된 조직단위가 형성된다)의 경우, 동일지역에서 경쟁사 대비 M/S를 목표로 설정하는 경우도 별도 드문 일은 아니다.

시장점유율을 목표로 설정하는 것은 1항의 매출 목표가 절대 기준이라면, 시장점유율은 경쟁사 대비 판매 금액을 비교하는 수치이기 때문에 상대기준으로 볼 수 있다. 또한 시장점유율은 매출 목표만을 목표로 하는 영업사원의 성과를 측정하는 보완적인 항목이 될 수 있다. 즉, 매출 목표는 달성하더라도 시장점유율이 오히려 떨어진다면 경쟁사에 비해 낮은 성과를 달성했다는 의미이기 때문에 영업사원의 성과를 그만큼 낮게 평가하는 것이 타당할 것이다.

③ 3번 채권 회수율 항목 또한 영업 담당자의 목표항목으로서 거의 모든 회사에서 관리하고 있다는 점에서 회사에서 주어진 목표라 할 수 있다. 하지만 표현 방식에 있어서 위에 적은 채권회수율 95%, 거래선별 매월 점검이라는 표현은 중점과제와 KPI 등이 뒤죽박죽 섞여 있어 올바른 표현이 아니다.

④ 4번 부도율 0% 항목은 3번의 채권회수율과 동일한 성격의 항목으로 중복된 과제이다.

동일한 업무 행위, 즉 채권회수율을 높이기 위한 수단의 하나로서 부도업체가 없도록 미연에 노력하는 것이기 때문에 그 성과는 결국 채권회수율에 포함된다.

⑤ 5번 대학가 M/S 향상의 항목도 표현상의 문제는 3번 항목과 동일하게 과제와 KPI가 구분되지 않고 혼재되어 있다. 이 항목의 더욱 큰 문제는 동일한 목표가 표현만 달리하여 중복되어 있다는 점이다. 5번 목표가 얼핏 보기에는 그럴듯하고 별도의 목표같이 보이기는 하지만, 다시 자세히 보면 1번 항목 내지는 2번 항목과 그대로 중복된다. 앞으로도 사례로 보이겠지만 이런 일은 영업사원의 목표설정서 곳곳에서 발견된다.

1, 2번과 5번의 목표가 중복되어 있는 사실을 알기 위해 다음의 〈그림 4-1〉을 보자. 〈그림 4-1〉은 목표설정과정에서 가장 많이 활용되는 문제

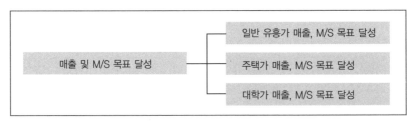

〈그림 4-1〉 매출 및 M/S 목표 달성을 위한 로직트리

해결기업의 하나로서 로직트리(Logic Tree)라고 한다. 로직트리란 간단히 말해 특정한 과제(문제)를 해결하는 데 필요한 수많은 하위 과제를 일목요연하게 도표로 나타낸 것이다.

〈그림 4-1〉에서 보는 바와 같이, 이 회사는 주류 매출을 위한 전략적 세그먼테이션을 일반 유흥가, 주택가, 대학가로 구분한 경우로 볼 수 있는 바, 결국 대학가 매출, M/S 목표를 달성하는 것은 전체 매출 목표를 달성하는 하나의 수단으로, 이 두 가지를 목표로 하는 것은 중복이 되는 것이다.

(목표설정 지도)

지면 관계상 대학가 M/S 향상 목표에 대해서만 지도 사례를 설명하고자 한다.

컨설턴트 : 대학가 M/S를 목표로 잡은 것으로 보입니다. 대학가에 집중적으로 영업하는 것이 아마도 매출 목표 달성에 가장 중요한 이슈인 것 같습니다.

지점장　 : 네, 그렇습니다.

컨설턴트 : 그렇다면, 대학가에서 어떻게 영업활동을 할 것입니까?

지점장　 : 대학가를 중심으로 열심히 뛰는 수밖에 없습니다. 매일 업소 방문하고, 학생들한테 홍보하고….

컨설턴트 : 매년 그렇게 해 오셨을 텐데…. 효과가 있던가요?

지점장　 : 글쎄요. 효과가 있었다기보다는 방법이 그것밖에 없는 거죠.

컨설턴트 : 매년 같은 방법으로 해서는 매출 목표 달성이 안 되죠. 어

떻습니까?

지점장　: 더욱 열심히 해야죠, 죽어라….

컨설턴트 : ….

컨설턴트 : 좋습니다. 그렇다면 영업사원이 열심히 뛴다고 하셨는데, 열심히 뛰면 어떻게 되죠? 또는 직원들이 열심히 뛰는지 안 뛰는지는 무엇으로 판단합니까? 매일 업소 방문하는 거 챙기면 됩니까?

지점장　: 업무일지를 쓰긴 하지만 그것 가지고 매일 내가 이래라 저래라 할 수는 없습니다. 또 그것만 챙길 수도 없는 노릇이고….

컨설턴트 : 다시 한 번 정리해 보죠. 영업사원이 업소를 대상으로 열심히 뭔가를 하고, 최종 결과로서 매출이 늘어날 것인데…. 업소 방문과 매출 증대라는 결과의 중간에 뭐가 없을까요?

지점장　: 글쎄요…. 아! 이런 사례는 있습니다. 제 지점에 영업 잘하는 직원이 있는데, 그 친구에 대해서는 업소 사장들의 칭찬이 이따금씩 들려옵니다. 당연히 그 친구가 맡은 구역은 매출이 많죠.

컨설턴트 : 바로 그겁니다. 그렇다면, 업소사장들의 생각을 들어보면 그 친구가 열심히 했는지 안 했는지를 알 수 있겠네요. 그리고 사장들의 칭찬이나 호감이 결국 매출로 이어지는 것이고요.

이상의 대화 내용을 도식화 하면 다음 〈그림 4-2〉의 윗 부분 같다. 아울러 그림의 아랫 부분은, 지점점장과의 대화 중에 나눈 여러 가지

영업활동과 일의 결과	1. 영업사원의 열성적 노력	→	2. 업소 사장/직원 의 호감도 증진	→	3. 손님에게 자 사제품 권유	→	4. 매출증대

KPI 후보		• 업소방문 횟수	• 업소 호감도	• 권유 횟수	• 매출액
검 토 항 목	Specific	High	High	High	High
	Measurable	Low	Middle	Low	High
	직접연관성	High	High	High	Middle
	기타	너무빈번히 발생	점진적 발생	측정불가	성과 목표와 중복
KPI 선정		×	○	×	×

〈그림 4-2〉 영업활동 프로세스에 따른 가능한 KPI

KPI 후보들 중에서 목표설정의 원칙(SMART+)에 가장 부합하는 KPI를 설정하는 과정을 보여 주는 것이다.

지점장 : 당연히 그렇죠….

컨설턴트 : 지금까지 업소를 대상으로 호감도 조사나 업소 사장과 직원들이 원하는 바를 들어본 적이 있습니까?

지점장 : 저도 그렇고 담당자들도 늘 듣고 있죠.

컨설턴트 : 좋습니다. 그렇다면 이번에 한번 업체 사장과 종업원들을 대상으로 호감도나 필요한 사항을 체계적으로 조사를 한번 해 보죠. 그리고 정기적으로 그 조사를 해서 추세를 한 번 분석해 보는 거죠. 또 그 사람들로부터 회사가 해줄 수 있는 게 무엇인지도 같이 조사를 해 보고요. 그렇게 되면 좀 더 효과적으로 업소 방문활동을 할 수 있겠죠.

지점장 : 괜찮은 방법 같습니다. 그걸 담당자별로 맡은 업소를 구분해서 분석하면, 담당자별로 호감도 수치가 나오겠네요.

컨설턴트 : 바로 그겁니다! 지점장님께서 애초에 다 아는 얘기를 이렇

중점과제(CSF)	KPI			비고
	성과항목	실적	목표	
5. 대학가 영업활동 강화	업소 호감도	-	30% 증진	2월, 12월 호감도 조사

　 게 길게 하셨습니다.

지점장　 : 그러고 보니 그러네요. 내가 왜 그렇게 안 했죠?

컨설턴트 : 그러면 KPI는 다음과 같이 되는 거죠.

컨설턴트 : 호감도를 30% 정도 올리기는 너무 과도한 것 아닙니까?

지점장　 : 그 정도는 돼야 될 것 같은데요. 측정하기가 쉽진 않겠지만 호감도가 30% 정도 올라 가야 그나마 매출이 한 10% 정도 올라가겠죠. 우리만 열심히 뛰는 것도 아니고 경쟁사도 그렇게 뛸 테니까요.

컨설턴트 : 좋습니다. 이것 하나만 하면 매출 목표 달성합니까?

지점장　 : 아뇨, 더 해야죠. 그것만 열심히 해가지고는 대충 잡아도 대학가 매출만 10% 정도 올라갈 수 있을 겁니다.

컨설턴트 : 그러면 또 지점장님이 생각하시는 방법은 뭐가 있습니까?

(4) 소매영업 사례 2

(업무 개요)

이 회사는 여러 개의 브랜드와 제품군을 가지고 의류나 피혁 제품을 생산, 판매하는 회사이다. 영업팀장은 이 회사의 여러 제품군 중 특정 제품을 판매하는 여러 개의 매장을 관리하며 그 제품에 대한 판매를 책임

업무 구분	중점과제(KSF)	KPI			비고
		성과항목	실적	목표	
매출	1. 매출 목표 달성	매출액	253억 원	298억 원	
매출관 리 강화	2. 주·월 실적 분석 및 대안 수립	목표 대비 실적	시행 안함	6회	
	3. 점별 목표관리 강화	목표 달성률	90%	100%	
유통 경쟁력 강화	4. 매장 확대 운영	open 매장 수	12개	20개	
	5. 신개념 매장 오픈 및	시점 매장 수	–	5개	
매출 활성화	6. 목표 달성에 대한 보상강화	성장률	– 시행 안함	상위 3개점 포상	분기 1회 실시
	7. 점별 영업활동 평가 및 페널티	평가/시행		연 1회	

지고 있다. 매장은 백화점 등 대형 유통점에 입점하여 제품을 직접 판매하거나 개인과 대리점 계약을 통해 대리 판매하고 있다.

(해설)

누차 설명하지만 나의 목표를 설정하기는 어렵지만 다른 사람이 수립한 목표에 대한 평가는 대단히 쉽다.

다음 관점에서 앞의 목표를 평가해 보라.

① 목표 2~7번까지의 목표를 달성하면 과연, 제일 윗단의 1번 목표인 매출 목표가 달성되는 것인가?

② 매출 목표 달성을 위해 무엇을 어떻게 하겠다는 것이 명료한가?

어느 회사든지 매출 목표는 특별한 경우가 아니면 성장목표를 설정하고 있고, 그 성장 목표를 달성하기 위해서는 기존에 하던 일을 더 열심히 하거나 뭔가 특별히 다른 방법으로 일을 해야 달성된다는 것은 논리적으로도 틀림없는 사실이다.

③ 앞에 적은 과제에서 노력을 더 하거나 뭔가 특별한 방법이 보이는가?

과제 1은 회사에서 하달된 목표이기 때문에 제외하고, 나머지 과제에 대해 하나씩 문제점을 찾고, 대안을 모색해 보자.

과제 2, 3, 6, 7에 대한 해설

먼저 업무구분상의 매출관리 강화 업무와 매출활성화로 기재한 과제 2, 3과 6, 7을 보자.

주·월별 실적관리와 점별 목표관리는 얼핏 보기에도 같은 업무로 느껴질 것이다. 또한 여러 매장의 매출을 책임지는 영업팀장이 판매점별 실적, 개인별 실적을 관리하는 것은 너무나 당연한 일이다. 그리고 별로 어려워 보이지도 않는다. 그리고 이 회사에는 여러 영업팀이 있고, 이러한 영업팀을 관리하는 영업지원팀이나 기획기능이 있는 팀이라면 과제 6, 7과 같은 평가보상제도는 일개 영업팀 단독으로 할 수 있는 일이 아니다. 전 영업팀 전체적으로 시행해야 할 업무이기 때문에 이것은 영업기획팀이나 인사팀의 책임이다. 또한 그러한 성과관리가 잘 되고 못 되는 것에 대한 책임 또한 이들이 지면 된다. 설사 과제 6, 7과 팀장이 자기 팀에 대해 독자적으로 시행하는 보상제도라 하더라도, 과연 팀장이 이런 일만 하면 그것이 목표 달성을 할 수 있을 것인가?

영업팀장의 업무 중 가장 중요한 것이, 매출향상을 위한 영업 전략을 수립하여 각 매장으로 하여금 그 전략을 시행하게 하는 것임에도 불구하고, 위의 목표설정서에는 별로 그런 것이 보이지 않는다. 중점과제가 아닌 것을 중점과제로 설정했으니 당연한 일이기도 하다.

과제 4, 5에 대한 해설

여기서 비교적 목표로서 인정할 만한 것은 유통경쟁력 강화를 위한 업무인, 목표 4. 매장확대 운영과, 목표 5. 신개념 매장 오픈 및 운영이다. 우선 이 두 중점 과제를 좀 더 깊이 들여다보자.

물론 이것이 중점과제인지 아닌지 또는 20개 정도의 매장을 오픈하는 일이 도전적인 일인지 아닌지는 현재의 정보로는 우리도 독자 여러분도 판단할 수가 없다. 하지만 일단 신규매장을 오픈하는 것이 매출향상에 중요한 과제이고, 또 20개 정도의 신규매장을 오픈하는 것이 상당히 도전적인 목표라면 이 과제와 KPI는 정확히 설정된 것이다.

5번 과제인 신개념 매장 및 시범운영도 이런 맥락에서 판단할 수 있다. 이 과제에서 눈여겨볼 만한 것은, KPI로 설정된 시범매장 수 5개이다. 물론 시범매장을 5개 개장하는 것이 어렵고 중요한 과제(현재의 매출 또는 미래의 매출에 중대한 영향을 미치는)라면 개장 그 자체로서 목표가될 수 있을 것이며, 나아가 새로 개장한 매장에서 일정 매출이 일어나는 것을 목표로 삼을 수도 있을 것이다. 그렇게 본다면, KPI는 시범매장 매출액 ○○○원이 될 것이며, 매장 수는 '비고' 란에 기재되고, 또한 그에 대한 상세 일정은 실행계획서에 기술되어야 할 것이다.

이상을 정리하면 다음과 같다.

〈표 4-4〉 정리된 목표설정서

업무 구분	중점과제(KSF)	KPI			비고
		성과항목	실적	목표	
매출	1. 매출 목표 달성	매출액	253억 원	298억 원	
유통 경쟁력 강화	2. 매장 확대 운영	open 매장 수	12개	20개	
	3. 신개념 매장 오픈 및 시범운영	신규 매출액	–	10억 원	5 신규 open

또 다른 중점과제 찾기

또 다른 중점과제를 어떻게 설정할 것인가? 즉, 1번 매출 목표 달성을 위해 무엇을 하여야 하는가?

독자 여러분이 보기에도 앞에 적은 과제만 수행하면 매출 목표(성장목표)가 달성될 것 같지는 않을 것이다. 영업담당자의 중점과제를 도출하는 아주 간단한 요령은 앞서 설명한 바와 같이, '과연 현재 설정된 과제만 수행하고 그 목표만 달성하면 매출 목표를 달성할 수 있을 것인가?'를 스스로에게 물어 보는 것이다(물론 팀장이니까 팀원들의 의견을 구하는 것도 당연한 방법이다).

일반 고객을 대상으로 영업(판매)을 하는 경우, 매출은 〈그림 4-3〉의 로직트리에서 보는 바와 같이 2가지 방향에서 발생한다. 이미 앞 단계에서 목표로 설정된 판매망 확대 외에, 판매 점포별 판매액 증대가 바로 그것이다.

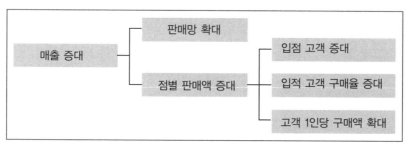

〈그림 4-3〉 소매 지점의 매출 증대 방안

이러한 로직트리를 그리는 일은 지식의 문제이며, 회사에서 직원들에게 교육을 시키는 것은 바로 이와 같은, 직무와 관련된 지식을 갖게 하기 위한 것이다. 교육을 통해 습득한 지식이라는 것이 늘 그렇듯이 그 자체로서 우리의 업무에 직접 활용되는 경우는 대단히 드물다. 직원들은 바로 그러한 지식을 자기 업무에 관해 응용을 해서 수행하여야만 비로소 회사의 성과와 연결되는 것이다. 하지만 이 정도의 로직트리는 교육에서 배운 것이 아니더라도 문제 해결 기법에 대해 어느 정도 아는 팀장이라면, 스스로 도출해 낼 수 있다.

간단한 로직트리 작성법

맨 먼저 팀원들을 모아서 회의를 한다. 이 회의에서 '우리 팀이 맡은 제품의 매출을 올리기 위해 무엇을 해야 하는가?' 라는 회의 주제를 놓고, 팀원들의 의견을 무작위로, 자유롭게 들어 보라. 이것이 브레인스토밍(Brain Storming) 기법이다. 직원들이 제안하는 아이디어를 전부 칠판에 적고, 그것을 분류하고 또 분류해보라. 그러면 바로 위에 적은 로직트리가 도출된다. 그러므로 목표설정에는 반드시 상하간의 의견 수렴 및 토론이 필요하다.

〈그림 4-3〉의 로직트리를 활용하여 중점과제를 좀 더 도출해보자.

입점고객을 늘리기 위해 할 수 있는 일은 대체로 광고나 이벤트, 할인행사, 점포 앞 전단지 배포 등의 일일 것이다. 중견회사 이상의 회사는 대체로 이러한 대고객 홍보나 행사는 본사의 광고팀이나 영업기획(지원)팀에서, 회사 차원에서 이루어진다고 보면 된다. 그렇게 본다면, 입점고객 증대와 관련된 과제는 영업팀의 업무가 아니다. 이제는 입점고객 구매율 증대와 고객 1인당 구매액 확대를 위해 영업팀장이 고민을 할 차례이다.

여기서 잠깐, 영업담당자가 목표설정에서 흔히 저지르는 실수(잘못된 목표)를 보자.

<표 4-5> 중복된 목표

업무구분	중점과제(KSF)	KPI			비고
		성과항목	실적	목표	
매출	1. 매출 목표 달성	매출액	253억 원	298억 원	
전략과제	2. 판매망 확대	신규 개점 수	12개	20개	
	3. 점당 매출 확대	점당 매출액	10억 원/점	15억 원/점	

여기서 과제 3은 그럴 듯하기는 하지만, 과제 3은 과제 1과 완전히 같은 과제의 다른 표현에 지나지 않으며, 전혀 새로운 정보가 없다. 여기서 고민해야 할 것은 점당 매출을 어떻게 올릴 것인가이다. 이것은 곧 매출 목표를 어떻게 달성할 것인가와 동일한 고민인 것이다.

그렇다면 〈그림 4-3〉의 로직트리에서 나오는 입점고객 구매율을 올리고 이들의 구매금액을 늘리는 방법을 찾아야 한다. 일단 입점 고객 구매율을 증대한다는 것은, 일단 매장에 들어 온 고객 대비 실제 구매를 하는 인원을 늘리는 일이다. 그것을 위해서 팀장은 무엇을 해야 할까?

이 회사의 팀장이 제안한 방법은 제품 라인을 변경하는 것이다. 즉, 백화점 고객을 위한 백화점에 있는 판매점의 제품, 대형 할인마트에 특화된 제품으로 제품을 구분하여 각 매장의 고객 특성에 맞게 제품 라인을 구성한다는 것이다.

다음으로 고객 1인당 구매액 확대를 위한 방법으로서 두 가지를 생각해 볼 수 있다. 먼저 제품의 가격을 올리는 것이고, 또 하나는 1인 고객이 한 가지뿐 아니라 여러 가지를 사게 만드는 것이다. 즉, 옷을 사러 온 고객에게 그 옷에 어울리는 넥타이나 지갑, 벨트를 판매원이 권고(유인)해서 구매를 많이 하게 하는 것이다. 이 중에서 팀장이 제안한 방법 – 오랜 경험상 효과가 있을 것이라고 판단한 – 은 '할인율 축소' 이다. 그간 너무 잦은 세일 판매로 인해, 제품 이미지가 실추되고, 또 고객들은 정상가격에는 아예 구매를 하지 않고 며칠을 기다렸다가 세일시기에 구매를 하기 때문에 판매가격이 낮아진다는 점을 개선 포인트로 본 것이다. 이상 영업팀장과 논의한 것을 정리하면 다음과 같다.

제일 처음 영업팀장이 작성한 〈표 4-3〉과 마지막 목표설정서〈표 4-6〉을 비교해 보면 어떤 것이 더 목표다운 목표인지 쉽게 이해할 수 있을 것이다.

〈표 4-6〉 영업팀장의 최종 정리된 목표

업무 구분	중점과제(KSF)	KPI			비고
		성과항목	실적	목표	
매출	1. 매출 목표 달성	매출액	253억 원	298억 원	
유통망 확대	2. 매장 확대 운영	open 매장 수	12개	20개	
	3. 신개념 매장 오픈 및 시범운영	시점 매장 수	–	5개	
점당 매출 확대	4. 기획제품 운영 확대	제품구성비	20%	40%	
	5. 고객관점의 판가 재정립	할인율	35%	15%	Sale 행사 축소

(5) 특판영업 사례

(업무 개요)

사례의 회사는 종합 패션업체로서 일반 백화점의 직영매장이나 일반 상가(명동 등)에서 매장을 두고 직접 소비자에게 판매하는 시판 영업과

<표 4-7> 특판영업팀장의 목표설정서 1

업무 구분	중점과제(KSF)	KPI			비고
		성과항목	실적	목표	
재무적 성과과제	1. 매출 목표 달성	매출액	94.8억 원	110억 원	
	2. 손익 목표 달성	손익	7.7억 원	10.1억 원	
전략과제	3. 기존 거래처 영업 진행	고객만족을 통한 유지			
	4. 신규업체의 개발	팀발전 목표			
부서관리	5. 유기적인 의사소통	합리적인 방향			
	6. 상호업무지원 및 보조				

제복을 입는 AA나 BB, 학교 그리고 일반 회사를 대상으로 단체복을 제작, 납품하는 특판 영업으로 구분되어 있다. 이 회사 특판 영업의 제일 큰 고객은 AA나 BB, 학교이며, 그 외 100여 개 이상의 일반 회사에서 특정한 직무에 종사하는 직원들을 위한 단체복(작업복 등)을 판매하고 있다. 영업의 주 대상은 회사나 기관의 구매담당자들이며, 수개의 패션업체들이 납품을 위해 치열한 경쟁을 벌이고 있다.

(이 내용은 컨설팅 받은 회사의 정보를 보호하기 위해 많은 부분을 수정한 것이다.)

<표 4-8> 특판영업팀장의 목표설정서 2

업무 구분	중점과제(KSF)	KPI			비고
		성과항목	실적	목표	
재무적 성과과제	1. 매출 목표 달성	매출액	94.8억 원	110억 원	
	2. 손익목표 달성	손익	7.7억 원	10.1억 원	
전략과제	3. AA 작업복 기능 Upgrade				
	4. BB 고객 판매 강화				
	5. 제품, 영업력 강화				

(해설)

「목표설정서 1」과 〈표 4-8〉의 「목표설정서 2」가 어떻게 다른지, 좀 더 나아진 게 있는 지, 독자 여러분께서 판단해 보시기 바란다. 「목표설정서 1」은 목표의 개념에 대한 간단한 강의 후 팀장 특판 팀장이 작성한 것이다. 이런 수준의 〈표 4-7〉의 목표설정서가 많은 회사에서 진행되고 있는 성과관리(목표설정)의 실상이라고 보면 된다.

여기서 간단히 「목표설정서 1」에 대한 해설을 하면, 과제 3, 4는 앞의 재무적 목표 1, 2와 100% 중복된 과제이다. 특판팀의 매출은 논리적으로 순전히 기존 거래처 유지와 신규 거래처 개척으로 이루어지고, 그것의 단순한 산술적 합이다.

다시 한 번 말하지만 이렇게 과제를 표현만 바꾸어 중복되게 나열하는 이유는, 현 단계에서 담당자가 목표 달성을 위해 무엇을 할지에 대한 아이디어가 없거나 그것이 구체화되어 있지 않기 때문이다.

(지도)

지금부터 〈표 4-8〉의 「목표설정서 2」에 기술된 목표항목에 대해 하나 하나 짚어나가 보겠다. 이것은 목표설정에 관한 4시간의 강의와 실습 후 작성한 목표설정이다. 과제 1, 2에 대해서는 회사에서 하달된 목표이기 때문에 별도의 해설이 필요하지 않다.

컨설턴트 : 작성하신 것 어디 한번 볼까요.

특판팀장 : 지난번 교육받고, 팀원들과 회의도 하고 저도 진짜 고민을 많이 했습니다만, 정말 어렵네요. 저희 특판팀에는 성과관리 이런 거 안 맞는 거 아닙니까?

컨설턴트 : 그래도 지난 번 교육 때 작성하신 것보다는 좀 구체화되어
　　　　　　있는데요.

특판팀장 : 그래도 KPI 설정은 도저히 안 됩니다.

컨설턴트 : 한번 얘기해 보죠. AA 작업복 기능 업그레이드가 중요한
　　　　　　과제는 맞습니까?

특판팀장 : 예, AA가 저희의 제일 큰 고객이고 이거 하나 놓치면 목표
　　　　　　달성 못합니다. 죽어도 잡아야 됩니다.

컨설턴트 : 죽어도 거래처를 잡아야 된다고 말씀하셨는데, 죽어도 이
　　　　　　사람들을 잡기 위해서 팀에서는 무슨 일을 합니까?

특판팀장 : 부지런히 담당자 만나서 친분 유지하고, 그 사람들이 원하
　　　　　　는 제품 만들어서 제시하고 설득하는 거죠.

컨설턴트 : 그건 AA뿐만 아니라 BB도 마찬가지겠네요? 그리고 또 다
　　　　　　른 일반 업체는요?

특판팀장 : 그렇습니다. 다 똑같죠.

컨설턴트 : 좋습니다. 지금 두 가지를 말씀하셨는데, 열심히 고객을 만
　　　　　　나는 일과 원하는 제품 제시하는 일이 맞습니까? 그것만 잘
　　　　　　하면 기존 거래처 유지가 되는 건가요? 타 업체들은 어떻게
　　　　　　하는지 아십니까?

특판팀장 : 그 사람들도 저희랑 별 다를 것은 없지요. 정말 치열합니
　　　　　　다. 서로 상대 업체 물어뜯기도 하고, 가격 치고 들어오
　　　　　　고….

컨설턴트 : 그럼 경쟁업체 동향을 파악하는 것도 중요한 업무이겠네요?

특판팀장 : 그렇죠. 그것도 하나 추가해야겠네요.

컨설턴트 : 다시 정리를 하죠. 열심히 담당자를 접촉하고, 그 사람들이

원하는 제품 또는 더 나은 기능을 부가한 제품을 제시하고, 경쟁사의 동향을 잘 파악해서 적극적으로 대응하면 되겠네요?

특판팀장 : 그렇습니다. 조금씩 정리가 되어가는 느낌입니다.

컨설턴트 : 그런데 이렇게 하면 정말 (기존 거래처에 대한) 매출 목표는 달성합니까?

특판팀장 : 아니죠. AA나 BB는 연간 예산이 있기 때문에 예산이 삭감되면 목표 달성이 안 되죠.

컨설턴트 : 만약 그런 업체에서 예산을 삭감하면 아무리 열심히 뛰어도 그 업체에 대한 매출 목표는 못 맞추게 되는데…. 그러면 전체 매출 목표는 어떻게 맞출 건데요?

특판팀장 : 일반 업체에서 더 많이 팔거나 신규업체를 개발해야죠.

컨설턴트 : 좋습니다. 중점과제는 이 정도 하고, KPI로 넘어가 보죠. AA나 BB 판매와 관련해서 그 사람들 예산 문제는 우리가 통제가 불가능한 것이죠. 정부 예산 담당자에게 가서 영업할 수는 없을 테니까요?

특판팀장 : 당연히 그렇죠.

컨설턴트 : 그렇다면 특판팀이 할 수 있는 것은 어디까지입니까? 즉, AA나 BB를 상대로 영업활동을 열심히 해서 나타나는 결과로서 매출이 아니면 무엇이 있을까요? 즉, 매출의 전 단계로서 나타나는 결과가 뭐 없을까요?

특판팀장 : 일단 AA나 BB는 정부 조달규정에 따라 입찰방식으로 진행합니다. 공개입찰이 나왔을 때, 그대로 낙찰이 되도록 하는 것이죠. 금액은 (예산과 관계있는 것이기 때문에) 잘 모르겠

지만, 작년도 거래처에 대해 그대로 낙찰을 받는 것입니다.

컨설턴트 : 낙찰이라. 기존 거래처 낙찰률? 작년에는 낙찰률이 얼마였
는데요?

특판팀장 : 이전에 계약했던 그대로 100% 거래처 유지했습니다.

컨설턴트 : 그렇다면 올해도 100% 유지하는 것을 목표로 해야 할 텐
데…. 늘 그렇게 해서야 발전이 됩니까?

특판팀장 : 그건 그렇지 않습니다. 아까 말씀드린 대로 업체간 경쟁이
엄청나기 때문에 기존 계약 유지하는 것 자체가 엄청 어렵
습니다. 기존 거래처를 다른 데 안 빼앗기고 유지하는 것만
으로도 엄청 열심히 한 것입니다.

컨설턴트 : 그것이 얼마나 어려운 일인지는 저는 사실 잘 모릅니다. 팀
장님의 상사께서 판단하실 일이겠죠. 일단 팀장님께서 그렇
게 어렵다고 하니까 그렇다 치고…. 그렇다면 '기존 업체
거래 유지율 100%'로 하면 됩니까?

특판팀장 : 네, 그것만 해도 엄청난 노력이 필요합니다.

컨설턴트 : 좋습니다. 다시 처음으로 돌아가서, AA나 BB에 낙찰을 받
기 위한 영업활동 중에서 가장 중요한 과제가 무엇인가요?

특판팀장 : 제일 중요한 것은, 지속적으로 경쟁업체보다 나은 제품(샘
플)을 그 사람들이 요구하기 전에 우리가 먼저 만들어서 제
시하는 일입니다.

컨설턴트 : 올해 대략 몇 건 정도 제시할 계획입니까?

특판팀장 : 올해는, 상황이 안 좋아서 더 많이 제시하고, 또 그 사람들
이 없던 (구매)계획도 만들어 내려면 작년보다 더 많이 해
야 됩니다. 작년에 약 30건 정도, 올해는 50건 정도 해야

할 것 같네요.

컨설턴트 : 그것도 한번 목표로 잡아볼까요? 일단 한번 잡아보죠.

<표 4-9> 1차 정리된 목표

업무 구분	중점과제(KSF)	KPI			비고
		성과항목	실적	목표	
재무적 성과과제	1. 매출 목표 달성	매출액	94.8억 원	110억 원	
	2. 손익 목표 달성	손익	7.7억 원	10.1억 원	
기존 거래 처 유지	3. AA/BB영업 강화	낙찰률	100%	100%	
	4. AA/BB 대상 샘플 제시 강화	샘플 건수	30건	50건	

컨설턴트 : 다음으로 넘어가 보죠. AA나 BB에 대한 영업목표는 이 정도로 하고, 일반 업체는 어떻습니까?

특판팀장 : 일반 업체는 거래처가 100군데 이상이라, AA나 BB와 같은 집중관리는 못합니다. 또 금액도 그렇게 크지도 않고요.

컨설턴트 : 그렇다면 업체별로 다양한 영업 활동들이 이루어지겠네요. 어떤 데는 샘플 제시, 어떤 데는 담당자 관리 열심히 하는 것 또는 경쟁사가 특별히 노리는 업체라면 경쟁사 동향 파악하는 것도 포함해서….

특판팀장 : 그렇죠. 이런 업체들은 제가 일일이 관리도 못하고 담당자가 판단해서 활동합니다.

컨설턴트 : 일반 업체 대상으로 그러한 영업활동을 어떻게 관리할 수 있나요? 예를 들면 업무일지를 보고 열심히 했다 안 했다를 판단하나요?

특판팀장 : 업무일지를 쓰긴 하지만 그건 관리가 안 됩니다.

컨설턴트 : 그러면 뭐로 판단하시겠습니까?

특판팀장 : 열심히 뛴 친구는 기존 거래처 안 빼앗기고 올해도 그대로
계약 유지하는 것이고, 못하는 녀석은 다른 경쟁사에 뺏기
겠죠?

컨설턴트 : 그러면 됐네요. 앞에서 얘기했던 낙찰률과 같은 계약 유지
율로 관리하면 되나요?

특판팀장 : 그렇겠네요. 물론 올해 제품구입을 안 하는 업체도 있을 테
니까, 그런 거래처는 제외하고 집계해 보면 되겠네요?

컨설턴트 : 좋습니다. 일반 업체에 대해서는 계약 유지율을 KPI로 해
봅시다. 작년도는 얼마나 됩니까?

특판팀장 : 약 90% 정도 됩니다.

컨설턴트 : 그럼 올해는 95% 정도하면 됩니까?

특판팀장 : 글쎄요. 욕심 같아서는 100% 하고 싶지만, 어쩔 수 없는 상
황도 있을 수 있으니 한 98% 정도로 해 보죠.

컨설턴트 : 좋습니다. 정리하면 이렇게 됩니다.

컨설턴트 : 계속해서 다음 과제 할까요?

특판팀장 : 좀 쉬었다 하시죠. 골치가 지끈지끈합니다.

컨설턴트 : 저도 아주 힘드네요. 10분만 쉬었다 하죠.

〈표 4-10〉 2차 정리된 목표

| 업무 | 구분 | 중점과제(KSF) | | | KPI |
		비고	성과항목	실적	
재무적 성과과제	1. 매출 목표 달성	매출액	94.8억 원	110억 원	
	2. 손익 목표 달성	손익	7.7억 원	10.1억 원	
기존 거래 처 유지	3. AA, BB 영업 강화	낙찰률	100%	100%	
	4. AA, BB 샘플 제시 강화	샘플 건수	30건	50건	
	5. 일반 업체 영업 강화	재계약률	90%	98%	

(10분 후)

컨설턴트 : 기존 거래처 관리는 이 정도로 하구요. 지금부터는 신규 거
래처와 관련해서 얘기해 보죠. 신규 거래처 개발을 위한 영
업활동은 기존 거래처와는 좀 다를 것 같은 데요?

특판팀장 : 다르죠. 일단 신규 거래처가 어디 있는지 잘 모르니까. 저
희 제품을 구매할 만한 거래처를 발굴하는 것이 제일 처음
이죠.

컨설턴트 : 그렇군요. 그렇다면 신규 거래처를 발굴해서, 최종 납품(판
매)까지에 이르는 프로세스를 한번 말씀해 보시겠습니까?
칠판에 한번 그려 보시죠.

특판팀장 : 이렇게 됩니다.

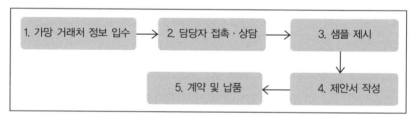

〈그림 4-4〉 영업활동 프로세스

(위와 같은 그림이 한 번에 나오겠는가? 이것까지 그리는 데 약 30분
의 논의가 있었다. 그 과정은 생략한다.)

컨설턴트 : 신규거래라 함은 순전히 올해 처음 발굴해서, 앞의 전 과정
을 다 밟아서 거래가 이루어지는 거래를 말합니까?

특판팀장 : 아니죠. 작년, 아니 그 전부터 계속 접촉하고 있는 업체가

훨씬 많죠. 다만 다른 경쟁사와 거래를 하고 있으니까 저희가 기회를 엿보면서 계속 관리하고 있는 거죠.

컨설턴트 : 그렇다면, 현재 신규거래를 위해서 가망고객의 리스트를 가지고 수시로 접촉해서 기회를 엿보는 고객이 대부분이고, 그래서 이들로부터 구매가 이루어지면 되는 거죠?

특판팀장 : 바로 그렇죠.

컨설턴트 : 그러면 최종적으로 계약을 하고 납품까지 가기까지 어떤 단계까지 가면 거래가 일어날 확률이 높습니까? 말씀하신 대로 매일 담당자를 만나고 하는 활동들은 관리가 어려울 테고요.

특판팀장 : 그건, 샘플 제시입니다. 거래처 담당자가 샘플 한번 가져와 보라고 하면 그건 상당히 가능성이 높죠. 왜냐하면 기존 업체들이 마음에 안 들거나 새로운 제품 업체를 찾아보려는 신호이거든요. 그렇지 않다 하더라도, 저희가 먼저 샘플을 제시해도 비슷한 가능성이 생깁니다. 저희 제품을 보고 (기능이나 다자인 측면에서) 담당자의 마음이 변할 수도 있거든요.

컨설턴트 : 그렇다면, 영업사원들이 열심히 하는 노력은 1단계로 샘플을 제시해 보는 거네요.

특판팀장 : 그렇습니다.

컨설턴트 : 샘플을 제시할 때는 팀장님께 보고하고…. 관리가 가능한 것이죠?

특판팀장 : 물론입니다. 그렇다면 신규업체 발굴을 위한 활동의 KPI는 샘플 제시 건수가 되겠군요.

컨설턴트 : 바로 그겁니다. 이제야 말이 좀 통하기 시작하네요. 작년도에 몇 건이나 제시해 봤습니까?

특판팀장 : 약 30건 정도 했습니다.

컨설턴트 : 그럼 올해는 몇 건 정도 해야 됩니까?

특판팀장 : 한 50건은 해야죠.

컨설턴트 : 너무 많지 않습니까?

특판팀장 : 이 정도는 해야 할 것 같습니다.

컨설턴트 : 마지막으로 하나만 더 봅시다. 기존에 알고 있는 가망고객은 그렇게 하면 되겠고, 순전히 신규로 가망고객을 발굴하는 업무도 해야지요.

특판팀장 : 물론입니다. 실제 그런 활동도 하고 있고요. 그런 업체가 발견되면 저한테 보고하고 후보 거래업체 리스트에 추가 기록해서 관리합니다.

컨설턴트 : 그러면 이야기 더 길게 할 것 없네요. 뭐가 KPI가 될지 알겠죠?

특판팀장 : 그 정도야 뭐…. 당연히 신규 가망고객 발굴 업체 수가 되겠지요. 작년에 한 10여 개 업체 했으니까 올해는 한 20여 개 업체를 해야겠네요.

컨설턴트 : 너무 무리하시는 거 아닙니까?

특판팀장 : 아뇨, 이 정도는 해야 됩니다.

컨설턴트 : 마지막으로 정리해 볼까요?

(〈표 4-11〉을 작성한다.)

컨설턴트 : 어떻습니까?

특판팀장 : 좋은데요.

업무 구분	중점과제(KSF)	KPI			비고
		성과항목	실적	목표	
재무적 성과과제	1. 매출 목표 달성	매출액	94.8억 원	110억 원	
	2. 손익 목표 달성	손익	7.7억 원	10.1억 원	
기존 거래 처 유지	3. AA, BB 영업 강화	낙찰률	90%	95%	
	4. AA, BB 샘플 제시 강화	샘플 건수	10건	15건	
	5. 일반 업체 영업 강화	계약 유지율	90%	98%	
신규 고 객 창출	6. 신규 거래처 영업 강화	샘플 제시 건수	30건	50건	
	7. 신규 가망고객 발굴	발굴 업체 수	10사	20사	

컨설턴트 : 가만…. 3항과 6항의 표현이 중복되어 있고, 또 4항의 샘플 제시 강화가 결국 앞의 낙찰률과 직접 관련이 있어서 좀 중복된 감이 있습니다. 말씀하신 것처럼, 그 사람들 입맛에 맞는 샘플을 많이 제시하는 것이 낙찰률과 이어진다면서요….

특판팀장 : 맞습니다, 맞고요. 좀 이상해 보이기는 합니다.

컨설턴트 : 그러면 두 개를 합해서 '제품 업그레이드를 통한 거래유지'가 어떻습니까? 그리고 영업 강화를 좀 구체적으로 표현할 방법은 없나요. 이건 표현상의 문제이지만, 이 목표설정서는 부하, 상사와 커뮤니케이션을 위한 수단이기 때문에 가급적 구체적일수록 좋죠.

특판팀장 : 구체적으로 한번 고쳐 보죠.

(이후 컨설턴트/특판팀장의 옥신각신…. 〈표 4-12〉를 작성한다.)

컨설턴트 : 자, 다 되었습니다.

특판팀장 : 이게 올해 제가 다 해야 할 일입니까?

〈표 4-12〉 최종 정리된 목표

업무 구분	중점과제(KSF)	KPI			비고
		성과항목	실적	목표	
재무적 성과과제	1. 매출 목표 달성	매출액	94.8억 원	110억 원	
	2. 손익 목표 달성	손익	7.7억 원	10.1억 원	
기존 거래 처 유지	3. AA, BB 대상 제품 Upgrade를 통 한 계약유지	낙찰률	90%	95%	샘플 제시 10 → 15건
	4. 일반 업체 대상 경쟁업체 동향파악 및 대응 강화	계약유지율	90%	98%	
신규 고 객 창출	6. 기 접촉 업체 신규거래 창출	샘플 제시 건수	30건	50건	
	7. 신규 가망고객 발굴	발굴 업체 수	10사	20사	

컨설턴트 : 당연하죠. 팀장님께서 다 말씀하신 것 아닙니까? 제가 지어
낸 것 하나도 없습니다.

특판팀장 : 그야 그렇지만…. 이거 다 하려면 거의 죽음이네요.

컨설턴트 : 죽는 거야 원래 영업맨들이 매출 목표 달성을 위해 죽는 것
아닙니까? 죽어도 뭐하다가 죽는지는 알아야 되고, 상사도
그걸 알아 줘야죠.

특판팀장 : 정말로 이렇게 정리하고 보니까 뭘 해야 할지가 확실히 눈
에 잡히네요. 그리고 팀원들도 무엇을 어떻게 관리해야 할
지 알겠습니다. 그리고 정말로 열심히 한다고만 생각했지
이렇게까지 생각해 본 적이 없습니다.

컨설턴트 : 지금까지 저희가 한 것이 바로 목표설정의 기술이자 예술
입니다.

특판팀장 : 정말 수고하셨습니다.

컨설턴트 : 수고하셨습니다. 다음으로 해야 할 일은 각 과제별로 실행
계획을 수립하는 일이 남았습니다만, 비슷한 요령으로 구체

적으로 수립하시면 됩니다. 그리고 중점과제에 대한 배점 비중은 팀장님과 사업부장님이 협의하셔서 중요도로 배점하시면 됩니다. 전 영업 관련 팀에 대해서는 재무적 성과과제는 합해서 50점 이내로 가져가려 합니다.

특판팀장 : 알았습니다.

(앞의 목표설정서까지 나오는 데 두 사람이 약 4시간 정도 토론하였다.)

이상 특판팀의 목표 달성을 위한 과제들을 정리하여 로직트리를 그려보면 다음과 같다.

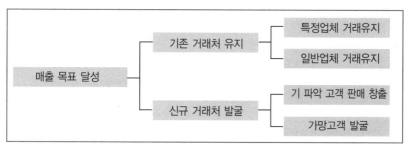

〈그림 4-5〉 특판팀의 매출 확대 방안

목표설정은 이렇게, 더 목표다운 목표를 도출하기 위해 상하간에 토론함으로써 팀의 영업활동의 방향(로직트리) – 이 방향은 앞으로 수년간 유지될 수 있을 것이다 – 이 명료하게 그려지고, 이러한 방향에 따라 매년의 이슈(회사의 전략, 경쟁사 동향, 팀원들의 활동 반성)를 반영하여 구체적인 영업활동에 대한 과제와 KPI를 설정하는 과정인 것이다.

2. 연구개발 부문의 목표설정하기

(1) 연구개발 부문의 업무 특성

다음은 컴퓨터 관련 제품을 생산, 판매하는 중견기업의 반기 경영회의 보고서 중 S/W 개발팀의 업무보고서이다. 이 회사는 매월 팀별로 이러한 업무계획서를 바탕으로 계획 대비 실적을 점검하고 또 다음 달의 업무계획을 검토한다. 이러한 월 경영실적 점검(Review)은 웬만큼 규모가 있는 기업이라면 수행하는 성과관리의 한 형태이다. 다음의 사례를 보고 앞 장까지 설명한 성과관리와 무엇이 다른지를 생각해 보고, 또 어떤 것이 더 경영에 도움이 될지, 즉 회사의 발전에 기여하는 방법인지를 검토해 보자.

〈표 4-13〉 S/W 개발팀의 상반기 업무보고

개발 프로젝트	일정	달성률	개발 진행률	비고
1. ○○제품 방전 문제 해결 및 기능 추가	2011. 1~4	100%	100%	
2. ○○제품 음성장애 문제 해결 및 기능 추가	2011. 5~8	100%	85%	
3. ○○제품 보드 개발에 따른 S/W 개발	2011. 1~6	50%	50%	보드 개발 지연

하반기 계획도 이와 다르지 않다. 프로젝트 과제만 바뀔 뿐, 관리 항목은 전혀 다르지 않다. 즉, 오직 개발 일정만 관리된다.

이는 중소·중견 기업뿐 아니라 대기업 연구소에서도 가장 흔히 볼 수 있는 (개발) 업무계획서이다.

연구개발 업무는 거의 대부분이 담당자 한 명이 수행하기보다는 적어도 두 사람 이상이 팀을 이루고 프로젝트의 형태로 추진된다. 어떤 업무에 프로젝트라는 명칭이 붙는다면 그것은 최소한 수행기간이 명시되고 그리고 진행하여야 할 상세 업무과제와 세부일정 그리고 담당자가 명시된 '프로젝트 수행계획'에 따라 진행된다. 만약 프로젝트 관리를 좀더 잘 하는 회사라면 일정, 즉 개발 납기(Delivery) 외에 개발될 제품의 목표원가(Cost)와 개발된 제품이 구현할 기능, 사용자 편의성 또는 사용자가 요구하는 품질 수준과 관련된 목표를 미리 수립하고 일을 진행할 것이다. 예를 들어 스마트폰 개발계획에는 다음 사항이 포함될 것이다.

〈표 4-14〉 대기업의 제품 개발 계획서

SMART PHONE #LSI_00243 개발 계획

1. 개발기한 : 2011/2/1~5/1(3개월)
2. 목표원가 : 530,000원
3. 품질목표 :
   – 통화품질 : A급(통화품질 측정기준 3-1항에 의거)
   – UI 편의성 : 4.0 이상(사용자 필드 테스트 결과)
   – 디자인 : 4.5 이상(디자인 만족도에 관한 측정기준 5-1조에 의거)
   – 1회 충전 통화시간 : 8시간 이상
4. 상세 개발 일정 : 별첨

위의 개발계획에는 이미 앞 장에서 기술한 성과관리의 모든 내용이 들어 있다. 폰 개발이라는 중점과제와 QCD 측면의 KPI가 완벽하게 기술되어 있다. 그러므로 모름지기 프로젝트를 관리하는 것은 지금까지 서술한 성과관리 그 자체이며, 지금까지 이 책에서 설명한 성과관리라고 하는 것은, 직원들이 수행하는 중요한 업무(중점과제)만큼은 이러한 프로젝트를 수행하는 것처럼 해 보자고 하는 것에 다름이 아니다. 그러므로 연구개발부서에서는 대부분이 이런 정도의 연구개발 성과관리를 하고

있기 때문에, 특별하게 목표설정을 지도할 것이 없다.

하지만 과연 이것만 잘하면 정말로 회사가 다른 경쟁사에 비해 연구개발 경쟁력을 확보할 수 있을까? 만약 앞의 목표가 상당히 도전적이고 타 경쟁사에 비해 더 높은 목표라면, 이것만 달성하면 다른 경쟁사에 비해 경쟁력을 확보하는 것은 당연할 것이다.

(2) 연구개발 부문의 목표설정

하지만 만약 이러한 어려운, 시련에 가까운 목표를 달성하는 것이 오직 개발 담당자들의 열성적인 노력 – 개발 시한을 맞추기 위해 3개월 동안 밤잠을 자지 않는 – 에 의해서 이루어낸 성과라면 그것을 진정한 경쟁력이라고 할 것인가? 그리고 그 경쟁력이 다음 프로젝트에도 이어질 것인가? 중견·중소기업의 경우 통상적으로 연구개발 팀장이나 팀원은 하나의 개발 프로젝트에만 참여하는 것이 아니라 동시에 여러 개의 프로젝트에 참여한다. 또한 제품 생산이나 판매 후 A/S에 대해서도 많은 업무를 수행한다.

다음은 전자제품의 S/W를 개발하는 S/W개발팀장과의 대화이다.

컨설턴트 : MAX002를 비롯해서 계획된 4개의 프로젝트를 정해진 기한 내에 정해진 KPI 대로 수행하는 것이 중요하고 쉽지 않은 과제임에는 틀림없죠?

개발팀장 : 당연합니다. 이것 안 하면 큰일 납니다.

컨설턴트 : 그렇다면, 팀장님 산하에 올해 해야 할 프로젝트만 제대로 수행하면 사장님께 잘했다고 칭찬받는 것 맞습니까?

개발팀장 : 물론 그렇죠. 목표 자체를 굉장히 도전적으로 잡았기 때문에, 이것을 완수하는 것이 얼마나 어려운 일인지는 사업부장도, 사장님도 잘 알고 있습니다.

컨설턴트 : 좋습니다. 그런데…. 진짜 할 수 있기는 한 겁니까?

개발팀장 : 글쎄요. 할 수 있다기보다는 해야 합니다.

컨설턴트 : 좋습니다. 질문을 이렇게 해 보죠. 팀장님이 5개의 프로젝트를 완수하는 데 가장 큰 걸림돌이 무엇이라고 생각합니까?

개발팀장 : 글쎄요. 일단 H/W 개발팀에서 제품을 제때 개발해 주어야 합니다.

컨설턴트 : 그 문제는 팀장님의 권한 밖이니까 일단 제쳐 놓고요, 개발팀 내에 문제는 없습니까? 개발용 부품만 제때 들어오면 착착 순조롭게 개발이 됩니까?

개발팀장 : 그렇지는 않죠. 예를 들어 개발팀원 중 1명이 중간에 다른 데로 이동하거나 퇴직해버리면 일정에 많은 차질이 생깁니다. 그 친구가 개발하던 프로그램을 일일이 처음부터 읽어서 해석을 해야 하는데, 이게 보통 일이 아닙니다.

컨설턴트 : S/W 프로그램 개발의 도큐멘테이션을 이야기하는 겁니까?

개발팀장 : 그렇습니다. 도큐멘테이션만 잘되어 있다면 다른 사람도 금방 그 프로그램을 이해할 수 있으니까요. 그리고 이것 하나 잘해 놓으면 다음 개발자도 그대로 잘 활용할 수가 있어 개발기간을 단축할 수 있습니다.

컨설턴트 : 아주 좋은 말씀해 주셨네요. 어쩌면 지금 말씀하신 도큐멘테이션이 개발 시한을 지키는 데 좋은 수단이 되겠네요.

개발팀장 : 물론 이번 프로젝트에는 도움이 당장 안 될지 모르지만 다음 프로젝트에는 큰 도움이 되겠죠. 중요한 줄은 알지만 늘 바쁜 개발 일정에 쫓기다 보면, 못하고 그냥 지나가는 일입니다.

컨설턴트 : 이번에 한번 시도 해 보시죠. 5개를 전부 그렇게 하기는 힘들 테고요. 5개 중에 하나의 프로젝트, 아니면 하나의 프로젝트 중에서도 범용성이 있는 특정한 모듈에 대해서만이라도 한번 시도해 보시죠.

개발팀장 : 한번 해볼 만하네요.

컨설턴트 : 다음에 또 문제가 되는 건 없습니까?

개발팀장 : 왜 없겠습니까? 얘기를 나누다 보니까 생각이 나네요. 팀원들이 또 하나 시달리는 문제는 이미 개발되어 납품된 제품에 대해 클레임이 자꾸 걸립니다. 전화로 오는 클레임에 대해 전화로 해결해 주는 수도 있지만 어떤 때는 그것을 해결하러 지방출장까지 가야 합니다. S/W 개발업무가 고도의 집중력을 요하는 작업인데, 전화 한 번 받고 컴퓨터 이래저리 돌리면서 파일 찾다 보면 하던 일 잊어버리고…. 그러다 보면 능률이 많이 떨어지죠.

컨설턴트 : 그런 클레임으로 빼앗기는 개발시간 손실이 얼마나 될까요? 업무시간의 10%? 아니면 20%?

개발팀장 : 그건 정확히 잘 모르지만 하여튼 성가신 일임에는 틀림이 없습니다. 팀원들이 제일 많이 이야기하는 겁니다.

컨설턴트 : 그렇다면 차제에 한번 해결해 보시죠?

개발팀장 : 어떻게요?

컨설턴트 : 그거야 저는 모르죠. 팀장님께서 더 잘 아시죠.

개발팀장 : ······.

컨설턴트 : 그러니까 요는 그런 일을 하셔야 된다는 겁니다. 그래야 이 번 5개 개발 프로젝트를 무사히 시한 내에 완수할 수 있지 않겠습니까? 물론 팀원들을 닦달하면서 매일 밤샘시켜서 할 수도 있겠지만, 그것도 한계가 있죠.

개발팀장 : 그건 그렇습니다. 하지만….

컨설턴트 : 먼저 그런 클레임으로 인한 개발시간 손실이 어느 정도 되 는지 한 번 측정해 보시죠. 중소기업을 가면, 품질 불량률 측정도 안하는 데가 많습니다. 매번 품질 때문에 직원들도 귀찮아 죽겠다고 하고 실제로 그로 인한 손실도 엄청난데도 말입니다. 품질이 문제가 있다면 제일 먼저 불량이 얼마나 나는지를 알아야 하지 않겠습니까?

개발팀장 : 그 다음에는요?

컨설턴트 : 그 다음은 당연히 그 시간을 얼마나 줄일 것인가를 목표로 세워야죠. 만약 그렇게 해서 그 시간을 줄여 개발에 투입할 수 있다면 개발기간이 단축되거나 약간은 팀원들이 덜 고생 하면서 개발 시한을 맞출 수 있겠죠.

개발팀장 : 한 번 해볼 만한데요.

컨설턴트 : 그러면 제목을 고객클레임 처리시간 단축쯤으로 해 볼까 요?

개발팀장 : 좋습니다. 한번 해볼 만하네요.

컨설턴트 : ······.

컨설턴트 : 어떻습니까? 진짜로 해볼 만합니까?

개발팀장 : 네, 재미있을 것 같은데요.

컨설턴트 : 그러면 팀장님의 목표는 이렇게 됩니다. 5개 프로젝트는 그냥 한 줄로 쓰시면 됩니다.

〈표 4-15〉 S/W 개발팀의 목표

중점과제(KSF)	KPI			비고
	성과항목	실적	목표	
1. 개발 프로젝트 개발 시한 준수	준수율	100%	100%	프로젝트별 추진일정 : 별첨
2. 프로그램 도큐멘테이션 작성	건수	–	1건	
3. 고객클레임 처리시간 단축	처리시간/월	( )Hr	( )Hr 20% 축소	2월 중 소요 시간 측정

이 책의 맨 앞 장에서 기술한 성과관리의 효과 중 회사의 경영관리 수준을 높이는 효과는 바로 3항의 목표를 두고 하는 말이다. 이제 연구소는 연구개발 관리 수단으로서 연구원들이 시달리는 고객클레임시간을 관리함으로써 적어도 개발 시간의 낭비를 줄일 수 있는 것이다. 이것은 품질을 측정하지 않고 막연히 문제로만 느끼던 생산팀장이 이러한 성과관리를 통해 생산팀의 관리지표로서 품질기준을 추가하게 되는 계기가 되는 것과 똑같은 효과이다.

(3) 연구개발부서의 목표설정에 관한 팁(Tip)

시판제품을 개발·판매하는 회사에서 제품을 개발하는 개발 담당자 또는 연구개발 부서에 대해 CEO가 가장 크게 기대하는 것은 무엇일까? 그것은 아마도, 거의 틀림없이 '히트 상품의 개발'일 것이다(여기서 히트 상품을 시장에서 1,000개 이상 팔리는 상품으로 보자). 또한 만약 개발한 제품이 시장에 출시되어 말 그대로 히트(Hit)를 쳤다면 그 제품의 개발에 참여한 사람의 성과는 또한 말 그대로 '히트'일 것이며, 그 보상으로서 거액의 보너스가 지급될 수도 있을 것이다. 그렇다면 '히트 상품의 개발'을 개발팀장의 목표로 설정하면 되지 않을까? 이에 대한 해답을 찾기 위해서는 히트 상품이 개발되는 과정과 시장에서 '히트 상품으로 판정되는 시기와 상황'을 고려하여야 한다.

히트 상품은 두 가지 경로를 거쳐 발생한다. 하나는 일상적인 개발활동 속에서 개발된 제품이 시장에서 우연히 히트를 하는 경우이고, 또 하나는 회사의 전략적인 판단에 따라 특정 제품의 개발을 위해 면밀한 마케팅 조사 분석을 통해 고객의 니즈(Needs)를 정확히 파악하고 개발계획을 수립하고, 적어도 CEO의 지대한 관심 속에서 생산이나 품질 그리고 출시 후 대대적인 광고나 홍보를 통해서 탄생될 수 있을 것이다. 새로운 제품에 대한 시장의 반응은 즉각적일 수도 있고, 6개월이나 1년이 지난 후가 될 수도 있을 것이다.

이 두 가지 히트 상품의 탄생 경로 중, 첫 번째 경우처럼 우연히 생겨난 히트 상품이라면 사전에 목표를 세울 필요도 세울 수도 없을 것이며 (물론 이 경우 사후적으로 보상은 해줄 수 있다), 두 번째 경우에는 워낙 많은 담당자들이 참여했기 때문에 상품의 히트에 대한 개발팀장의 기여는 줄어들며, 이 또한 개발팀장의 목표로서는 적절하지 않다.

이와 같이 회사의 사활을 좌우할 수 있는 중대한 전략과제는 결코 이 책에서 논하고 있는 통상적인 성과관리로서는 불가능하다. 중대한 전략과제의 목표 달성을 위해서는 한 개 부서의 노력으로는 불가능하며, 강력한 CEO의 직접 지휘 아래 여러 부서의 각고의 노력에 의해서만 가능하다. 이것이 바로 전사적인 혁신활동이다. 특정 과제의 수행을 위해, 예를 들어 히트상품의 개발을 위해 마케팅담당자, 개발담당자, 생산·품질 담당자, 구매담당자, 광고담당자, 심지어는 인사담당자까지 참여하는 크로스펑셔널팀(Cross Functional Team)을 구성하여 다른 업무를 희생하고서라도 목표 달성에 전력투구하여야 하는 것이다.

3. 생산 부문의 목표설정하기

(1) 생산 부문의 업무 개요

생산 부문의 목표설정을 위해 생산팀장과 생산관리팀장의 사례를 비교해서 검토해 보고자 한다. 중소기업의 경우 대개 생산관리와 생산을 한 팀에서 하는 경우가 많지만 회사의 규모가 어느 정도 커지면 생산관리 또는 지원 기능과 직접 생산 기능이 분리되어 생산관리(지원)팀과 생산팀의 두 팀으로 수평 분화하고, 다시 두 팀을 관장하는 생산 부문장으로 수직 분화하게 된다. 두 팀의 기본적인 미션은 팀의 이름에서 알 수 있듯이 생산팀은 직접 생산과 관련하여 제품의 생산, 설비의 운전, 생산인원 관리 등에 대한 책임을 지고, 생산관리팀은 생산계획 수립, 생산 지시, 원재료 구매(요청)업무를 담당하게 된다. 이 정도의 지식을 바탕으로 다음의 사례를 보고, 생산 부문장의 입장에서 문제점을 찾아내고, 두 팀장의 올바른 목표가 무엇인지를 생각해 보자.

(2) 생산 부문의 목표설정

〈표 4-16〉 잘못된 목표 사례

팀	중점과제(KSF)	KPI			비고
		성과항목	실적	목표	
생산관리팀장	1. 생산목표 달성	생산량	25,000개/년	30,000개/년	
생산팀장	1. 생산목표 달성	생산량	25,000개/년	30,000개/년	

(해설)

독자 여러분은 〈표 4-16〉에서 적은 두 팀장의 목표가 확실히 잘못되었다는 것을 금방 이해할 것이다. 또 한편으로 과연 이런 목표를 적어오는 팀장이 있을까라고 생각할 지도 모르겠다. 하지만 이런 경우는 나름대로 성과관리를 하고 있는 기업에서 흔히 나타나는 사례이다. 무엇이 잘못되었는지 하나하나 짚어 보자.

〈**잘못 1**〉 '생산목표 달성' 은 목표가 아니라 팀의 미션이다.

생산팀이나 생산관리팀의 목표로서 '생산목표' 의 달성은 목표가 아니라 팀의 미션으로, 팀이 존재하는 근본 이유이다. 이렇게 중점과제를 팀의 미션에 해당할 만큼 범위를 크게 설정하면 올바른 KPI가 도출되지 않는다. 앞에 적은 바와 같이 생산량 30,000개가 목표가 될까? 만약 제품이 예상(경영계획)보다 잘 팔리지 않아 생산 오더 자체가 줄어들어 20,000개만 생산했다면 두 팀장의 목표를 달성하지 못한 것인가? 아니면 고객으로부터 제품의 주문이 예상을 뛰어 넘어 50,000개를 생산했다면 두 팀장의 목표를 초과 달성한 것인가? 우리 모두가 아시다시피 생산팀에서 생산하는 제품의 수량은 영업부서에서의 생산 오더에 달려 있다.

여기서 영업팀장의 목표인 '매출목표달성'과 생산팀장의 '생산목표의 달성'의 차이에 대해 독자 스스로 생각해 보라. 생산량 30,000개라고 하는 것은 어디까지나 매출 목표에서 산출한 경영계획의 일부일 따름이다.

그러므로 '생산목표의 달성'과 같은 중점과제는 조직의 존재이유로서 너무나 당연한 업무를 그냥 종이에 적은 데 불과하며, 더군다나 생산량 자체는 KPI가 되어서는 안 된다. 여기서 '안 된다'고 하는 것은, 이런 목표는 목표로서의 기능, 즉 현상을 개선하는 일도 아니며, 목표로서 담당자 스스로에게 동기를 부여하는 효과가 전혀 없기 때문에 있으나 마나 한 목표라는 것이다. 하지만 이런 목표는 단기적인 목표는 될 수 있다. 웬만한 기업의 생산현장에 가면 생산 라인별로 '6월 생산목표 7,000대', '6월 현재 생산량 5,600개'라고 적은 LCD 전광판을 자주 볼 수 있다. 이런 경우는 전 달까지 확정된 생산오더 7,000대를 이번 달에는 무슨 일이 있어도 생산해 내야 하는 경우로서 이런 경우라면 당연히 단기 목표가 된다.

〈잘못 2〉 생산팀장과 생산관리팀장의 목표가 같아서는 안 된다.

생산량 30,000개의 달성이 적절한 목표가 된다 하더라도 두 팀장의 목표는 동일해서는 안 된다. 이러한 목표는 생산 부문장의 목표는 되지만 두 팀장의 목표는 아니며, 생산관리팀장의 목표는 더욱 아니다. 앞에서 설명한 바와 같이 생산관리팀은 생산팀의 생산목표를 달성하기 위해 효율적인(생산팀의 라인별 생산능력에 맞는) 생산계획을 수립하여야 하며 또한 생산에 필요한 원재료를 필요한 시기에 공급할 책임이 있다. 그러므로 생산관리팀장은 이러한 자신의 업무책임 하에 있는 과제만을 목표로 세워야 하며, 그래야만 비로소 그 목표가 목표로서의 기능을 하게 되는 것이다. 또한 만약 생산관리팀과 생산팀이 뚜렷한 업무구분 없이 상호 긴밀한 협조(?) 하에 공동으로 생산목표를 수행해 왔다면 차제에 두 사람의 업무분장을 명확히 하여 각자가 자신의 업무책임을 다할 수 있도록 해야 한다. 다시 말하지만 조직에서 공동책임이라고 하는 것은 거의 모든 경우 협조보다는 분란, 책임회피, 목표 미달성의 문제만을 노출하게 하는 것이다.

(지도)

생산팀장의 목표는 앞 장에서 계속 사례로 많이 인용되었고 또한 대부분의 기업에서 비슷한 내용으로 수립할 수 있기 때문에 여기서는 구체적인 목표설정 지도 사례를 생략하겠다. 일반적으로 생산팀장의 목표는 생산납기 준수(단축), 생산품질 개선, 공정 개선, 설비 유지보수, 환경 개선, 원가 절감(전력비, 생산소모품 비용 등)과 관련되어 설정된다.

다음은 생산관리팀장의 목표설정 지도 사례이다.

〈표 4-17〉 목표설정 요령에 대한 1차 교육 후 생산관리팀장이 작성

중점과제(KSF)	KPI			비고
	성과항목	실적	목표	
1. 생산계획 대비 납기 준수	납기 달성률	80%	90%	
2. 외주 임가공 업체 유치로 생산 안정화 추진	공장 내 생산 비중	20%	40%	
3. 품질관리 강화	제품 불량률	1.5%	1.3%	
4. 소모품비 비용절감	절감 금액	–	50백만 원	

컨설턴트 : 첫 번째 과제부터 보죠. 생산계획 대비 납기 준수…. 이거 중요하죠. 그러니까 중점과제로 잡으신 거겠죠?

팀　　　장 : 네, 그렇습니다.

컨설턴트 : 이거 생산팀장님하고 협의한 겁니까? 좀 전에 생산팀장과 이야기했거든요.

팀　　　장 : 그러면 잘 아시겠네요. 당연히 생산팀장과 협조해서 납기를 준수해야죠.

컨설턴트 : 그건 그렇습니다. 문제는…. 만약 납기 준수가 안 된다면 누구 책임입니까? 아니면 납기 준수를 아주 잘 했다면 누가 칭찬을 받아야 합니까?

팀　　　장 : 글쎄요… 저하고 생산팀장하고 둘이서 같이 책임이 있겠죠.

컨설턴트 : 목표는 그렇게 정하면 안 된다고 교육시간에 말씀 드렸는데…. 목표는 어디까지나 본인의 책임과 업무에 관해서만 수립해야 합니다.

팀　　　장 : 글쎄요…. 일을 그렇게 나누어서 해보지 않아서….

컨설턴트 : 그러면 생산팀 한 팀으로 하지 무엇 때문에 두 팀으로 나누었겠습니까? 제품생산의 납기 준수라는 목표는 같더라도 생산관리팀의 역할은 분명히 생산팀과는 다르지 않나요?

팀　　　장 : 아무래도 저는 원재료 조달하고, 생산 스케줄 잡고, 현장 생산현황 관리하는 데 더 신경을 쓰죠. 생산팀장은 직접 생산에 더 신경을 쓸 것이구요.

컨설턴트 : 잘 아시네요. 그러면 생산납기를 준수하려면 팀장님은 뭘 해야 합니까?

팀　　　장 : 일단 원재료를 제때 공급해 줘야겠지요.

컨설턴트 : 맞습니다. 아까 생산팀장도 그런 얘기를 하셨어요. 우리가 생산을 하려 해도 원재료가 안 들어 와서 생산을 못하는 경

우도 더러 있다고요.

팀　　장 : 그런 경우가 있긴 있죠. 하지만 자주 있는 것은 아니죠.

컨설턴트 : 혹시 작년에 원재료 투입시기가 늦어진 경우가 몇 건이나 있는지 아십니까? 아니면 원재료 투입이 안 돼서 생산이 지연된 날짜가 며칠이나 되는지 알 수 있나요?

팀　　장 : 글쎄요…. 집계를 안 해봐서 잘 모르겠지만 아마도 기록을 찾아보면 알 수는 있을 겁니다.

컨설턴트 : 팀장님, 보십시오. 문제를 개선하려면 문제를 정확하게 알아야 합니다. 생산납기를 준수하려면 팀장님은 원재료 납기를 준수해야 되고, 생산팀장은 순수하게 생산에 소요되는 시간을 잘 관리해서 최종납기를 지켜야지요. 지금 막연히 두 팀장께서 납기 준수라는 목표만 그것도 공동으로 설정했다고 해서 그것이 개선되기는 힘들죠. 각자가 각자의 역할을 다해야 하지 않겠습니까?

팀　　장 : 무슨 말인지 알겠습니다. 그러면 제 목표는 원재료 납기 준수가 되겠네요?

컨설턴트 : 그렇죠. 바로 그겁니다. 혹시 원재료 납기를 관리할 수 있는 방법은 있습니까?

팀　　장 : 네. 구매부서에 넘기는 구매요청서에 입고일자, 주문일자 등이 기록됩니다. 그리고 실제 입고일자는 자재팀에 있고요.

컨설턴트 : 그러면 작년 현황 한 번 파악하셔서, 작년도 실적 적으시고, 올해 목표 잡아보시죠.

팀　　장 : 알겠습니다.

컨설턴트 : 다음 과제를 볼까요. 다른 과제들도 마찬가지입니다. 외주

임가공 업체 입주시키는 일, 품질관리 강화, 소모품비 비용 절감 등 이런 것 모두가 생산팀장과 협조해서 해야 될 일처럼 보이고요. KPI도 생산팀과 혼재되어 있는 것 같습니다. 품질관리의 KPI를 1.5%에서 1.3%로 낮춘다고 했는데, 이것도 좀 전에 이야기한 납기 준수와 똑같습니다. 불량을 낮추기 위해서 팀장님과 생산팀장님의 업무분장이 어떻게 되어 있습니까? 그 업무 분장에 따라 목표를 설정하셔야지요.

팀　　장 : 알겠습니다. 다시 고민을 더 해서 잡아보겠습니다.

컨설턴트 : 다시 말씀 드리는데…. 목표는 자기 업무에 관한 것만 세우시면 됩니다. 남의 것은 빼고요.

팀　　장 : 알겠습니다.

컨설턴트 : 아 참! 하나만 더 말씀드릴게요. 소모품비 절감금액이 있는데, 이건 어떻게 산출된 건가요?

팀　　장 : 전년도 총 구입금액의 10% 정도 잡은 겁니다.

컨설턴트 : 그렇다면 절감금액보다도 소모품 구입금액을 잡는 게 좀더 정확해 보입니다. 그리고 혹시 생산이 늘어나면 소모품비도 그만큼 올라가지 않습니까? 그리고 생산이 줄면 자연히 소모품비도 줄어들 것이고요.

팀　　장 : 네, 그렇죠. 그렇지만 늘 그렇게 잡아 왔습니다.

컨설턴트 : 그러시면 안 되고요. 산정 기준을 정확히 잡으셔야 합니다. 그래야 팀장님의 노력으로 절감된 금액이 정확히 집계되고, 그래야 팀장님의 성과로 상사에게 품 잡을 수도 있는 것이죠.

팀　　장 : 그렇게 해 보겠습니다.

<표 4-18> 이후에 적어온 생산관리팀장의 목표

중점과제(KSF)	KPI			비고
	성과항목	실적	목표	
1. 원재료 조달 납기 준수	납기 달성률	75%	90%	
2. 외주 임가공 업체 유치로 생산 안정화 추진	유치업체 수	–	2개 업체	8월 말까지
3. 품질관리체계 확립 및 시행	시행 일자	–	7월부터	6월 관리체계 개선안 보고
4. 소모품비 비용절감	구매금액	500백만 원	450백만 원	전년도 매출 기준

4. 지원 부문의 목표설정하기

(1) 지원 부문의 업무 특성

흔히 영업 부문이나 생산 부문의 목표설정은 쉽지만 지원 부문의 목표 설정은 어렵다고 말한다. 그 이유는 간단하다. 영업 부문은 매출, 생산 부문은 품질이라는 성과 지표를 쉽게 떠올릴 수 있지만 지원 부문은 업 무 수행의 성과를 떠올리기가 힘들기 때문이다. 하지만 지금까지 목표설 정의 기술을 학습한 사람이라면 이제는 결코 그렇지 않다는 것을 이해할 것이다. 우리의 경험으로 보면 오히려 지원 부문의 목표설정이 더 쉽다. 그 이유는 인사, 총무, 재경, 기획팀의 경우, 물론 정기적으로 반복적으 로 수행되는 업무도 많이 있지만 새로운 일을 기획하고 입안하는 일이 많기 때문이다.

지원 부문의 업무 미션은 두 가지로 볼 수 있다. CEO의 스텝으로서 회 사 전체의 정책을 입안하고 직접부서로 하여금 그 정책을 수행하도록 하는 업무와 직접부서에 대한 지원부서로서 직접부서가 업무를 원활히 수행할 수 있도록 인적, 물적 지원을 수행하는 것이다. 그러므로 지원 부문은 주로 사장의 구체적 지시나, 전략목표에 따라 새로운 정책이나, 제도·기준을 입안하거나, 고객부서(직접부서)가 요청하는 사항에 대해 구체적인 방안을 입안하고 보고하는 일을 수행한다. 이러한 업무들은 많은 경우 그 자체로서 중점과제가 되기 때문에 일단 목표설정 단계에서 반이상의 산은 넘은 것이나 다름없다. 그러므로 각 과제에 대한 KPI만 설정하면 되며, 앞에서 설명한 바와 같이 새로운 제도나 정책을 기획하는 일은 대개 제도나 정책을 입안하고 최종 승인을 받는 '완료시기(납기)'가 KPI가 된다.

'완료시기' 라고 하는 KPI가 별로 KPI답지 않아 보이는 가장 큰 이유는 그것이 KPI의 속성인 '외부적인 공헌' 이 아니기 때문이다. 하지만 지원부서의 경우, 대부분 이러한 제도나 정책의 외부적인 공헌, 즉 그것이 실행되어 실제로 제도가 지향하는 원래의 목적이 나타나기까지는 상당한 기간이 소요되기 때문에 제도 실행의 당해 연도에는 외부적인 공헌을 KPI로 설정할 수가 없다는 것이 바로 지원부서의 목표설정의 현실이다.

외부적인 공헌과 관련하여 지원 부문의 성과에 있어 오히려 큰 문제는 다른 데 있다. 새로 시행되는 제도나 정책은 반드시 그 시행 목적을 가지고 있지만, 단순히 시행하는 데만 급급하고 그것이 지향하는 목적(외부적인 공헌)에 대해서는 확인을 하지 않는다는 것이다. 새로운 인사고과제도를 시행했다면 그 제도의 시행목적인 고과의 공정성(향상)을 확인하여야 할 것이며, 직원들의 사기진작을 위해 직원 단합대회를 시행했다면 직원들의 만족도를 측정하여야 하며, 새로운 전산 시스템을 도입하였다면 그로 인해 실제로 그 시스템을 활용하는 부서에서 업무가 질적, 양적으로 개선되었는지를 확인하여야 한다. 그래서 새로운 제도나 정책이 실행된 다음 연도에는 실제 그 목적의 달성 정도를 측정하고, 그 수준을 향상하는 것을 목표로 설정하여야 하는 것이다. 그래야만 지원부서의 담당자 스스로도 외부적인 공헌을 확인할 수 있을 것이며, 따라서 자기가 하는 일의 의미, 일의 보람을 만끽할 수 있는 것이다. 그리고 현업부서로부터도 '규정이나 기준만 양산하는 부서'가 아닌 실제로 직원들을 지원하고 회사에 기여하는 주요부서로서 인정받을 수 있을 것이다.

지원 부문의 목표설정 사례로서 인사팀, 회계팀, 구매팀, 기획팀의 4개 팀에 대해 기술하겠다.

(2) 인사팀의 목표설정 사례

〈표 4-19〉 대기업 인사팀 대리의 사례

중점과제(KSF)	KPI			비고
	성과항목	현 수준	목표	
1. 인사평가 마감기간 준수	준수율	100%	100%	
2. 고성과자 유지	유지율	90%	95%	
3. 내부 직원 배치전환 실시	전환배치 실시율	–	100%	

(목표 1) 인사평가 마감기간 준수, 준수율 100%

이 목표는 외형상, 목표의 명확성이나 측정가능성의 측면에서 제대로 된 목표인 것처럼 보이며, 내용적으로도 경영에 임팩트가 큰 중요한 과제임에 틀림이 없다. 왜냐하면 인사평가라고 하는 것은 연간 인사일정에 따라 하지 않으면 안 될 중요한 업무이며 또한 일정을 지키지 못하면 그 뒤에 이어질 직원들의 연봉조정, 승진심사 등 인사관리에서 가장 중요한 일들이 지연될 수 있기 때문이다.

하지만 목표는 현실을 개선할 수 있는, 현재보다 더 나은 상태를, 나의 열성적인 노력에 의해서 달성 가능할 만큼 도전적이어야 한다는 점에서 작년에도 100% 준수하던 일을, 아니면 매년 준수해 오던 일을 또 다시 100% 준수를 목표로 잡는 것은 목표가 될 수 없다. 또한 설사 작년에는 못하던 일을 올해 100% 한다고 하더라도, 준수율이라는 단어는 부적절한 단어이다. 인사평가는 연 1회 기간을 정해 수행하는 업무이기 때문에 1회적으로 일어나는 업무에 대해서는 준수율보다는 '완료일자'를 KPI로 하는 것이 바람직하다.

(목표 2) 고성과자 유지 : 유지율 95% 또는 퇴직률 5%

이런 목표는 적절하다. 90%를 95%로 끌어 올리는 일이 얼마나 도전적인가는 그 회사의 현실을 파악해야 알 수 있는 것이지만, 일단 개선 목표인 동시에 정량화의 측면에서 목표의 요건을 갖추고 있다. 다만 성과의 관리, 측정을 위해 고성과자에 대한 기준, 예를 들어 '인사평가 A 등급 이상인 직원'과 같은 조건을 명확히 설정하여야 할 것이다.

(목표 3) 내부직원 전환배치 실시 : 실시율 100%

이것은 일견 목표로서 절절해 보이지 않는다. 대기업의 경우 직원들의 전환배치 업무는 연간 정기적으로 1회 또는 필요에 따라 수시로 발생되는 업무이며, 이 업무를 100% 실시하는 데 특별한 어려움이나 도전성이 보이지 않는다.

하지만 만약 회사에서 실시하는 연간 전환배치 계획이, 예를 들어 전 직원의 10%를 전환배치한다는 기준을 시행함에 있어 일선 관리자들의 반발 등으로, 목표 인원을 이동시키지 못하는 경우라면 100% 실시율은 목표가 될 수 있다. 이런 경우를 제외하고 일상 업무로서 배치전환 계획에 따라 배치전환 업무를 단순히 수행하는 일이라면 그것은 그냥 개인의 직무이며, 성과관리에서 추구하는 목표는 아니다.

사례를 몇 개 더 살펴보자.

〈표 4-20〉 공기업 인사지원팀 과장의 사례

중점과제	KPI			비고
	성과항목	현 수준	목표	
1. 부서 내 칭찬 릴레이 활동 진행	실시 횟수	–	1회/월	
2. 계층별 간담회를 통한 활기찬 조직 만들기	간담회 실시 횟수	–	1회/분기	
3. 관리자 면담 기법 교육	교육 횟수	2회/년	4회/년	

(목표 1, 2) 부서 내 칭찬 릴레이 활동 진행과 활기찬 조직 만들기

부서 내 칭찬 릴레이 활동 진행이나 계층별 간담회를, 만약 올해 처음 실시한다면 올해에 한해서 '횟수'를 KPI로 설정할 수 있다.

'실시 횟수'라는 KPI는 외부적인 공헌이 아니기 때문에 좋은 목표라고 할 수는 없으나, 이 두 가지 과제의 성격상 일단 몇 차례 시행 후에 외부적인 공헌, 즉 조직 활성화의 효과가 나타나는 업무이기 때문에 시행 첫 시기에는 실시한다는 것 자체가 목표가 될 수 있다. 하지만 이듬해에는 반드시 외부적인 공헌으로서의 성과를 측정하여야 하며, 목표 또한 조직 활성화의 수준으로 설정되어야 한다. 조직 활성화의 측정방법으로 가장 널리 쓰이는 방법은 직원들을 대상으로 한 설문지 조사법이다.

〈표 4-21〉 중견기업 경영지원팀 과장의 사례

중점과제	KPI			비고
	성과항목	현 수준	목표	
1. 직원 정착률 제고	퇴직률	7%	5%	
2. 직원 인당 매출액 증대	인당 매출액	1.5억 원	2억 원	
3. 인당 부가가치 증대	인당 부가가치	8백만 원	10백만 원	

(목표 1) 직원 정착률 제고, 퇴직율 5%

〈표 4-19〉의 고성과자 유지와 비슷한 내용으로, 적절한 목표라고 할 수 있는데, 여기서 정착률 제고라고 하는 과제에 대해 좀 더 살펴볼 필요가 있다.

정착률을 제고하는 일은 인사부서와 현업이 공동으로 수행할 책임이 있는 업무이다. 이는 제3부 제4장 중점과제의 설정에서 설명한 기획담당자와 실행담당자가 다른 경우에 해당하는 과제이다. 직원들의 정착률을 제고하기 위해 또는 퇴직률을 낮추기 위해 인사담당자는 퇴직자 면담 강화 등 일선관리자의 직원관리 강화를 위한 교육을 실시하거나, 면담 매뉴얼을 작성해서 배포하거나 또는 퇴직자들의 면담을 통해 이들의 애로를 발굴하고 그 애로를 해결하는 적절한 시책을 수립할 것이다. 또한 현업관리자는 인사부서의 교육을 받고 또는 배포된 매뉴얼을 참고하여 면담을 강화함으로써 소속 부하들의 퇴직을 예방할 수 있을 것이다. 이런 활동의 결과 퇴직률이 낮아진다면, 일견 그 성과에 대한 공(功)을 인사담당자와 일선관리자가 공유해야 하는 것처럼 보이지만 이런 경우는 전사적인 퇴직률을 관리하고 개선대책을 수립한 인사담당자가 그 공(功)을 독차지 하는 것이 맞다. 대부분의 경우 기획담당자는 특정한 과제의 수행을 위한 기획뿐 아니라 실행에 대해서도 원칙적으로 책임을 져야 하기 때문이다.

(목표 2, 3) 직원 인당 매출액 증대 및 인당 부가가치 증대

퇴직률에 대해서는 전적으로 인사담당자의 책임이라고 할 수 있으나 인당 매출액이나 인당 부가가치는 결코 인사담당자의 책임으로 돌릴 수가 없고, 따라서 이것은 잘못된 목표이다. 그 이유는 명확하다. 인당 매출액이나 부가가치라는 KPI에는 인사담당자를 포함하여 적어도 두 사람(부서) 이상의 성과 책임이 포함되어 있기 때문이다. 쉽게 이해하다시피 매출은 영업부서의 책임이며, 부가가치는 그 정의를 쉽게 표현해서 총 매출액과 총 매입액이라고 한다면, 회사의 거의 모든 부서가 부가가치에 책임이 있다.

그러므로 이런 목표는 개인이나 일개 조직의 목표가 될 수 없고, 다만 전사적인 경영목표나 관리지표는 될 수 있다. 전사적인 경영목표는 앞에서 설명한 바와 같이 전사목표가 하부 전개(Breakdown)되는 과정에서 각 조직과 개인의 업무분장에 따라 단위 과제로 분해되어 부여된다. 총 직원의 수에 대한 책임은 인사부서에, 매출에 대한 책임은 영업부서에, 부가가치에 대한 책임은 구매부서·생산부서·연구개발 부서 등 비용을 발생시키는 모든 부서에 전달될 것이다. 이렇게 하부 전개된 과제는 부서별, 개인별 중점과제로 선정되어, 조직의 모든 직원들에 의해 각자 수행되는 것이다.

(3) 회계팀의 목표설정 사례

(목표 1) 매월 경영실적 보고

사장의 지시나 경영진의 요청에 의해 매월 20일 보고되는 경영실적을 5일 당겨 15일 보고해야 하는 경우라면 적절한 목표가 된다. 실제 회사의 매출실적이나 각 부서에 흩어진 비용을 취합, 집계하여 일정을 지키는 일은 항상 회계팀으로서 쉽지 않은 일이며, 이것을 5일 당긴다는 것은 대단히 도전적인 일이다. 즉, 매월 20일 보고하던 것을 매월 15일자로 보고하는 '시험일자'를 KPI로 하는 것이 더 적절하다. 당연히 중점과제는 '경영실적보고일자 5일 단축'으로 변명하는 것이 더 적절하다.

〈표 4-22〉 중견기업 회계팀장의 사례

중점과제	KPI			비고
	성과항목	현 수준	목표	
1. 매월 경영실적 보고	보고 일자	월 20일	월 15일	
2. 세법 변경에 따른 결산기준 수립	시행 일자	–	10/1	
3. ABC 원가 회계 제도 도입	시행 일자	–	8/1	
4. 법인세 감면 확대	감면금액	3.5억 원	5억 원	

〈표 4-23〉 회계팀장의 정리된 목표

중점과제	KPI			비고
	성과항목	현 수준	목표	
1. 매월 경영실적 보고 일자 단축	단축 시행 일자	–	10/1	현 월 20일 월 15일

(목표 2) 세법 변경에 따른 결산기준 수립

이 과제는 정부의 세법이 변경됨에 따라 세무에 관한 결산을 변경시키는 과제로서 하지 않으면 회사의 경영에 큰 손실을 끼칠 수 있기 때문에 반드시 납기(법적 요구일자)를 지켜 수행하여야 할 중요한 과제로서 충분히 목표가 된다. 다만 이런 유형의 과제 ─ 정부정책의 변경이나 환경 변화에 따라 하지 않으면 안 되는 과제 ─ 의 경우 특별한 외부적인 공헌을 찾기는 어렵다. 굳이 외부적인 공헌을 찾는다면 법규 준수에 따라 회사가 처벌을 받지 않은 것 정도가 아닐까 한다.

(목표 3) ABC 원가회계제도 도입

회사의 원가회계 기준을 체계화하기 위해 ABC 원가기법을 도입하여 시행하는 것 또한 적절한 목표이며, KPI로 설정한 시행 일자도 적절하다. 나아가 담당자는 올해 도입한 ABC 원가회계 기준이 조직에 제대로 정착되고 또 그 과제가 지향하는 효과, 예를 들어 정확한 원가의 산출이 이루어지는지를 지속적으로 관리(Follow-up)하여야 하며, 그러기 위해서는 이 과제에 대한 다음의 목표는, 정착화의 수준 또는 효과 달성 수준을 향상시키는 것이 목표가 될 것이다. 아울러 그 수준을 측정할 수 있는 측정 도구를 만드는 일도 당연히 수행하여야 한다.

(목표 4) 법인세 감면 확대

회계담당자의 노력으로 법인세를 감면할 수 있다면 그것은 당연히 좋은 목표가 되며, KPI는 당연히 그 노력으로 인한 법인세 감세 금액이 될 것이다. (목표 4)에서 한 가지 보완 사항으로는 법인세가 더 늘어나거나 축소되는 데 영향을 미칠 수 있는 회사의 전체 손익에 따른 법인세의 변동부분을 제외하는 일이다. 올해 법인세 감면 금액으로 5억 원을 달성했다 하더라도 그것이 경영상의 손익에 영향을 받았다면 그 만큼 회계담당자의 성과에서는 가감되어야 할 것이기 때문이다.

(4) 구매팀의 목표설정 사례

〈표 4-24〉 중견기업 구매팀장의 사례

중점과제	KPI			비고
	성과항목	현 수준	목표	
1. 원재료 단가 인하	원가절감	4.5억 원	5억 원	
2. 주요 납품업체 선정 및 육성	선정업체 수	–	20개	
3. 거래선 평가 기준 수립	시행 일자	–	6월	
4. 공용부품 확대	원가절감		3억 원	

(목표 1) 원재료 단가 인하

구매부서의 업무 미션은 어떤 회사를 막론하고 일정한 품질의 원재료(제품)를 '보다 싼 가격에 적기에 구매' 하는 일이다. 물론 회사의 전략에 따라 구매 가격과 납기 중에 중요도의 차이가 있을 수 있으나, 구매부서의 중점과제는 이 두 미션과 관련하여 도출된다.

그런 의미에서 (목표 1)의 원재료 단가 인하라는 중점과제는 거의 매년 도출되는 과제라 할 수 있다. 단지 문제가 될 수 있는 것은 원가절감 또는 절감금액에 대한 측정기준이 명확히 수립되어 있는지의 여부이다. 원재료 단가 인하로 인한 절감금액은 구매량에 따라 총 금액이 달라지며 또한 수입품의 경우 환율에 따라서도 변동될 수 있다. 이러한 구매담당자 본인의 노력과 무관한 외부적인 변수들을 제외한 성과만이 '나의 성과' 가 되는 것이다.

나의 성과만을 가려내는 간단한 방법으로는 매출액이나 생산량을 '전년도 기준'으로 고정시키는 방법이 있다(이것은 비고란에 표시하면 된다). 그리고 단가를 인하하는 것도 목표가 되지만, 물가상승의 시기에 거래처의 요구에 따라 가격을 인상할 수밖에 없는 상황에서는 상승금액이나 인상률을 일정 수준으로 억제하는 노력이 필요하다. 이 경우 중점과제는 '원재료 단가 인상 억제'로 할 수 있을 것이다. 또한 이런 경우 KPI를 도출하는 것이 쉽지는 않지만, 한 가지 방안으로서 작년 또는 최근 3년간 평균단가 인상률을 기준으로 올해의 인상률 목표를 설정할 수 있을 것이다.

(목표 2) 주요 납품업체 선정 및 육성

여기에 대해서는 대략 다음과 같은 상황을 가정할 수 있다.

"회사에 원재료를 납품하는 거래처가 영세하고 다른 마땅한 거래처를 찾지 못하는 상황에서, 이들의 기술 부족 등으로 자주 품질불량이 발생하고 생산에 차질을 초래하고 있다. 이에 대해 경영진은 주요 거래처에 기술지도 등을 통해 이들을 육성하여 문제를 해결하려는 결정을 내렸다."

이러한 가정에서 (목표 2)는 적절한 목표가 아니다. 세부적으로 중점과제는 적절하되 KPI가 부적절하다. 간단히 이 과제의 추진 과정을 보면 다음과 같이 추정할 수 있다.

① 주요 거래처 선정기준 수립/보고 → ② 주요 거래처 선정 → ③ 거래처 교육 및 기술지도 → ④ 거래처 능력의 향상 및 납품 원재료 불량 감소

이상에서 볼 때 (목표 2)의 KPI에 해당하는 ②단계 과제까지는 별로 도전적으로 보이지 않으며 또한 ①단계에서, ④단계에서 나타나는 품질의 향상의 성과를 확인하기까지 그렇게 많은 시간이 걸릴 것 같지 않아 보인다(물론 회사의 구체적인 상황에 따라 달라질 수 있다).

그러므로 (목표 2)의 KPI는 중점과제 추진의 최종 성과인 불량이 개선된 아이템 수 또는 특정 아이템의 불량(개선)률이 목표가 되어야 할 것이다.

〈표 4-25〉 구매팀장의 정리된 목표

중점과제	KPI			비고
	성과항목	현 수준	목표	
2. 주요 납품업체 선정 및 육성	불량률	8.0%	5.0%	− 20개 업체 선정 − 주요 아이템 10개 대상

(목표 3) 거래선 평가 기준 수립

이 과제는 지금까지 주먹구구로 선정하던 거래처를 일정한 기준에 따라 업체를 선정함으로써 거래처 선정을 둘러싼 내외부적인 시비를 제거하고 단가나 납기, 품질 측면에서 비교적 실력이 있는 거래처를 선정하겠다는 취지에서 추진하는 업무이다. 만약 선정기준을 수립하는 일이 어려운, 즉 도전적인 과제라면, 목표로서 적절하고 간단히 기준을 만들어 시행할 수 있는 일이라면 중점과제로서는 적절하지 않다.

(목표 4) 공용부품 확대

이 과제도 (목표 2)와 같이 원가절감을 KPI로 설정할 때는 몇 가지 조건이 추가되어야 한다. 즉, 절감의 기준점을 명확히 하여야 한다. 또한 비슷한 규격의 비슷한 기능을 가진 부품을 공용화하는 경우라면 오히려 원가절감 금액보다는 공용화 아이템 수를 KPI로 하는 것이 더 명확할 수 있다. 다양한 거래처의 비슷한 부품을 공용화하는 것은 대량구매로 인한 단가의 직접적인 인하 외에도 주문의 일원화, 거래처 관리, 입고관리의 단순화 등의 유무형적 효과가 더 많이 발생하기 때문에 원가절감 측면이 적다 하더라도 반드시 추진할 만한 과제이며 또한 성과의 측정이 명확해질 수 있다.

지금까지 적은 목표는 앞서 설명한 구매부서의 미션 중 '저렴한 가격의 원재료 구매'에 치중되어 있으며, 두 번째 미션인 '적기 구매'가 누락되어 있다. 적기 구매가 되지 않음으로써 가장 고통을 받는 부서는 구매부서의 직접 고객인 생산부서이다. 적기 구매에 관한 과제와 그 과제의 중요성은 부서의 고유 미션을 검토함으로써 발견되기도 하지만, 제3장에서 설명한 고객(생산부서)의 소리를 주의 깊게 청취함으로써 파악 가능한 것이다. 그러므로 구매팀의 목표에는 반드시 원재료의 '적기 구매'에 관한 목표가 설정되어야 한다.

(5) 기획팀의 목표설정 사례

기획부서의 업무는 두 가지로 구분할 수 있다. 하나는 사장의 스태프로서 사장의 구체적인 지시를 수행하는 업무가 있고, 다른 하나는 사업계획 수립, 전략 수립, 신규 사업 발굴 등의 고유 업무이다. 첫 번째 유형의 업무는 기본적으로 성과관리의 대상이 되기 어렵다. 사장의 지시는 수시로 발생하기 때문에 연초에 연간 목표를 설정하는 것이 어렵다. 하지만 이미 연중에 계획된 업무라면 그 중 중요한 업무는 목표가 될 수 있을 것이며, 고유 업무에 대해서는 연간 계획을 수립할 수 있을 것이다. 기획부서의 기획업무는 대부분 성과를 측정하기가 대단히 어려운, 거의 불가능에 가까운 업무가 많다. 제대로 세운 사업전략의 성과를 어떻게 측정할 수 있을까? 또한 사업계획을 제대로 수립하는 일의 성과를 측정하는 일도 마찬가지로 어렵다. 그러므로 기획부서의 목표(KPI)는 대부분 보고 완료시기로 설정될 수밖에 없는 특징이 있다. 다시 말해 기획부서의 성과를 객관적으로 평가할 수 있는 방법은 사장 보고나 승인이 완료되는 시기가 될 수밖에 없으며, 기획안의 질적인 측면은 사장 혼자서 평가할 수밖에 없는 것이다.

〈표 4-26〉 대기업 기획팀장의 사례

| 중점과제 | KPI | | | 비고 |
	성과항목	현 수준	목표	
1. 사업계획 수립	확정 일자	1월말	1월말	
2. 경영 보고서 적시 보고	보고 일자 준수율	80%	100%	
3. ○○ 사업전략 수립	보고 일자	–	8월 말	
4. 신규 사업 발굴	발굴 건수		2건	사장 승인

(목표 1) 사업계획의 수립

이 목표는 적절한 목표가 아니다. 그 이유는 목표로서 향상된 또는 새로운 업무도 아니며 또한 외부적인 공헌도 아니기 때문이다. 사업계획 수립과 관련하여 목표를 수립한다면, 사업계획의 확정 일자를 단축하거나(많은 회사에서 매년 사업계획은 예정된 일자를 초과한다) 사업계획 수립 프로세스를 제대로 정립하는 일이 될 수 있을 것이다.

(목표 2) 경영보고서 적시 보고

기획부서는 경영 전반에 걸친 다양한 실적을 사장이나 경영회의에 매월 수차례 보고하고 있으며, 이 또한 보고 일자를 지키지 못하는 경우가 많다. 그러므로 보고 일자를 준수하는 것은, 만약 보고 일자의 준수 여부를 정확히 측정할 수만 있다면, 좋은 KPI가 될 수 있다.

(목표 3) 사업전략 수립과 (목표 4) 신규 사업 발굴

이 두 가지 목표는 그 자체로서 목표가 될 수 있다. 사업전략을 수립하는 것은 완료시기가 KPI로 될 수밖에 없으며, 신규 사업 발굴이라고 하는 업무는 일단 보고하여 사장으로부터 승인받는 것으로 완료될 수밖에 없다. 물론 이듬해 구체적인 실현단계에서 신규 사업 추진이 무산될 수도 있지만, 이미 그 일은 기획팀장의 책임은 아닌 것이다.

제5부
실행과 중간점검

1. 과제의 실행과 문제 해결

　담당자가 조직에 기여할 수 있는 가장 중요한 과제와 과제 수행으로 달성할 성과 지표가 확정하였다면, 이제 과제를 수행하는 일만 남아 있다. 앞 단계에서 연초에 목표설정과 더불어 개별 목표에 대한 실행계획도 수립하였지만, 그 실행계획은 대개 연초 1개월 안팎의 목표설정기간 동안에 수립된 계획이기 때문에 내실 있는 실행계획을 수립하기 힘들다. 모든 일에 대해 완벽하고 세부적으로 실행계획을 수립한 후 실행한다는 것은 애초에 불가능하며, 어쩌면 시간 낭비일지 모른다. 하지만 지금까지 힘들게 만들어 온 '목표'라는 고지가 있기 때문에 우리의 노력의 방향과 노력의 수준은 정해져 있다. 이제 그 고지를 향해 돌진하면 되는 것이다.

　'목표'라는 것을 다시 한 번 돌이켜 보면, 현재보다 향상된 상태이기 때문에, 목표를 달성하기 위해서 직원들은 지금까지 해오지 않던 새로운 도전에 직면하게 된다. 지금까지 수행해온 방식과는 다른 새로운 방식이나 새로운 일(과업)을 찾아야 하며 또한 성과 측정을 위해 측정 도구들을 만들어야 한다. 개선과 향상은 항상 창의적인 사고와 학습을 전제로 하며, 그러므로 목표 달성을 위한 실행 과정에서 나보다 경험이 더 많은 상사의 조언이 필요하고, 인터넷이라는 '도사님'이 필요하고, 때로는 나의 문제를 이미 잘 해결해 나가고 있는 일명 선진기업에서 배워야 하며, 내 문제를 해결해 줄 전문가를 찾아가 교육이나 지도를 받아야 한다. 이것이 성과관리의 '자발적 학습' 효과이다.

현재 하고 있는, 지금까지 해온 수준과 목표로 설정된 수준 사이에는 간격(Gap)이 벌어져 있다. 혁신전문가들은 이것을 '문제'라고 부르고, 그 간격을 메우는 것을 '문제 해결'이라고 부른다. 이 책에서는 목표를 달성하는 것, 즉 현재와 목표의 간격을 메우는 일을 성과라고 정의하였다. 결국 목표를 달성하여 일정 성과를 이루는 것은 '문제 해결'이며, 실행의 참된 의미는 바로 이 문제를 해결하는 과정인 것이다.

여기서 아주 간략하게 문제 해결의 기법을 소개하겠다. 이 문제 해결 기법은 문제의 크기(문제가 회사 전략을 수립하는 것이던지, 아니면 생산현장의 부품불량을 개선하는 것이던지)와 관계없이 이 과정을 적용할 수 있으며 또한 큰 문제를 해결하는 작은 과제, 또 그 과제를 해결하는 세부과제의 해결에도 전 단계가 모두 적용된다. 이미 우리는 '내 업무의 성과를 올리기 위해 무엇을 할까?' 라는 큰 문제를 놓고 그 해결과제로서 '목표'를 선정하였고, 그 목표를 달성하기 위해 다시 문제 해결과정을 밟고 있는 것이다.

문제 해결 기법에 관해서는 시중에 많은 서적이 나와 있고 또 거의 모든 교육기관에서 문제 해결과정을 운영하고 있기 때문에 상황이 허락하는 한 교육에 참석하거나 개별적으로 학습하기를 권장한다. 참고로 대기업에서는 신입사원 필수교육으로 '문제 해결 기법'을 가르치고 있다.

직원들이 자신의 목표를 달성하기(문제를 해결하기) 위해, 지금 소개하는 문제 해결의 전 단계를 모두 체계적으로 밟기는 대단히 어렵다. 또한 전 단계를 밟지 않고도 쉽게 문제의 현상과 원인을 찾아내고 실행에 많은 노력을 기울여야 하는 문제(목표)도 있다. 하지만 모든 '개선'에는 기본적으로 이 모든 단계가 적용되기 때문에, 일을 하는 사람(성과를 내는 사람)이라면 이 과정을 항상 염두에 두고 일을 수행하여야 한다.

문제 해결 과정의 전체상

〈그림 5-1〉은 문제 해결의 전체 과정을 그림으로 표시한 것이다. 문제 해결은 일반적으로 테마선정 단계, 현상분석 단계, 원인 파악 단계, 해결

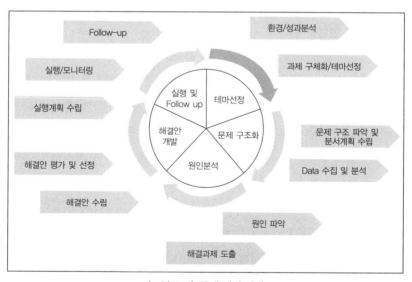

〈그림 5-1〉 문제 해결 단계

안 수립 단계, 실행 단계의 총 5개의 단계로 나누어 진행한다. 그림에서는 각 단계를 다시 두 단계로 나누어 시계방향으로 표시하였다.

제1단계 : 테마선정

문제 해결의 제일 첫 단계는 〈그림 5-1〉에서 과제 구체화, 테마선정으로 표기되어 있는 부분으로서, '무엇을 해결할 것인가' 라고 하는 문제 해결의 대상(중점과제)과 목표 수준(KPI)을 정하는 단계이다. 이것은 바로, 지금까지 우리가 해온 '목표' 를 설정하는 일이며, 이미 우리는 이 단계를 통과하였다(그림의 환경/성과분석으로 표시된 과정은 제3부 제3장의 업무 요구사항의 취합/분석과정과 동일하다). 지금부터 설명의 편의를 위해, 테마를 생산팀장의 목표인 '설비관리 강화를 통한 고장(무작업)시간 단축' 을 예로 들 것이다.

제2단계 : 현상분석

이 단계는 문제(고장)의 현상을 세부적으로 파악하는 단계이다. 설비고장이 일어나는 현상, 고장발생 횟수를 측정하거나 고장으로 인한 무작업시간을 측정하는 것이다. 이러한 문제에 관한 세부 데이터를 수집하기 위해서는 먼저 문제의 구조를 파악해야 한다. 문제의 구조를 파악한다는 것은 고장의 유형이나 고장 부위 또는 시간대별, 아니면 계절별로 분해하여 현상을 파악한다는 것이다. 앞에서 로직트리와 브레인스토밍에 대해 잠깐 설명한 바와 같이, 이 또한 생산담당자들의 브레인스토밍을 거쳐 로직트리를 그려봄으로써 문제를 구조화시킬 수 있다.

〈그림 5-2〉는 생산담당자들의 브레인스토밍을 거쳐 로직트리를 통하여 설비고장의 문제를 구조화시킨 것이다. 왼쪽 그림에서 소문자와 번호

(a1, a2, b1, b2)는 직원들이 제안한 고장에 대한 다양한 의견들이며, 이것들을 비슷한 것끼리 일차 분류한 것이 대문자와 번호(A1, B1, C1)로 표시된 것이며, 이것이 다시 비슷한 것끼리 묶여져 대문자(A, B, C)로 분류된 것이다.

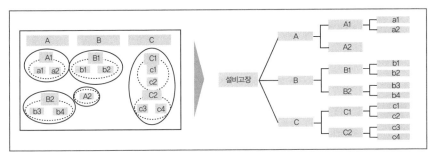

〈그림 5-2〉 브레인스토밍과 로직트리

제3단계 : 원인분석

이 단계는 이전 단계에서 분석된 유형별 세부 문제에 대해 그 원인을 파악하는 단계이다. 즉, 설비 고장의 유형 중의 하나. 예를 들어 전기장애로 인한 고장이 왜 발생하는지를 파악하는 것이다. 고장 유형별로 설비고장을 일으키는 원인들이 다양하게 있을 수 있고, 또한 한 가지 원인

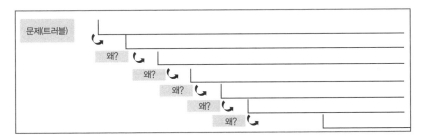

〈그림 5-3〉 원인 파악을 위한 5 WHY

이 여러 가지 고장을 일으킬 수도 있다. 이러한 여러 가지 원인 중 가장 고장을 많이 일으키는 핵심원인을 찾는 것이다. 일반적으로 문제의 원인을 찾아 왜(Why, 왜 그 고장이 발생하지?)를 반복하다 보면 고장의 핵심원인을 찾을 수 있다.

제4단계 : 해결과제 선정

이 단계는 파악된 문제의 원인을 제거하기 위해 무엇을 할 것인가를 모색하는 단계이다. 전 단계에서 파악된 고장의 핵심원인들을 어떻게 제거할 것인가를 찾아 그것을 해결의 대상으로 하자는 것이다. 이러한 해결과제는 여러 가지로 도출될 수 있다. 여러 해결과제 중 많은 고장의 원인을 일거에 해결할 수 있는 핵심과제 3~4개를 선정하고, 이를 해결하면 목표(무작업시간 감소)를 달성하는 것이다. 대개 생산현장에서 발생하는 문제는 앞 단계에서 파악된 핵심원인을 제거하는 것 자체가 해결과제가 될 수 있다. 이 단계에서 다시 한 번 해결방법에 관한 담당자들의 브레인스토밍과 로직트리가 필요하며, 문제 해결을 위한 창의적인 아이디어와 학습, 벤치마킹, 전문가의 지도, 상사의 조언이 필요하다.

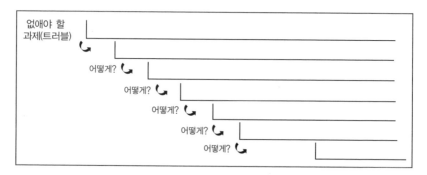

〈그림 5-4〉 원인 해결을 위한 5 HOW

제5단계 : 실행

드디어 문제 해결의 마지막 단계이다. 지금까지 머리를 쓰는 단계라면 이제는 몸으로, 발로 뛰는 단계이다. 이미 우리는 나의 성과를 올리기 위해 해결과제로서 목표를 선정하였고, 또 그 과제를 달성하기 위한 실행계획을 수립하였다. 이와 똑같은 방식으로 내 목표 달성을 위한 구체과제를 해결하기 위해 지금까지의 4단계를 밟아온 것이다. 이제 실행만이 남아 있으며, 실행이라고 하는 것은 '그냥 하는 것' 이다. 그저 몸으로 발로, 문제 해결을 위해 앞 단계에서 도출한 방법대로 열심히 노력할 따름인 것이다.

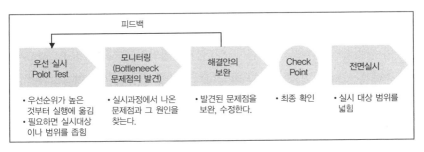

〈그림 5-5〉 실행의 단계

2. 중간점검 요령

(1) 중간점검의 목적

중간점검의 목적은 다음과 같다.
• 설정된 목표와 실행계획에 따른 진척사항의 파악

- 경영, 업무 환경의 변화에 따른 목표의 수정(KPI의 상향 또는 하향 조정, 목표의 폐기 또는 새로운 목표의 설정)
- 과제의 효과적인 실행을 위한 애로의 청취, 지도·조언, 지원사항파악, 애로 해결을 위한 상하협의

(2) 경영회의와 중간점검

대부분의 회사에서 경영회의라는 이름으로 매월 한 번 이상 부서장들이 모여 한 달간의 업무실적과 다음 달의 계획을 보고하는 회의체를 운영하고 있다. 중소기업의 경우 사장과 임원, 팀장이 참석하며, 대기업의 경우는 전사 단위로 사장과 사업부장, 사업부 단위로는 사업부장과 팀장들이 참석하여 실적을 점검한다. 이러한 경영회의는 지금까지 이 책에서 기술해온 MBO방식의 성과관리가 아니더라도 일반적인 경영실적관리를 위해 필요한 최소한의 관리 행위라고 할 수 있다.

지금까지 기술한 성과관리는 바로 이 경영회의를 단순한 경영실적이나 업무현황을 파악하는 저리가 아닌, 실질적인 회사 경쟁력 향상과 경영성과 향상에 집중하게 하자는 것이다. 중소기업의 경우 팀장의 업무는 그 실적과 계획이 매월 경영회의에 보고되며 또한 팀원의 업무는 팀회의에서 보고될 것이다. 이러한 경영회의를 팀장과 팀원들의 '목표' – 회사의 성과 향상을 위해 가장 임팩트가 있다고 판단된 핵심과제들 – 중심으로, 보다 생산적인 회의를 하게 하는 것이 성과관리이며, 중간점검이다.

성과관리가 없는 상황에서의 경영회의 보고 내용은 대략 다음과 같다.

- 영업부서는 매출처별, 제품별로 상세한 매출계획 대비 실적과 신규 거래선 확보 등 주요 업무를 보고한다.
- 생산부서는 제품별 생산실적과 더불어 생산관련 주요 업무의 진행사항을 보고한다.
- 연구개발부서는 연초에 수립된 개발 계획에 따라 진척 사항을 보고한다.
- 품질관리부서는 제품별, 공정별 품질 불량률을 집계하여 보고한다.
- 구매/자재부서는 원재료 입출고 현황과 재고에 대한 간략한 분석을 곁들여 보고한다.
- 기획/재경부서는 이달의 경영실적을 분석하여 매출, 손익, 월별 추이를 보고한다.
- 인사총무부서는 채용인원, 근태, 급여지급 실적과 주요 업무를 보고한다.

영업부서의 매출 계획(목표)과 같이 자연스럽게 관리되는 업무를 제외하고는 어디에도 '목표'는 보이지 않으며, 현황 및 현황에 대한 분석 보고만 있을 뿐이다. 물론 이러한 회의석상에서 참석자간의 업무 추진상의 애로를 제기하고, 해결방안을 논의하는 과정에서 경영상의 문제가 발견되고 또한 발견된 문제를 해결함으로써 점진적인 개선이 이루지는 것도 사실이다(만약 이조차도 없다면 그건 회사가 아니다).

성과관리는 이러한 자연발생적인 '개선'을, 목표라고 하는 '더 높게 의도된 개선'으로 변화시킴으로써 경영개선과 경영실적 향상의 속도를 높이는 수단이 되는 것이다.

제대로 된 성과관리를 하는 회사의 경영회의의 보고내용을 보면 대략 다음과 같다.

- 영업부서는 매출실적과 더불어 매출 확대를 위한 중점과제의 진척 사항을 보고한다.
- 생산부서는 제품별 생산실적과 더불어 공정 개선을 위한 활동 내용을 보고한다.
- 연구개발부서는 제품개발 진척 사항과 더불어 제품개발 기간 단축을 위한 활동내용을 보고한다.
- 품질관리부서는 제품별, 공정별 불량률 보고와 더불어 불량 개선활동의 진행사항을 보고한다.
- 구매/자재부서는 원재료 입출고 현황과 재고에 대한 간략한 분석 외에 구매단가 인하 실적을 보고한다.
- 기획/재경부서는 이달의 경영실적을 분석하여 매출, 손익, 월별 추이와 더불어 새로운 전산시스템의 개발 결과를 보고한다.
- 인사총무부서는 채용인원, 근태, 급여지급 실적과 인사평가제도 개선 결과를 보고한다.

이상과 같이 경영회의와 성과관리를 접목하게 되면, 각 부서가 수행한 단순한 업무 실적이나 현황분석(이것은 당연히 하여야 한다)에 더하여 '목표'라고 하는 기준점을 바탕으로 현재 각 부서가 실행한 업무실적(성과)을 평가할 수 있으며 또한 실행에 문제점이 발견되면 즉시 그 원인과 애로 사항을 파악하여 해결방안을 논의할 수 있을 것이다.

(3) 팀 단위의 중간점검

팀 단위의 중간점검은 회사 차원의 중간점검과 같이 공식적일 필요는 없다. 하지만 적어도 주 1회 정도는 팀장과 팀원 전원이 모여 상호간의 업무를 공유하고 또 진행사항을 점검하는 것이 바람직하다. 또한 개별 과제에 대한 구체적이고 상세한 점검, 코치, 지도는 담당자와 팀장간 수시로 진행될 수 있다.

팀 단위의 중간점검의 표준적 진행 절차와 방법은 〈표 5-1〉과 같다. 이 절차는 팀장의 성향이나 업무 성격에 따라 다양하게 응용될 수 있을 것이다. 참고로 중간점검을 충실히 하기 위해 〈표 5-2〉와 같은 점검일지를 작성하는 것도 고려해 볼 만하다.

3. 리더의 역할

이 책의 제1부에서 성과관리는 '관리자의 리더십 실현의 구체적 장(場)'이라고 하였다. 직원들이 항상 일상적이고 반복적인 일만 수행한다면 관리자의 할 일은 관리하고 통제하는 일만 하면 될 것이다. 하지만 성과관리에서 관리자는 중간점검을 통해 목표 달성, 현상의 개선이라는 겪어보지 않은 새로운 도전에 직면한 부하들을 지도하고 코칭을 하는 중차대한 역할을 수행해야 하는 것이다. 드디어 관리자로서, 리더로서의 진면목을 보여 줄 때가 온 것이다! 팀장의 풍부한 경험과 지식, 그간의 인적 네트워크를 최대한 동원하여 부하의 애로를 해결하고 목표 달성을 도움으로써 진정한 리더가 될 수 있을 것이다.

아래 〈표 5-1〉과 〈표 5-2〉는 중간점검을 수행하는 데 필요한 양식이다. 보다 효율적이고 효과적인 중간점검을 위해, 소개된 내용의 전부는 아니더라도 양식의 취지와 일부 내용을 활용하기를 권장한다.

〈표 5-1〉 중간점검 절차

무엇을	누가	어떻게	활용자료/양식
1. 중간점검 일자 확인 통보	상사	– 각 담당자별 중간점검 일자 확인 – 부하에게 중간점검일자 통보하여 면담준비	– 이미 설정된 업무 목표
2. 목표 vs 업무 진도 점검	상사	– 각 목표별 업무추진현황에 대한 자료를 취합, 검토 – 목표 vs 추진현황을 비교 파악 – 목표 vs 추진현황의 차이가 발생하는 원인을 분석하고 해결방안 및 기회를 모색	– 업무 실적 및 차기 계획 보고서(부서 자율) – 업무수행 관련 각종 문서(보고서, 품의서) – 사내외의 해당 업무 관련자의 의견 청취 – 기타 필요 자료
3. 문제점 및 지원사항 면담	상사/ 부하	– 실적의 좋고 나쁨에 대한 부하의 의견수렴 – 업무수행상 어려움/추가 지원사항 – 문제 해결을 위한 해결방안/기회 사원 의견을 고려 해결방안/기회를 제시하고 협의 – 해결방안/기회를 실행하기 위해 필요한 조치 혹은 행동에 대해 계획을 협의하고 확정	– 코칭 요령 참조
4. 목표수정 협의	상사/ 부하	– 경영상의 여건 변화, 업무 환경의 변화, 새로운 긴급 현안의 대두 등으로 필요한 경우 새로운 목표를 설정하거나 기존 목표의 달성 수준을 조정함	
5. 수정목표 승인	차상위자	– 평가자가 제출한 수정목표 내용을 검토하여 승인, 단, 승인이 이루어지지 않는 경우는 목표면담 재실시 후 승인과정 거침	
6. 점검결과 기록	상사	– 지도내용을 정리 기록 – 중간점검 결과를 피평가자에게 통지	– 중간점검 일지(별첨)
7. 사후관리		– 중간점검 일지 : 상사, 부하 각 1부씩 보관 – 목표 수정 시 (수정된) 목표설정서 원본을 인사부서에 제출	

〈표 5-2〉 중간점검 일지

중간점검 일지

소속		성명		상사	

일자		/	/
점검내용	잘한 점		
	부족한 점		
지원 및 협조 요청사항			
기타 관찰사항			

목표수정

수정 내용	수정 사유	적용일자	확인	
			부하	
			상사	

또한 지도·코칭의 요령에 대해서는 리더십 서적을 통해 수많은 전문가들이 이미 설파하고 있기 때문에 여기서는 그 핵심에 대한 책자의 내용을 발췌하여 내용을 소개하는 것으로 가름하고자 한다.

리더의 지도·코칭요령

1) 코칭의 기대효과
- 부하사원의 부진한 성과문제 극복
- 부하사원의 능력개발
- 생산성 향상

- 부하사원의 승진과 조직 내 인정
- 우수한 부하의 유지
- 긍정적인 업무 환경 조성

2) 코칭의 중요성

바쁘게 일하는 관리자는 성과 점검이나 코칭, 평가를 별로 좋아하지 않는다. 그 이유는 첫째, 기대에 못 미치는 직원을 앞에 두고 이야기하기 좋아하는 관리자는 거의 없다. 둘째, 성과 점검 및 평가를 위해서는 많은 부하들 개개인에게 시간을 투자하여야 하나, 시간은 관리자의 가장 귀중한 자산으로서, 거기에 투자할 시간이 늘 부족하다. 그럼에도 성과 점검 및 평가는 올바른 사고방식으로 접근하여 훌륭히 수행하기만 한다면, 관리자로서 가장 노력해 볼 가치가 있는 방법이다.

– 《코칭과 멘토링》, 하버드 경영대학원 지음

3) 코칭의 4단계

관찰	• 관찰 : 부하의 업무태도나 능력에 대해, 관찰을 통하여 강점과 약점을 파악
준비	• 부하와의 코칭의 목적, 상사가 생각하는 문제의 중요성, 그 문제가 해결되지 않을 경우에 발생할 결과에 대한 분명한 이해, 코칭 일자, 방법 등 코칭 계획의 수립
코칭	• 효과적인 코칭은, 부하직원이 상사의 코칭을 듣고 반응하여 그 내용의 가치를 평가할 수 있는 의견과 조언으로 나타남. 이 과정에서 상호 피드백의 교환은 가장 중요한 부분임.
팔로업	• 코칭 결과에 대해 부하의 행동변화, 성과 변화를 모니터링

하여 추후 코칭, 지원 등의 발판으로 활용함.

4) 중간점검(평가) 요령

• 1단계 : 준비한다

〈자기 평가기회 제공 및 평가 항목 준비〉

− 당신은 어느 정도나 목표를 성취했는가?

− 당신은 어떤 목표를 초과했는가?

− 현재 어떤 특별한 목표와 씨름을 하고 있는가?

− 무엇 때문에 목표를 향해 가지 못하는가?

(불충분한 자원 / 훈련부족 / 경영진 지시 부족 / 기타 요인)

• 2단계 : 중간점검 회의를 주관한다.

− 협력 풍토 조성

− 평가의 목적과 양축 모두에게 주는 이익을 상기시켜라.

− 자신의 자기평가에 대한 의견을 청취한다.

(당사자가 할 말을 다 할 때까지 가로막지 말고 기다려라)

• 3단계 : 좋은, 나쁜 성과 둘 다 식별해낸다.

− 직원의 성과가 계획된 목표와 어떻게 다른지 이야기한다.

− 직원의 목표와 실제성과 기대성과의 차이를 찾고, 차이를 발견하면,
  이것을 토론 및 피드백의 초점으로 삼아라.

• 4단계 : 성과 차이의 근본 원인들을 찾는다.

− 직원과 의견 불일치 부분의 요지를 명확히 표명하게 하라.

− 업무와 관련하여 특정한 견해를 피력하라.

− 선택하라 / 정말로 중요한 쟁점을 고수하라.

− 진심에서 우러나오는 칭찬을 하라.

－ 피드백의 방향을 문제풀이 및 새로운 방향을 찾는 쪽으로 잡는다.

• 5단계 : 성과 차이 메우기를 계획한다.

－ 기회를 제공한다.

직원에게 기회를 주면 그는 해결책에 대해 좀 더 책임을 지고 일이 잘되면 그것에 더 전념을 하게 된다.

－ 어떤 가정이든 이의를 제기하고, 그 계획을 강화할 아이디어를 제공하라.

－ 특정목표 / 일정표 / 행동단계 / 훈련과 코칭, 필요하다면 실천에 대한 설명

• 6단계 : 성과목표를 재평가한다.

－ 새로운 목표를 수행할 능력이 있는지, 목표의 세부사항과 중요성을 이해하고 있는지 확인해야 한다.

• 7단계 : 기록하라.

－ 회의와 회의의 주된 요점과 회의 결과를 문서화하는 것이 매우 중요하다.

• 8단계 : 후속조치

－ 차기 더 어려운 목표의 달성과 더 높은 성과를 내게 하기 위한 훈련과 코칭, 기타 다른 지원이 더 많이 필요해진다.

－ 차기 관리목표는 발전계획에 대한 진척상황을 점검하는 것이어야 한다.

－《성과창출법》, 하버드 경영대학원 지음

5) 부하들이 성과가 부진한 4가지 이유

첫 번째는 역량 부족으로 인한 좋지 못한 과정입니다. 경영의 훌륭한 스승이었던 에드워즈 데밍은 비즈니스 리더들에게 만족스럽지 못한 성과의 원인은 대부분 좋지 못한 과정에 있다고 경고했습니다. 업무수행의

과정에 본래부터 결함이 있다면 아무리 부하들에게 소리를 지르고 상여금으로 매수하고, 위협해도 더 나은 결과를 얻지 못할 것이라고 경고했습니다. 더 나은 성과를 원한다면 결과를 낸 사람들에게서 잘못을 찾기 전에 업무수행 과정을 살펴보라고 충고했습니다.

두 번째 이유는 개인적인 문제들입니다. 일과 상관없는 어떤 요소가 성과 부족의 근본 원인일 때도 있습니다. 이런 경우 부하직원은 일과 생활의 균형 문제로 갈등을 겪고 있을 수 있습니다. 즉, 회사와 자기 가족에게 의무를 다하라는 요구는 사실 서로 타협하기가 어려운 사안입니다. 무엇이 문제인지 당신이 알게 된다면 그 문제들을 완화할 수 있을지 모릅니다.

세 번째 이유는 직장 내 인간관계의 갈등입니다. 직장 내에 사람들을 한데 풀어놓으면 언제든지 갈등의 소지가 생기게 마련입니다. 질투, 이성에 대한 짓궂은 호기심, 주목을 얻기 위한 경쟁, 승진 경쟁, 단순한 본능적 반감 등이 갈등을 야기해서 성과에 지장을 줄 수 있습니다. 그 분란의 진상을 철저히 규명할 수 있다면 갈등을 해소할 수 있을 것입니다.

네 번째 이유는 과중한 업무입니다. 아무리 헌신적인 직원일지라도 너무 많은 업무를 너무 빠른 속도로 요구한다면 지쳐 나가떨어질 것입니다. 그러므로 작업을 어떻게 할당할지에 유의해야 합니다. 직원들이 터무니없는 기준을 높게 잡을 수도 있기 때문입니다.

- 《성과창출법》, 하버드 경영대학원 지음

6) 피드백 요령

① **업무의 목표와 목적을 분명히 밝혀라.** 부하가 업무상의 문제가 있다는 점을 증명하는 유일한 방법은 업무에 대한 기대 수준과 실제 성과를 비교 평가해주는 것이다.

② 그 직원과 만나기 전에 미리 상세한 내용을 모두 파악하라. 목표설정서, 수시로 기록한 메모 등 구체적인 행동과 관련하여 직원과 했던 대화기록을 사전에 검토하라. 즉석에서 처리하려고 하면 안 된다.

③ 문제가 되는 부분을 미리 당사자에게 구체적으로 알려라. 예를 들면 계속해서 늦게 출근하는 사람에게는 이렇게 말할 수 있다. "업무 시간에 대해 자네와 함께 이야기를 했으면 좋겠네." 해결책에 대해 논의할 여지가 있는지, 아니면 구체적으로 언급할 요구사항이 있는지 그 사람에게 물어라. 예를 들면 "업무시작 시간에 대해 얘기할 준비를 하고 오게."

④ 일단 회의가 시작되면 명랑한 분위기를 유지하라. 그렇게 해야 생산적인 면담에 필요한 분위기가 조성될 수 있다.

⑤ 문제가 되는 행동과 그 행동이 당신과 다른 사람들에게 미치는 영향을 설명하라. 예를 들면 "지난달에 자네는 주마다 며칠씩 30분 늦게 출근했네. 그 때문에 동료들이 일을 제시간에 마치기가 어려워졌어. 그리고 자네는 모든 사람들에게 좋지 않은 본보기가 되고 있네."

⑥ 그 문제를 둘러싼 전후 관계를 언급하라. "우리가 이 문제를 놓고 이야기한 게 처음이 아니야. 내 기록에 따르면 우리는 이 문제를 6주 전에도 논의 했고 지난 12월에도 했네. 그런데 문제는 계속되고 있잖나."

⑦ 그 행동이 당신과 다른 사람들에게 미치는 영향을 구체적으로 설명하라. 예를 들면 이렇게 말하라. "자네가 빼먹은 시간을 야근이나 점심 시간에 메우는 걸 알지만, 그게 해결책이 될 수는 없어. 우리는 팀으로 운영되기 때문에 한 사람이 빠지면 다른 3~4명이 하고 있는 일을 망칠 수가 있네."

⑧ 그 직원의 대답을 적극적으로 들어라. 다음에 무슨 얘기를 할지 생각하느라 정신을 딴 데 팔지 마라. 그 사람이 하는 말을 열린 마음으로

들어주어라.

⑨ **한 가지 제안이나 요구사항을 전한 뒤에는 반드시 제대로 이해했는지 확인하라.** 예를 들면 이렇게 말하는 것이다. "내가 제안하고 싶은 것은 제시간에 출근할 수 있도록 집에서 잘 준비하라는 거야, 그러면 우리의 업무도 훨씬 쉬워질 것이고 팀의 모든 사람들이 더 편안해질 걸세." 그리고 당신의 제안을 제대로 이해했는지 확인하라. 예를 들면 이렇게 말하는 것이다. "내가 왜 제시간에 출근하라고 하는지 이해되나?"

⑩ **다음 단계에 대한 합의사항이나 약속사항을 확인하라.** "자, 이제 자네는 매일 아침 9시까지 출근하겠다고 약속했네." 또한 말한 내용과 합의사항을 반드시 기록해두어라. 그리고 그 직원이 합의한 내용을 제대로 지키고 있는지 점검하라.

– 《매니저의 업무기술》, 하버드 경영대학원 지음

제6부
성과의 평가와 보상

1. 성과평가의 의의

성과평가는 목표설정에서 시작되는 성과관리의 마지막 단계이다. 성과관리에서의 성과평가는 연초에 설정한 또는 중간점검을 통해 변경된 목표에 대해 올해의 실적을 기재하고, 그 달성도를 기준으로 평가자가 평가하게 된다.

〈표 6-1〉 성과(업적)평가 양식

업무 구분	중점과제(KSF)	배점	KPI		실적 (달성도)	평가		
			성과항목	목표		본인	1차	2차

여기서 평가라고 하는 것은 일반적으로 목표 달성도를, 일정한 구간에 따라 등급을 설정하고 그 등급을 매기는 작업을 말한다. 만약 모든 목표

가 정량화되고, 또한 그것이 정확히 측정되며, 개별 목표에 대해 등급을 매기는 기준이 정량적으로 상세히 설정되어 있다면 평가자의 주관이 개입될 여지는 없을 것이다. 즉, 측정된 성과는 등급판정기준에 따라 기계적으로 등급이 부여되기 때문에 〈표 6-1〉에서의 '평가' 란에 있는 본인이나 1, 2차 평가자의 평가 결과는 동일할 것이며, 이런 경우 평가(Evaluation)라는 단어보다는 '판정'이라는 단어가 더 적합할 것이다. 하지만 목표의 성격에 따라 이렇게 '판정'될 수 있는 것도 있지만, 많은 경우, 목표(KPI)를 정량화하려는 지금까지의 노력에도 불구하고 성과를 평가하는 데는 여러 가지 사유로 평가자의 주관이 개입된다. 여기에 대해서는 뒤에서 상세히 설명할 것이다.

성과의 '판정'이든 '평가'이든 간에 그 결과는 등급으로 결정되며, 등급은 대개의 경우 S(탁월), A(우수), B(보통), C(미흡), D(불량)의 5개 등급 중 어느 하나가 부여된다. 이렇게 결정된 등급은 별도의 점수 집계기준에 따라 집계되고, 최종적으로 또 하나의 평가체계인 역량평가와 합산되어 최종적으로 인사평가 결과로서 집계된다. 집계된 인사고과의 결

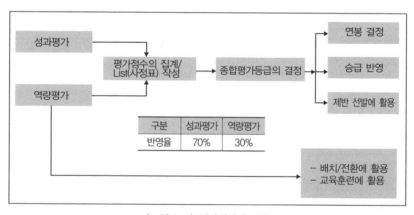

〈그림 6-1〉 인사평가와 보상

과는 별도의 연봉제 기준이나 승진 기준에 반영되어 직원들의 개별적인 보상을 결정하게 된다. 더 나은 성과에 따른 더 많은 보상은 직원들의 성과 향상에 대한 높은 동기를 유발하여 차기의 성과 향상에 더욱 노력을 기울이게 만드는 것이다. 구체적인 성과평가 기준의 설계에 대해서는 우리의 첫 번째 저서인 《연봉제의 원리》를 참조하기 바란다.

2. 객관적인 평가의 조건

성과관리에서는 목표 달성도를 기준으로 성과를 평가하는 반면, 성과관리가 확산되기 이전 90년대까지의 전통적인 성과평가 방식은 〈표 6-2〉에서 보는 바와 같이, 연말에 개인이 본인 스스로 1년 동안 한 일을 업무의 양 – 얼마나 많은 일을 했는지 – 과 질적인 측면 – 질적으로 정확했거나 업무를 개선한 바가 있는지 – 에서 기술하고 상사가 평가하는 방식이었다.

전통적인 평가는 성과를 평가하는 잣대가 없기 때문에 순전히 상사의 주관적인 평가에 의존할 수밖에 없는 반면, 목표 달성도의 평가는,

〈표 6-2〉

평가요소	배점	자기평가		1차 평가		2차 평가	
		평가의견	등급	평가의견	등급	평가의견	등급
업무의 양	50점						
업무의 양	50점						
계	100						

우리가 지금까지 명확화, 정량화, 측정 가능하게 만들려고 노력해온 'KPI'라는 훌륭한 평가 잣대가 있기 때문에 상사의 주관은 상당부분 제한되며, 따라서 평가는 객관적이고 정확해질 수 있다. 그래서 그 평가 결과는 신뢰성과 타당성을 가지고 보상에 적극 반영할 수 있는 것이다.

다음 표를 보면 두 가지 평가방법의 차이는 명확해진다.

〈표 6-3〉 성과관리에 의한 목표 달성도 평가 기준

평가등급	S(탁월)	A(우수)	B(보통)	C(미흡)	D(불량)
평가 기준	목표 대비 달성률 110% 이상	-	목표 대비 달성률 100%	-	목표 대비 달성률 90% 이하

〈표 6-4〉 전통적인 방식의 평가 기준

평가등급	S(탁월)	A(우수)	B(보통)	C(미흡)	D(불량)
평가 기준	상사의 기대를 현저히 초과	-	상사의 기대에 부합	-	상사의 기대에 현저히 미달

하지만 평가의 정확성과 객관성의 관점에서 볼 때 성과관리의 평가방식과 전통적인 평가방식 사이에 본질적인 차이가 있는 것은 아니다. 즉, 목표 달성도의 평가는 객관적인 반면, 전통적인 평가방식이 주관적이라는 것은 평가방법에서 오는 차이가 아니라, 평가의 기준을 얼마나 객관적인 방법으로 수립하는가에 달려 있는 것이다.

예를 들어 전통적인 평가방식 하에서 영업사원의 성과평가를 다음 〈표 6-5〉와 같은 객관적인 기준에 따라 평가를 한다면 이것이 주관적인 평가인가?

<표 6-5> 영업사원의 평가

평가등급	S(탁월)	A(우수)	B(보통)	C(미흡)	D(불량)
평가 기준	전년 매출액 대비 120% 증가	–	전년 매출액과 동일	–	전년 매출액 대비 90% 이하

또한 만약 성과관리를 위해 연초에 목표를 설정하더라도 목표 달성도에 관한 평가 기준을 만들지 않는다면 성과의 평가는 별수 없이 평가자의 주관에 따라 좌우될 수밖에 없다. 즉, 목표 달성도가 100%였을 때 그 평가 등급을 평가자가 임의로 정할 수 있다는 것이다. 또한 KPI가 없거나 잘못된 목표를 수립한 경우에도 목표의 달성도에 대한 평가 자체가 무의미해짐으로써 평가의 객관성은 떨어질 수밖에 없다.

<표 6-6> KPI가 없는(부실한) 목표의 평가

팀	중점과제(KSF)	목표	실적 (달성도)	평가		
				본인	1차	2차
기술지원팀	거래처에 대한 적극적인 업무 지원		100%			
생산팀	생산량 20,000개	1/1~12/30	100%			
개발팀	○○제품 개발	1/1~12/30	100%			

이와 같이 정확하고 객관적인 평가만을 목적으로 한다면 굳이 그 어려운 과정을 거쳐 목표를 설정하고 관리해야 하는 성과관리의 방식이 아니더라도, 전통적인 방식에 의해 객관적인 평가 기준을 수립하는 데 어느 정도의 노력을 투입하는 것으로 충분하다.

그러므로 성과의 평가에 관한한, 정량적인 목표설정이라고 하는 것은 평가의 객관성을 확보하는 충분조건도, 필요조건도 아니다. 평가의 객관성을 확보하는 조건은 ① 성과를 정확히 정량적으로 측정할 수 있고 ② 측정된 성과에 대한 정확한(정량화된) 판정 기준을 마련하는 것이다.

이 대목에서 다시 한 번 강조하면 성과관리는 가급적 목표를 정량화하는 것을 권장하지만, 이는 결코 성과의 객관적인 평가가 목적이 아니라, 회사의 구성원들이 구체화된 목표를 위해 노력을 집중하게 하는 것이며, 나아가 목표의 동기부여 효과에 따라 직원들 스스로 목표 달성에 매진하게 하는 데 그 목적이 있는 것이다.

3. 정량적인 평가의 한계

(1) 정성적인 평가의 본질

성과의 객관적인 평가와 관련하여 항상 제기되는 이슈로서, 정량적인 평가와 정성적인 평가의 문제가 있다. 인사관리에 있어서의 '평가'가 지향하는 궁극적 목표인 '정확하고 객관적인 평가'는 정량적인 평가로서만 가능하다. 또한 정량적이 아닌, 즉 정성적인 평가는 필연적으로 평가자의 주관적인 요소가 개입되기 때문에 주관적인 평가라고 할 것이다.

정량적인 평가의 한계를 이해하기 위해서는 먼저 정성적인 평가를 이해하여야 한다. 이를 위해 정성적인 평가가 어떤 과정을 통해 이루어지는지를 살펴보자.

어떤 관리자(평가자)가 부하가 수행하는 특정 과제, 예를 들어 정확한 제품을 정확한 시기에 고객에게 전달해야 하는 납품담당자의 성과를 정성적으로 '잘 한 것'으로 판단하고 '우수' 등급으로 평가를 한 경우, '잘 했다'는 판단은 어디서 오는 것일까? 즉, (정량적이지 않은) 판단의 기준은 무엇인가?

관리자는 관리자의 일상 업무로서 부하의 업무에 대해 관리, 감독을 하면서 부하가 업무를 수행하는 과정을, 전부는 아니지만 상당부분 파악하고 있다. 부하(납품담당자)의 업무일지나 제품의 송장에 결재하고, 때로는 잘못 전달된 또는 늦게 전달된 제품에 대해 고객 클레임을 접하기도 하고 또한 신속한 제품 전달에 대해 칭찬을 접하기도 한다.

따라서 관리자는 일상적으로 수행되는 부하의 수많은 제품 배송업무의 과정과 결과에 대한 순간적이고 일회적인 평가가 연간 누적된 결과로서 그것이 '정성적인 느낌'으로 형성되어, 연말에 관리자는 부하가 일을 '잘했다' 또는 '잘 못했다'는 평가를 하게 되는 것이다. 마찬가지로 급여담당자의 급여 지급업무에 대한 잘잘못의 평가 또한 인사팀장이 연간 접하는 급여 지급업무에 대한 여러 가지 고객의 소리, 급여 에러로 인한 사건사고의 발생, 평소에 관찰한 급여 계산업무의 수행과정에 대한 매회적인 평가가 누적되어 '느낌'을 형성하고, 이것을 근거로 부하직원의 잘잘못을 평가하게 된다.

만약 이러한 정성적인 평가를 정량적으로, 즉 객관적으로 평가하기 위해서는 담당자와 관리자는 엄청난 노력을 하여야 한다. 먼저 담당자의 개별 업무수행에 관한 평가항목을 만들어야 하고, 각각의 평가항목에 대한 측정 기준을 만들어야 하며 또한 업무가 1회 발생할 때마다 - 납품담당자는 1회 납품할 때, 급여담당자는 매월 급여 지급 시마다 - 평가가 이루어져야 한다.

이상과 같이 정량적인 평가를 정성적인 평가로 전환하는 문제는 결국 비용의 문제로 귀결되며, 어느 수준까지 정량적으로 평가할 것인가는 평가의 정량화에 투입되는 비용과 그로 인한 편익, 즉 정확한 평가로 인한 평가자의 공정감 향상 그리고 그로 인한 동기부여로 인한 기대되는 성과 향상을 고려하여 판단하여야 할 것이다.

(2) 정량적인 평가 기준 설정의 문제

정량적인 평가는 앞에서 본 바와 같이 정량적으로 측정되는 성과와 그 성과를 판정(평가)하는 정량적인 기준이 전제되어야만 가능하다. 성과의 정량적인 측정의 부분은 KPI 설정단계에서 이미 (측정비용을 감안하여 적절히 타협된 수준에서) 고려되었기 때문에 문제가 없다. 여기서는 측정된 성과를 어떻게 등급으로 판정할 것인가의 기준에 대해 살펴보겠다.

일반적으로 확실한 성과관리를 위해서 개별 목표(KPI)에 대해 각각의 평가 기준을 수립할 것을 권장하고 있다. 하지만 직원들의 개별 목표는 예를 들어 직원이 50명인 경우 1인당 5개의 목표를 세운다면 250개의 개별목표가 발생하며, 이 경우 목표의 성과항목이 동일한(예를 들어 판매액) 경우를 감안하더라도 개별로 설정해야 하는 평가 기준은 어림잡아 적어도 100개를 초과하게 된다. 이런 상황에서 개별 목표에 대해 일일이 평가 기준을 설정하는 것은 대단히 어려운 일이며 또한 어떤 KPI의 경우에는 정량적이고 합리적인 기준을 찾는 것 자체가 불가능해 보이는 경우가 있다. 여기서 '대단히 어렵다', '불가능해 보인다'는 것은 결국 어느 정도 정량화를 포기하고 정성적인 요소를 인정한다는 의미이다.

다음 사례를 보자.

〈사례 1〉: 영업담당자의 판매금액의 평가

영업담당자의 목표인 판매금액은 성과를 측정하기도 쉽고 〈표 6-7〉과 같이 평가 기준을 수립하는 것도 어렵지 않다.

〈표 6-7〉 영업담당자의 성과평가 기준

평가등급	S(탁월)	A(우수)	B(보통)	C(미흡)	D(불량)
평가 기준	달성률 111% 이상	달성률 101~110%	달성률 91~100%	달성률 81~90%	달성률 90% 이하

〈사례 2〉: 납기(완료시기), 건수 등의 평가

목표설정에서 설명한 바와 같이 제품개발, 품질관리체계의 도입, 전산 프로그램 개발, 성과관리의 도입과 같은 과제는 대개 '납기(완료일자)'를 목표(KPI)로 설정한다. 이 경우 완료일자의 측정은 아주 정확하게 할 수 있다. 하지만 그것을 점수화하여 평가할 경우, 어떤 것이 합리적인가? 한 달을 빨리 완료하면 100점인가? 일주일이 늦으면 80점인가? 논리적으로 타당한 기준을 정하기가 쉽지 않다. 또한 완료일자를 성과항목으로 하는 수많은 과제에 대해 업무(중점과제)의 성격을 감안하여 이를 정량적으로 하나하나 평가 기준을 수립하는 것 또한 쉬운 일이 아니다.

뿐만 아니라 완료시기에는 필연적으로 품질의 문제를 수반한다. 목표 설정 단계에서 완료시기로서, 인사팀장의 성과관리 도입 완료시기로 사장이 결재하는 날짜, 개발팀장의 제품개발 완료 시기로서 제품개발에 대해 생산이나 품질부서에서 새로 개발된 제품을 양산하기로 합의하는 시기 등으로 정할 수는 있다. 하지만 사장이 결재를 하더라도 또는 양산하기로 관련부서가 합의하더라도 제품이나 기획안의 품질에 대해 만족하는 경우와 약간 불만족한 상황이지만 그래도 승인을 할 수밖에 없는 상황도 있을 수 있으며, 이 경우 성과에 대한 평가는 달라져야 한다. 그렇다고 목표설정 단계에서 성과관리 기획안이나 제품개발의 품질 수준에 대해 명확히 설정하는 것 또한 대단히 어려운 일이다. 그래서 평가는 일정 부분 정성적이 될 수밖에 없는 것이다.

이러한 문제는 '건수'를 목표로 하는 경우에도 비슷하게 적용된다. 예를 들어 생산부서에서 제안건수를 목표로 하는 경우, 과연 제안 건수만 많으면 성과가 있는 것인가? 제안에 대한 정확한 성과는 당연히 제안으로 인한 금액효과를 감안하여야 하지만 이 모든 것을 목표로서 또한 평가 기준으로 설정할 수는 없기 때문에, 제안실적(건수를 포함한 금액효과)에 대한 평가자의 정성적인 판단이 일부 개입할 수밖에 없다.

〈사례 3〉: 금융기관의 평가 기준

정량적인 평가와 그에 따른 비용과 편익을 계속해서 언급하고 있는 바, 만약 개별 목표에 대한 평가 기준을 수립하여 정확히 성과를 평가하는 비용에 비해 그로 인한 편익이 더 큰 경우에는, 당연히 정량적이고 상세한 평가 기준을 수립하여야 한다. 많은 사업단위(사업부)로 구성된 대기업에서는 사업부장이나 사장(그룹사의 경우)의 성과평가를 위해 성과 목표뿐만 아니라 각각의 목표에 대한 상세한 성과평가 기준을 운영하고 있다. 또한 수백 개의 영업지점들이 거의 똑같은 영업 업무를 수행하는 금융기관의 경우에도 지점의 성과에 관한 상세한 성과평가 기준을 운영하고 있다. 두 경우 모두 성과를 측정하고 판단하는 기준을 수립하여 운영하는 비용보다 그로 인한 편익, 즉 정확한 평가로 인한 경영성과의 향상을 더 크게 기대하는 것이다.

<표 6-8> 금융기관의 목표(일부 요약)

구분	목표항목(KPI)	배점	비고
재무관점	영업이익	300	
	ROA	200	
고객관점	우수고객 확보율	100	
	고객만족도	200	
성장관점	총 수신 금액	300	
	보험 영업	100	

<표 6-9> 성과측정 및 평가 기준(일부 요약)

목표항목	배점	성과측정 방법	평가 기준
영업이익	300	자금수익금+수수료-예상손실	달성률 70% 이하 : 3점 달성률 70~80% : 5점 달성률 80~90% : 7점
ROA	200	당기 실적 + 전년 대비 상승률	개선도와 실적 Grid에 의한 점수 판정

(3) 유용한 성과평가 기준

이상에서 본 바와 같이 개별 목표에 대한 각각의 평가 기준을 수립하는 것은 대기업이나 중소기업을 막론하고 편익에 비해 비용이 더 많이 투입된다. 그렇다고 평가에 대한 기준을 전혀 설정하지 않는 것은 평가의 객관성에 중대한 문제를 야기한다. <표 6-10>은 이러한 비용과 편익의 관점에서 적절한 수준으로 타협한 성과평가의 기준이다. 이 기준은 개별 KPI가 아닌 KPI의 유형에 따라 평가의 기준을 개략적으로 설정한 것으

<표 6-10> KPI 유형별 성과평가 가이드

KPI 유형	예시	평가등급				
		S	A	B	C	D
전사 또는 조직적 차원에서 별도의 담당자에 의해 관리되는 지표	매출, 손익, 재고, 제품별 판매율, 품질, 원가 절감 등	111% 이상	101~110	95~100	81~94	80 이하
정량적 목표이나, 지표관리가 불분명하거나 담당자 스스로 관리하는 지표	원가절감, 적기공급, Lead Time 등	– 달성수준 : 상동 – 나름대로 타당한 근거에 의거	– 달성수준 : 상동 – 나름대로 타당한 근거에 의거	– 달성수준 : 상동 – 나름대로 타당한 근거에 의거	– 달성수준 : 상동 – 객관적 근거 부족	– 달성수준 : 상동 – 근거 없음
납기 및 일정 준수	5월까지 완료	조기완료 타 과제 추가 수행	여유 있게 일정 준수	빡빡하게 일정 준수	약간의 지장 초래	중대한 지장 초래
개선 · 시행 건수	개선 건수 5건 등 신제품 개발 건수 유통점 오픈 3건 등	목표건수를 달성하고, 과반수의 과제의 질적 및 성과 수준이 탁월하여 부문, 또는 전사적 best Practice가 될 만함	목표건수를 달성하고 대부분의 과제가 상사의 기대수준을 상회함	목표건수를 달성하고, 질적 수준이 평범함	목표건수를 약간 수행하지 못함	목표건수를 거의 달성하지 못함
질적 목표	고객만족도 등	객관적인 측정기준, 방법에 의거, 측정된 수준이 목표 수준을 상당히 상회함	나름대로 타당한 근거에 의거, 목표수준을 일정수준 상회함	나름대로 타당한 근거에 의거, 목표수준을 가까스로 달성함	목표수준을 달성하지 못하고, 객관적 증빙이 없음	목표달성을 위한 과정 및 성과가 있음
기타	– 정성적 – 불 명확한 목표	성과의 양적, 질적 측면에서 상사의 기대수준을 현저히 초과함	성과의 양적, 질적 측면에서 상사의 기대수준을 일정수준 초과함	성과의 양적, 질적 측면에서 상사의 기대수준을 가까스로 달성	성과의 양적, 질적 측면에서 상사의 기대수준을 미치지 못함	성과의 양적, 질적 측면에서 상사의 기대수준을 현저히 미치지 못함

로 평가 기준이라기보다는 평가 가이드란 어휘가 더 적절할 것 같다.

4. 성과의 입증(立證) 책임

개인의 성과를 평가자가 평가하기 위해서는 성과에 대한 객관적인 사실들을 근거로 하여야 한다. 객관적 사실(Facts)이라 함은 성과를 입증할 수 있는 여러 가지 자료, 즉 성과의 측정 기준과 방법, 측정 결과와 관련한 보고서, 결재서류, 메일 등을 말한다. 이러한 성과를 입증하는 자료를 제시할 책임은 당연히 그 성과에 대해 정확히 평가를 받고 싶어 하는 피평가자에게로 돌아간다. 품질 불량률을 KPI로 설정한 담당자는 불량률의 측정결과를 제시하여야 하며, 납기 준수를 KPI로 설정한 담당자는 납기 준수를 입증할 문건을 평가자에게 제시하여야 한다. 평가자(상사)는 피평가자가 제시한 입증 자료를 바탕으로 진위 여부와 측정의 객관성을 검토하여 등급을 평가하게 된다. 만약 KPI나 평가 결과가 완벽히 객관적으로 측정될 수 있다면, 상사의 평가는 (사전에 설정된) 기준에 따라 등급을 기계적으로 매기면 될 것이며, 이 경우 본인 평가나 1, 2차 평가 결과는 동일할 것이다. 이 경우 상사의 역할은 성과의 측정에 대한 객관성만 확인하는 일이 될 것이다. 하지만 앞에서 설명한 바와 같이 평가에는 상사의 정성적인 판단이 개입하기 마련이므로, 이 범위 내에서 상사는 정성적인 평가를 할 수밖에 없으며, 이 경우에는 본인과 1차 평가자, 2차 평가자의 평가 결과 모두 달라질 수 있다. 하지만 이 경우에도 그 편차는 목표의 계량화로 인해 결코 크지 않으며 또한 지나치게 커서도 안 된다.

5. 하위직급자의 목표설정과 성과평가

성과관리의 대상은 전 직원이 아니고 '회사가 부여한 특정한 임무를 수행함에 있어, 임무 달성을 위한 방법이나 절차에 대해 일정 수준 이상의 권한과 책임, 자율을 가지고 수행하는 사람'에 국한된다. 따라서 하위 직급으로 갈수록 독자적인 목표설정과 독자적인 업무 수행이 어렵기 때문에 하위 직급자의 경우 목표설정을 하지 않거나 설정하는 목표의 수 자체를 적게 하는 것이 현실적일 수 있다. 하지만 앞에서 설명한 바와 같이 목표를 설정하는 것과 성과의 평가를 객관적으로 하는 것과는 다른 문제이며, 하위 직급자의 경우 목표를 설정하지 않거나 목표의 수 자체를 적게 설정하는 것 자체가 객관적인 성과평가 자체에는 아무런 영향을 주지 않는다. 또한 성과라고 하는 것이 이전보다 개선된(향상된) 외부적인 공헌이라면 그것이 사전에 목표로 설정되었건, 사후에 측정되었건 간에 성과는 존재하게 된다. 하위 직급자의 일상적, 단순반복적인 일의 외부적인 공헌은 틀림없이 '납기'와 '정확도' 또는 고객만족도가 될 것이다. 이러한 단순반복적인 업무에 대한 목표를 세우고 관리하는 것은 불가능한 일이 아니지만, 누차 설명한 측정과 관리의 비용문제로 인해 굳이 목표를 사전에 수립할 필요는 없어 보인다. 따라서 하위직급자의 경우는 다음 〈표 6-11〉에서 보는 바와 같이 목표가 없는 전통적인 평가방법과 목표를 설정한 경우에는 목표 달성도를 평가하는 혼합된 방법이 유용하다.

〈표 6-11〉 하위 직급자의 성과평가표

| | 중점과제 | 배점
(%) | KPI | | 실적 | 달성도
평가 | 본인 | 평가
자 |
			성과항목	목표				
목표 달성도	1.							
	2.							

업무의 양, 질	– 비슷한 직급의 동료에 비해, 또는 전년도에 비해 양적으로 더 많은 일을 수행했는가?						
	– 수행한 업무는 납기나 품질의 측 면에서 상사의 지시나 기준을 충 분히 충족했는가?						
	– 개선된 방법을 적용하여 투입원가 (시간, 비용)를 감축하거나 고객만 족을 증대한 사례가 있는가?						
총계		100					

6. 성과평가의 마지막 문제와 해결방안

(1) 문제의 제기

회사의 직원들은 대단히 복잡하고 다양한 업무상황에서 업무를 수행하며, 회사 전체의 목표 달성을 위해 다른 직원과 협조하고 때론 경쟁하면서 맡은 바 임무를 달성하기 위해 노력한다. 그 노력의 결과로서 직원들은 특정한 성과를 발휘하고 그 성과들이 집결되어 회사 전체의 경영목표를 달성하는 것이다. 직원들의 모든 노력들은 상호 유기적으로 연관되어 있으며, 항상 전후 공정으로 연결되어 있다. 이러한 업무 상황에서 개인의 역할과 책임에 한정되는 특정한 과제를 분리하여 '내 것'으로 만드는 과정에서 다음과 같은 몇 가지 풀기 어려운 애로에 봉착하게 된다. 이런 유형의 문제는 성과의 평가에 관한 문제라기보다는 성과관리의 본연적인 한계라고도 할 수 있을 것이며, 정량적인 평가를 저해하는 또 다른 요소들이다.

- 상호의존성의 문제
- 우연적인 요소의 문제
- 성과책임의 전 · 후임자의 문제
- 투입 비용의 문제
- 난이도의 문제

유형별 문제의 내용과 해결방안에 대해 살펴보자.

(2) 상호의존성의 문제

회사의 모든 업무는 상호의존적이며, 모든 직원 또한 상호의존적이다. 대개 공정으로 불리는 업무의 연계는 특정 업무를 중심으로 전(前)공정과 후(後)공정으로 표현된다. 생산부서는 구매부서의 후공정이며, 제품 출하부서는 생산부서의 후공정이다. 결산 담당자는 영업부서의 매출마감 담당자의 후공정이며, 생산팀장은 생산관리팀장의 후공정이다. 이와 같이 회사의 모든 업무와 담당자의 업무는 상호 연관되어 있기 때문에 개인의 목표를 처음부터 끝까지 혼자서 달성하는 경우는 없다. 제품이 제대로 생산되지 않아 매출 목표를 달성하지 못한 영업사원, 제품개발이 제때 이루어지지 못해 목표 납기를 달성하지 못한 생산팀장, 현업 부서에서 전표가 넘어오지 않아 결산 목표일을 맞추지 못하는 결산 담당자와 같이 본인은 열심히 노력했으나 전공정의 잘못으로 목표를 달성하지 못한 후공정 담당자의 성과를 어떻게 평가할 것인가? 업무의 상호의존성의 문제에 관한한은 다음과 같은 해결방안을 생각해 볼 수 있으며, 많은 기업에서 이런 방식으로 해결해 나가고 있다.

이 문제는 CEO의 입장에서 보면 정답은 대단히 명쾌하다. 업무의 의존성, 관련성의 측면에서 개인이 성과가 다른 사람의 업무에 영향을 받는다는 것은 너무나 당연한 일이다. 따라서 개인이 목표를 달성하기 위해서는 다른 사람이 내 성과에 바람직한 영향을 줄 수 있도록 또는 내 성과를 방해하는 일이 최소화되도록 최대의 노력을 기울여야 한다. 내 업무에 영향을 미치는 다른 직원의 협조를 구하는 일, 어쩌면 이것이 조직에서 일을 하는 기장 기본적인 방법일 것이다.

업무의 상호의존을 이유로, 즉 전공정의 잘못으로 목표 달성을 못하는 것은 사고나 사고에 가까운 전공정의 문제가 없는 한, 담당자 개인의 책임회피에 지나지 않는다. 본인의 성과를 평가함에 있어 상호의존성의 문제를 제기하는 직원은 '일 못하는 사람'이다.

(3) 우연적 요소(運)의 문제

모든 성과에는 우연적인 요소가 들어 있다. 제일 앞 장에서 설명한 성과함수에도, 기회요인으로 표현되어 성과의 변수로서 작용하고 있다. 열심히 하지 않았지만 우연히 손 큰 고객을 만나 판매목표를 거뜬히 달성한 영업사원, 열심히 했으나 고객의 갑작스런 이탈로 매출 목표를 달성하지 못한 영업사원, 공장의 화재로 말미암아 생산납기를 지키지 못한 생산팀장, 이런 직원들의 성과를 어떻게 평가할 것인가? 또는 이러한 불운을 뚫고 목표를 달성한 직원의 성과에는 어느 정도의 추가 점수를 주어야 할까?

이러한 우연적인 요소의 문제는 기업에서 개인이나 조직의 결과를 평가할 때 늘 대두되는 문제이지만, 사회적으로나 인사관리학자의 입장에서도 뚜렷한 해답이 제시되어 있지 않다. 이런 문제는 사람을 평가하는 데 있어 해묵은 논쟁인 결과주의 혹은 과정주의와 결부된 일종의 철학적인 문제이기도 하다. 성과를 평가하는 결과주의나 과정주의에 관한 시각 차이는 조직 내 개인간, 상하간, 성과가 높은 개인과 낮은 개인간에 상당한 시각 차이를 보이고 있어, 전체 조직적으로 어떤 기준을 채택할지조차도 명확히 결정하기가 쉽지 않다. 우리의 생각으로는 과정주의나 결과주의 중 어느 하나를 채택하여 모든 성과를 평가하는 것은 무리가 있어 보인다. 과정을 중시하면 결과가 무의미해지고, 결과를 중시하면 행운을 맞이한 직원의 성과는 과대평가되고, 불운에 처한 직원의 가상한 노력은 무시된다. 이런 점을 고려한다면, 성과의 평가는 기본적으로 결과주의를 채택하되, 그 결과를 이룩한 개개인의 과정, 즉 노력의 정도, 행운과 불행을 일정 부분 고려할 수 있는 장치가 있어야 할 것이다. 위원회 방식의 인사결정 과정, 즉 인사위원회는 바로 이러한 장치로 작동될 수 있으며, 상세한 내용에 대해서는《연봉제의 원리》를 참조하기 바란다.

(4) 성과책임의 전·후임자의 문제

특정기간의 성과는 특정기간 동안 투입한 개인이나 조직의 노력과 앞에 적은 우연적인 요소 외에 이전에 투입한 노력, 전임자의 노력이나 성과에도 상당한 영향을 받는다. 성과와 노력간의 인과관계로 말미암아 노력과 성과는 필연적으로 시간 차이가 발생한다. 즉, 노력이 먼저 투입되고 성과가 그 결과로서 나중에 나타난다. 또한 이전 기간에 이룩한 성과가 당해 기간의 성과에 영향을 미칠 수 있다. 예를 들어 올해 영업사원이 이룩한 특정의 영업활동은 다음 해에 구체적인 매출로 연결될 수 있을 것이다.

성과관리는 성과의 '관리'를 위해 필연적으로 기간을 설정하며, 그 기간은 대개 매년 1월 1일부터 12월 31일까지 1년간 또는 중간에 6월 30일을 넣어 반년으로 설정한다. 노력에 대한 결과 또는 성과의 결과가 이러한 성과관리 기간을 이월하여 발생하는 경우, 그 기간을 전후로 담당자가 변경되었을 때 성과책임에 관한 전·후임자의 문제가 발생한다. 기업에서 발생하는 전·후임자의 문제는 두 지 유형으로 나타난다.

노력과 성과의 시차 문제

성과에 대한 전·후임자의 책임(평가)에 관해 가장 흔히 논쟁이 되는 문제는 과거의 노력, 즉 전임자의 원인행위에 따라 후임자가 누리는 또는 부담해야 할 성과 책임 문제이다. 이 문제는 담당자 개인에게는 발생할 여지가 별로 없다. 왜냐하면 개인의 목표는 성과관리 기간 동안의 노력으로 달성할 수 있는 직접적인 결과를 성과로 표현하는 것 - 그렇게 하는 것이 목표설정이었으므로 - 이기 때문이다. 이러한 문제는 주로 사업단위의 조직 책임자, 사업부장이나 본부장, 그룹계열사 사장의 경우에 주로 발생한다. 전임 경영자가 교육훈련에 많은 투자를 하여 인재양성을 하였고, 후임자는 그렇게 육성된 인재를 활용하여 탁월한 경영성과(재무적 성과)를 달성한 경우, 전임자가 R&D에 많은 투자를 한 결과로서 후임자의 기간 내에 좋은 제품이 개발되고, 그로 인해 매출이나 수익이 급상승한 경우에 그 성과책임을 누구에게 돌릴 것인가? 반대로 전임자가 원가절감 차원에서 원재료에 가격 인하를 적극 추진한 결과 전임자의 (재무적) 경영성과는 올라간 반면, 후임자는 지나치게 싼 구매 가격으로 말미암아 많은 원재료 불량이 발생하고, 이로 인해 매출감소로 이어지는 경우의 책임은 누가 질 것인가? 바로 이런 문제 때문에 '성과관리는 경영자로 하여금 장기투자를 소홀히 하고 자기의 임기 내에 가시적인 성과를 낼 수 있는 과제에만 매달리게 한다.'고 많은 사람들이 지적한다.

하지만 이러한 문제는 균형성과표(BSC)에 의해 대부분 해결이 가능하다. 앞에서 설명한 바와 같이 경영자의 성과관리의 도구(Tool)로서 BSC의 접근법이야말로 이러한 노력과 성과의 시차문제로 인한 문제를 해결할 수 있는 유일한 수단이다.

BSC는 경영자의 성과 지표를 재무적인 성과 지표만이 아닌 장·단기 성과, 과정과 결과를 어우르는 균형 잡힌 관점에서 경영목표를 수립하도록 권장하고 있다. 단기 목표로서의 재무적인 성과나 원가절감 목표, R&D 투자나 인재육성과 같은 장기목표를 경영성과의 목표로 설정하고, 이를 평가한다면 성과책임의 전·후임자의 문제는 최소화된다.

이전 성과의 추후 리스크 문제

특정한 업무의 성과는 때때로 리스크를 포함하고 있으며, 그러한 리스크는 추후 관련된 업무의 성과에 영향을 미치게 된다. 만약 그러한 리스크가 초기 성과의 발생 시기에 또는 거슬러 올라가 목표설정 시기에 충분히 예상 가능하다면 그러한 리스크는 목표설정에 반영할 수 있거나 또는 성과의 평가 시기에 반영할 수 있을 것이다. 예를 들어 앞의 사례에서, 전 기간에 진행된 원가절감으로 인해 이후 기간에 불량이 발생할 리스크를 계량적으로 예측할 수 있다면, 전임자의 성과에 원가절감 금액뿐 아니라 불량발생 가능성을 금전으로 환산한 손실금액을 산정하여 원가절감 금액에서 그 금액을 차감한 순 금액으로 평가할 수 있을 것이다. 하지만 대부분의 경우 이러한 예측은 대기업이라 하더라도 거의 불가능하다. 왜냐하면 특정 원재료(부품)의 원가와 불량률의 상관관계를 측정하는 것은 그 자체로서 엄청난 비용을 수반하는 일이기 때문에 굳이 이를 측정하지 않는다.

리스크가 있는 성과의 가장 대표적인 경우는 영업사원이 수행하는 매출이다. 매출 또는 판매라고 하는 것은 본질적으로 '채권의 미수'라고 하는 리스크를 안고 있다. 그래서 모든 회사는 회사의 장기간 운영에 따른 평균적인 미회수 채권을 '대손충당금'이라고 하는 회계 계정과목으로 매출실적에서 차감하거나 손익에 반영하고 있는 것이다. 하지만 이러한 매출의 리스크로서 미회수 채권 또는 이를 포함한 손익의 문제는 영업사원 개인에게는 발생하지 않는다. 그것은 영업사원 개개인에게 매출과 비용 그리고 손익에 대해 책임을 지게 하는 경우는 없기 때문이다. 그래서 이 문제 또한 개인이 아닌 매출과 손익을 동시에 책임지는 사업단위 또는 그러한 책임을 지는 영업부서의 조직단위에서 발생하며, 전·후임자의 문제 또한 조직책임자의 변경에 주로 한정된다.

매출의 리스크가 성과평가에 가장 큰 영향을 미치는 사례가 바로, 금융기관 지점장의 성과관리이다. 금융기관의 모든 영업점(지점장)은 대출(기업으로서는 매출)에 상당한 노력을 기울이고 있으며, 대출 상품은 기업의 상품판매와는 달리 오랜 기간에 걸쳐 대출금과 이자를 회수함으로써 이익을 실현한다. 또한 금융기관의 지점장은 대개가 일정기간 근무 후 타 지점으로 이동한다. 이런 상황에서 전임자가 대출한 대출금에 대한 원금 및 이자의 회수 책임은 후임자에게 전가된다. 만약 대출금이 정해 진 기간 내에 회수되지 않는다면 그 책임은 손익의 형태로 후임자의 성과평가에 반영된다. 이 경우 후임자의 성과평가에 전임자의 잘못된 대출에 대한 책임을 전가하는 것이 올바른 일인가? 잘못된 일인가? 아니면 더 나은 방법이 있는가?

결론부터 이야기하면, 전임자의 부실대출 책임은 후임자에게 전가될 수밖에 없으며, 모든 금융기관에서 이 방법으로 지점장의 성과(손익)를 평가하고 있다. 그 논리적인 근거를 간단히 설명하면 다음과 같다.

첫째, 부실대출의 책임 또는 전임자이든 후임자이든 누군가가 부담하여야 한다. 둘째, 지점성과관리는 지점장 개인의 성과가 아니라 해당 지점의 성과관리이며, 따라서 만약 부실대출에 대한 책임을 지점 이동 후에도 지게 한다면 그것은 지점 성과관리가 아닌 지점장 개인의 성과관리가 된다. 지점 성과관리 외에 별도로 지점장 성과를 관리하려면 대출금에 대한 또 하나의 성과관리체계를 운영하여야 한다. 셋째로, 만약 전임 지점장이 금융기관에 흔히 운영하는 제도로서 정년퇴직을 하게 된다면 그 책임은 누가 질 것인가? 마지막으로 부실대출의 문제는 전 지점장들이 똑같은 정도로 리스크를 후임자에게 주거나 전임자의 리스크를 부담하기 때문에 장기적으로 지점장 개인에게 주는 리스크는 누구에게나 동등하다. 대략 이러한 이유로 당해 기간 동안에 발생한 본인의 대출, 전임자의 부실대출로 인해 발생한 손실을 모두 평가하여 현재 지점장의 성과로 평가하는 것이다

(5) 투입비용의 문제

직원들이 업무를 수행하는 데는 항상 비용이 투입된다. 비용에는 담당자의 밤늦은 시간까지의 연장근무 등과 같은 노력도 포함될 수 있으나, 여기서는 직접 현금으로 지급되는 비용만을 비용이라고 하자. 또한 비용이 투입됨으로써 성과는 담당자의 노력과 무관하게 또는 담당자의 노력에 비해 더 크게 나타날 수 있다. 앞 장에서 KPI를 설정할 때, 이러한 회사의 비용투입으로 인해 나타나는 성과는 가급적 배제하고 본인의 노력에 의해서 나타나는 성과만을 KPI로 하여야 한다고 설명하였다. 예를 들어 신규 생산설비를 투입함으로써 생산성이 향상된 경우, 생산성 향상의 전부를 생산팀장의 성과로 볼 수 없는 것이다. 하지만 특정한 성과에 대해 비용투입과 본인의 노력으로 기여한 정도를 분리하는 것 또한 그렇게 쉬운 일이 아니다.

예를 들어 똑같은 일을 하는 두 영업사원의 경우, 한 사람은 접대비를 적게 쓰고 목표를 달성한 반면, 한 사람은 접대비를 아주 많이 써서 매출 목표를 달성한 경우, 접대비의 투입이 매출 목표 달성이라는 성과에 기여한 바를 어떻게 분해하여 측정할 것이며 또한 두 사람의 '순전히 노력에 의한 성과'를 어떻게 평가할 것인가? 또는 연봉제를 도입하면서 인사담당자가 스스로 학습하고 노력하여 약간 미흡하지만 스스로 설계한 경우와, 비용을 지불하여 외부컨설팅을 받아서 더 나은 품질의 제도를 설계한 경우, 누가 더 성과가 있는 것인가? 이와 같이 성과의 평가는 투입된 비용에 따라 달라질 수 있다. 하지만 이러한 비용에 따른 성과의 크기에 관한 평가 기준을 수립하는 것은 현실적으로 어려운 일이며 또한 불필요한 일이 될 수도 있을 것이다.

(6) 난이도의 문제

가끔씩 성과관리나 인사관리에 관한 프로젝트 보고서나 책자에서 성과를 평가할 때 난이도를 포함하는 경우가 가끔씩 발견된다. 난이도 평가는 피평가자가 달성한 성과를 달성하기가 어려운 정도를 판단하여 그것을 성과의 크기에 반영하는 방법이다. 난이도를 객관적으로 정량적으로 평가하기 위해서는 성과의 난이도에 대한 측정 기준을 만들어야 한다. 하지만 이것은 성과평가 기준에 더하여 또 하나의 측정 기준을 만드는 일이다(이제는 측정 기준 따위는 그만 만들어도 좋지 않은가?). 난이도 측정 기준이 없다면 필연적으로 평가자의 주관에 따라 평가를 하게 되고, 그만큼 정성적인 평가가 늘어나게 된다. 하지만 이러한 난이도의 문제는 성과관리 본연의 문제나 한계가 아니라, 성과관리 컨설턴트나 인사담당자들의 목표설정과 성과평가에 대한 그릇된 이해에서 비롯된 것이다.

무엇보다도 특정한 성과나 목표에 대해 난이도를 사전적으로 설정하거나 사후적으로 평가한다는 것은 목표설정의 논리와 대단히 모순된다. 한 개인의 목표설정서에 기재된 목표는 목표설정의 원칙에 따라 전부 도전적으로(난이도가 높게) 설정된 것이며, 도전적인 정도(난이도)는 모두 같은 것으로 추정되어야 한다. 만약 목표설정 단계 시 담당자의 입장에서 KPI 난이도를 낮게 설정한다면 당연히 관리자는 그것을 높게 조정하여 다른 과제, 다른 담당자와 비슷한 수준으로 조정하여야 한다. 또한 만약 목표설정 시에는 미처 파악하지 못했지만 과제 수행의 과정에서 그것의 난이도가 낮게 설정된 것으로 판명된다면, 예를 들어 연간 판매목표를 5,000만 원으로 설정한 영업사원의 경우, 반기가 지나고 영업환경이 호

전되어 상반기에 그 목표를 모두 달성했다면, 그 담당자의 목표는 중간 점검과정에서 당연히 상향 조정되어 도전적으로(난이도가 높게) 변경되어야 하는 것이다.

그러므로 설정된 목표나 달성한 성과에 대해 난이도를 별도로 반영하거나 평가하는 것은 도전적인 목표의 설정이라는 목표설정의 원칙에 위배되는 일이다. 난이도는 목표설정 단계에서 상하간의 목표, 즉 KPI의 목표 수준을 설정 또는 변경할 때 반영되어야 한다.